KB069529

학업 미루기 행동 상담

이해와 개입 상담

Counseling the Procrastinator
in Academic Settings

Henri C. Schouwenburg · Clarry H. Lay · Timothy A Pychyl · Joseph R. Ferrari 공편
김동일 역

학지사

Counseling the Procrastinator in Academic Settings
by Henri C. Schouwenburg, Ph.D., Clarry H. Lay, Ph.D.,
Timothy A. Pychyl, Ph.D., and Joseph R. Ferrari, Ph.D.

2014년 서울대학교 교육종합연구원의 연구소 지원금에 의한 저작물임 학업 부적응에 영향을 주는 변인은 너무 다양하기 때문에 체계적으로 정리하는 것도 쉽지 않습니다. 이는 학생의 특성, 교수 방법, 교재, 강사의 행동, 학습 환경을 포함하는 복잡한 과정입니다. 이러한 복잡성을 정리하기 위해서 Carroll은 학습을 위해 필요한 주요 변인으로 '시간'을 강조하는 학교 학습 모형(Model of School Learning)을 제안하였습니다. Carroll은 학습(L)은 학습을 위해 필요한 시간의 양(Tn)과 관련해서 학생이 실제로 투입한 학습 시간의 양에 (Ta) 대한 함수 관계로 제시했던 것입니다.

결국 학업상 학생의 가장 큰 고민은 시간 문제이며, 이를 다루는 시간 관리가 중요합니다. 시간 관리는 학습 전략의 일부분으로서 학생의 학업 만족도와 학업 성취도를 높일 수 있습니다. 또한 학생의 역할 혼미를 줄이며, 주변의 압박 등 스트레스에 따른 소진을 예방하고, 더 나아가 자기 효능감과 자아 개념을 높여 삶에 긍정적인 태도와 자신감을 갖게 합니다. 따라서 상담 프로그램에서 제안하는 핵심 목표는 학생이 자기 생활을 능동적으로 분석하고, 구체적이고 의미 있는 목표를 세우며, 이를 실천할 수 있도록 자신의 생활을 조절하고 관리하도록 도와주는 것입니다.

학생들이 시간 관리를 잘하지 못하는 이유를 조사해 보면 가장 큰 문제가 '(학업) 미루기'입니다. 시간 관리에서 학업 미루기 행동은 학생들에게 나타나는 주요한 부적응 행동의 하나로 인식되고 있습니다. 한국이나 미국 대학생의 경우에도 70% 이상이 미루는데, 학생의 40% 정도는 거의 언제나 혹은 언제나 불안을 경험하는 순간까지 해야 할 것을 미루어 둔다는 연구 보고도 있습니다. 더구나 대다수의 대학생이 학업 미루기로 부정적 영향을 받고 있다는 보고도 있습니다.

미루기를 다루는 과정에서 어려운 점은 미루기에 대한 주관적 정의가 다양하다는 점입니다. 예를 들면, 어떤 사람이 자신이 많이 미룬다고 생각하더라도 다른 사람은 그를 시간을 엄수하는 사람으로 볼 수도 있습니다. 따라서 미루기에 대한 적절한 정의를 내리는 것이 중요합니다. 일반적으로 미루기는 과제를 시작하거나 끝내는 '시간'을 계속 뒤로 연기하는 것으로 볼 수 있지만, 자기 이익을 위하여 의도적으로 미루는 '기능적' 미루기도 있기 때문에 부적응적인 미루기와 이를 구분하는 것이 중요합니다.

이 책은 역자가 논문 발표 기회로 2012년 미국심리학회(APA) 연차대회에 참여하였을 때 소개받은 저작물입니다. 미루기 행동 상담에 대한 구체적인 연구물을 찾고 있는 과정에서 이 책의 내용을 살펴보았고, 이를 잘 정리해서 관련 전문가들이나 연구자들과 나누고자 기획하였습니다. 그리하여 2013년 한국상담학회 연차대회에서 미루기 행동 상담 워크숍을 진행하였으며, 그 과정에서 여러 현장 전문가와 카운슬러들의 다양한 피드백을 받았습니다.

이 책을 내놓기까지 많은 분의 도움이 있었습니다. 같이 공부해 온 서울대학교 대학원 전공생들, 그리고 정성 어린 손길로 책을 만들어 준 학지사 임직원 여러분께 진심으로 고마운 마음을 전합니다. 마지막으로 지속적으로 지지해 주고 귀한 의견을 나누어 준 독자 여러분께 깊은 감사를 드립니다.

2014년 관악에서
오름 김 동 일

‖ 저자 서문 ‖

이 책은 미루는 학생들을 상담하는 데 도움을 주고자 기획되었다. 이 책은 꾸물거리는 경향성 때문에 도움을 받기 원하는 학생들을 상담하는 데 필요한 전문가들의 경험, 과정, 연구를 포함하고 있다.

미루는 것, 특히 오늘 할 일을 내일로 미루는 것은 몇 천 년 동안 잘 알려진 현상이지만, 최근 들어서야 그것의 출현 원인, 치료의 관점에서 체계적인 연구가 진행되기 시작했다. 미루기를 연구하는 하나의 이유는 미루기는 산업사회에서 기술, 시간, 다른 자원들을 효과적으로 사용하는 데 전제 조건이 되는 자신 또는 타인이 짠 일정을 따라가는 것을 계속적으로 실패하게 만들기 때문이다. 이는 최근 들어 미루기 분야에 대한 관심이 증가한 원인이 된다.

물론 미루기 치료에 대한 관심은 문화적 편향성을 강하게 반영한다. 북미나 유럽의 학업 장면에서 학업적으로 성공하기 위해서 학생들은 미루는 경향을 잘 조절할 수 있어야 한다. 다른 문화에서는 제시간에 과제를 끝내는 것에 대해 크게 강조하지 않을 수 있다. 그러나 교육이나 직업에 있어 학생이나 직장인은 어느 정도 시간 관리에 대한 기대를 맞출 수 있어야 한다.

서양에서 미루기가 학업에 문제를 일으킨 지는 오래되었지만 과학적 연구는 1980년대 중반에야 처음으로 나타났다(예: Lay, 1986). 이러한 연구 결과를 요약한 첫 번째 책은 1995년에 출판되었고(Ferrari, Johnson, & McCown), 5년 후

『Journal of Social Behavior and Personality』의 특별호로 출판되었다(Ferrari & Pychyl, 2000b).

이 책은 이전의 선구적인 출판물들에 대한 후속편에 해당한다. 이 책의 목표는 미루기에 대한 연구를 적용하는 것이었기 때문이다. 요약하자면 북미와 유럽 대학에 있는 상담자들이 현재 개발하고 있는 미루기에 대한 개입 기법을 설명한다. 이러한 개입은 세부 내용에선 차이가 있지만 미루는 학생에 대해 자기 조절 능력을 키워 주고 자기 효능감을 지니도록 하는 것을 목적으로 하는 점에서 모두 공통적이다.

이 책은 학생들에게 나타나는 미루기를 예방하고 치료하기 위한 상담자, 학생 상담자, 심리 전문가들을 위한 안내서다. 이는 세 영역으로 구성되어 있다. 첫 번째 부분은 이론적인 내용으로, 이론적 배경을 간단히 설명하는 2개의 장으로 이루어져 있다. Shouwenburg의 1장은 미루기 연구에서 나타나는 주요 쟁점을 강조하고 요약해서 다루고 있으며, Ferrari가 저술한 2장에서는 개관과 학업 영역에서의 미루기에 대한 연구 결과를 요약하여 책의 전체적인 내용을 보여 준다. Van Eerde가 저술한 3장에서는 미루기와 5요인 성격 모델의 특성과의 관계를 검토한다. 앞 세 장은 학생 및 일반인들에게 있는 미루기와 관련된 이론과 경험적인 상태에 대한 종합적인 개요를 보여 준다.

뒤의 10개 장은 두 번째 부분, 즉 이 책의 본문을 구성한다. 두 번째 부분은 미루는 학생들에 대한 상담과 개입 모델을 순서대로 제시한다. 4장에서는 Lay의 미루는 학생들에 대한 집단 치료를 설명한다. 4장의 지도 원리와 개입은 스스로 시간을 잘 지키는 것이 삶의 성공의 열쇠이며, 적어도 불행을 방지한다는 것을 전달한다. 5장에서 van Essen과 동료들은 시간 조절 기술을 배우고 학업에서의 비생산적인 생각을 합리정서행동치료(REBT)를 통해 변화시키는 집단 상담의 개요를 서술한다. 6장은 미루기로 이어질 수 있는 무기력을 다루는 집단상담 접근에 대한 Walker의 자세한 서술이다. 7장은 미루기 학생 집단상담에서 사용할 수 있는 행동적 접근 두 가지를 소개한다. 첫 번째는 Tuckman의 학생의 학습 동기를 증진시키는 종합적인 웹 기반 프로그램이다. 두 번째는 Schouwenburg의 과제 집단이다. 두 접근 모두 중독 치료를 위한 자립 프로토콜에서 제시되는 다양한 기술을 사용한다.

8장에서 van Horebeek과 동료들은 미루는 학생을 위한 행동 분석을 포함한 인지 · 행동 집단 치료를 제시한다. Mandel이 저술한 9장은 특정 유형의 미루는 저성취자들의 상담 장면에서의 구조적 직면에 대한 접근을 자세히 다룬다. Topman과 동료들이 작성한 10장은 인터넷이 미루는 학생들을 상담하는 데 어떻게 동원될 수 있는지 상세하게 보여 준다. 11장에서 Pychyl과 Binder는 개별 프로젝트 분석 질문지를 학업 영역에서 미루는 상담 학생에 대한 효과성을 검증하는 연구 도구로서 사용하는 것에 대해 논의한다. 또 다른 독특한 접근은 12장에서 O'Callaghan이 제시한다. 이 접근은 미루는 학생들을 대하는 데 내러티브 기법을 사용한다. 두 번째 부분은 Flett과 동료들이 완벽주의적인 미루는 사람을 설명하는 것으로(13장 참조) 끝이 난다. 13장은 미루는 학생의 하위 유형을 자세히 설명하며, 상담에 있어 함의를 제안하는 것으로 마무리된다.

마지막으로 세 번째 부분은 학업 장면에서의 미루기에 대한 개입 모델의 위상과 미래를 개관하는 마지막 장(14장, Schouwenburg)을 포함한 에필로그다. 이 장에서 저자는 이 책에서 제시한 개입 프로그램의 미루기 문제에 대한 본성에 관한 근본적인 해석을 정의한다. 그는 미래에 개발될 이상적인 개입 프로그램의 개요를 제시하는 것으로 마무리한다. 따라서 첫 번째 부분이 문제에 대한 훌륭한 이론적 배경을 제시한다면 두 번째 부분은 개입의 실용적 모델에 대해 강조하며 세 번째 부분은 효과적인 개입 기법을 개발하기 위한 미래 지향적 연구 프로그램으로 볼 수 있다. 그러나 모든 독자가 학습 심리학에 대한 배경지식을 지니고 있는 것은 아니다. 우리는 일반 독자를 염두에 두고 이론과 연구를 요약했다. 실천 지향적인 독자들은 바로 4장과 14장을 통해 미루기 상담 쟁점에 대한 큰 그림을 보고 제2부의 장들을 통해 의의 있고 도움이 되는 특정한 역할에 대해 찾아볼 수 있을 것이다.

　마지막으로, 이 책은 연구와 개입에 대한 끊임없는 여정이다. 우리는 여러분의 피드백을 환영한다. 당신만의 독특한 방법을 우리와 함께 나누길 초대하는 바다.

제 **1** 부   **이론적 배경**

제 **2** 부   개입 방법

제 3 부 에필로그

이론적 배경

제1장 ▶▶ Henri C. Schouwenburg

학업에서의 미루기: 개관

다른 심리 문제에 대한 연구와 비교할 때, 미루기의 특성에 대한 연구는 1980년대에 이르러서야 뒤늦게 시작되었다. 이러한 연구는 대부분 학생과 관련하여 이루어졌고, 학술적 기반에서 이루어진 연구는 드물었다. 이것은 성취가 이루어지는 다른 과정들에 대한 이해관계와 학술적 기반 내에서의 미루기 행동에 대한 흥미가 다르기 때문이다. 후자의 관점은 학생 상담과 관련된 몇몇 연구자에 의해 수행되었다. 그들의 목적은 학생들이 학업 과정에서 미루기를 극복할 수 있도록 돕기 위한 과학적이고 기초적인 중재 방법을 개발하는 데 있었다. 이렇게 함으로써 그들은 미루기와 관련된 대부분의 연구에서 중요한 사안이 되는 일반 성향에 대한 수많은 문제를 접하게 되었다.

개관에서는 이러한 사안에 대해 토론하고, 미루기 연구에서 파악된 치료적 중재의 일반적 가이드라인을 소개하고자 한다. 이것은 앞으로 전개될 장에서 나타날 중재 방법에 대한 제시 과정의 단계를 설정하는 것이다. 이 장은 한 가지 특성으로서 꾸물거리는(dilatory behavior) 행동과 미루기(procrastination)를 명확히 구분하기 위해 미루기에 대해 정의하는 것부터 시작할 것이다. 그러고 나서 문헌 연구에서 밝혀진 미루기 행동의 이유에 대한 설명으로 이어질 것이다. 이 부분은 특별히 자아 통제와 자기 조절의 실패에 초점을 두고 있다. 이러한 중요한 사안들을 개념적인 배경으로 하여 학술적 맥락에서 미루기가 유행처럼 연구되는 것에 대해 토론할 것이다. 학문적 맥락은 미루기의 특수성이나 부족한 부분 그리고 특정한 성격과 관련된 것으로 명시되는 사안들이다. 이러한 토론을 통하여 이 책에서 이론과 연구에 대해 요약하고, 미루기 중재에 대한 개념 틀을 설정하는 과정을 연결하려고 노력하였다.

‖ 행동으로서의 미루기 ‖

Merriam-Webster 사전에서는 '미루기(to procrastinate)'라는 용어를 후반부인 1588페이지에 싣고 있는데, pro는 '앞으로'를 의미하고 cras는 '내일'을 의미한다. 이러한 용어는 모두 '의도적이고 습관적으로 해야 할 일을 연기하다.'라는 의미를 나타내고 있다(Gove, 1976). Cambridge 사전은 이 용어를 종종 '그 일이 즐겁지 않거나 지루하기 때문에 꼭 해야만 하는 일을 연기하는 지속적인 행동'으로 설명하고 있다(Procter, 1995). 세 번째로 Collins Cobuild 사전에서는 어느 한 사람이 미루기를 한다는 것은 '그 사람이 그것을 나중까지 남겨 두기 위해서 일을 매우 느리게 하는 것'이라고 단정적으로 설명한다(Sinclair, 1987). 이러한 정의들을 통해 미루기를 해석하는 데 최소한 두 가지 방법이 있음을 발견할 수 있다. 첫 번째는 행동으로서의 미루기이고, 두 번째는 일반화된 습관이나 특성을 통한 미루기다.

미루기에 대한 초기 연구자들은 온전히 행동적인 해석에 초점을 두고, 미루기를 특정 과업을 회피하는 행동으로 여겼다. 따라서 그들이 제공하는 치료 과정은 시간 관리 기술을 향상하고 학습 기술을 적용하는 것으로 구성된 것이었다(Milgram, Sroloff & Rosenbaum, 1988의 연구 참조). 오늘날 이러한 행동적인 해석은 어느 한 사람의 미루기 성향을 사회적으로 수용 가능한 수준으로 유지하기 위해 스케줄을 관리하는 것과 같은 내용을 개발하는 것에 목적을 두고 실제적인 중재 방법에 대한 기초를 형성하였다. 이 책의 7장에서는 그러한 접근 중 성공적인 두 가지 사례를 제시하고 있다.

시간 및 과제 관리 문제는 이러한 행동적인 해석에서 가장 대표적인 문제다. 그들은 스스로 중재와 목표 지향적인 행동 사이의 일시적인 차이를 명확히 했다. 학업 미루기 상태 검사(Academic Procrastination State Inventory: APSI)와 같은 행동 측정 도구들은 학생들이 의도한 상황에서 학습을 하는지, 그들이 공부하려고 계획했던 과목에 대해 학습하는지 혹은 방해받고 학업을 포기하는지와 같은 내용을 측정한다(APSI; Schouwenburg, 1995). 지난주부터 시작된 행동이 측정 도구에 의해 점검되고 이 검사에서의 점수 합계는 현재의 꾸물거리는 행동의 성향을 요약하여 제공한다.

모든 미루기 행동이 꾸물거리는 행동으로 여겨지는 것은 아니다. 미루는 것은 의도적으로 계획될 수 있고, 무엇인가를 미루는 것이 때로는 좋은 방법이 될 수 있다. 예를 들면, 유럽의 많은 대학생은 정확한 과제가 발표될 때까지 시험 준비를 미루는 것이 현명한 것이라고 생각한다. 그러나 만약 미루는 것이 계획적이지 않다면 꾸물거리는 행동이라고 볼 수 있다. 꾸물거리는 행동은 상습적인 것이고, 연기하는 것은 습관이나 특성의 전형적인 반응으로 해석할 수 있다. 이러한 경우에 그것은 미루기 특성으로 여겨진다.

개념적인 혼란을 피하기 위해서 다른 용어들과 함께 미루기 각각의 명확한 표현을 참고할 수 있다. Lay(1986)와 마찬가지로 나는 행동으로서의 미루기를 꾸물거리는 행동(dilatory behavior)으로 지칭하고, 미루기(procrastination) 용어는 특성(성격)으로 볼 것이다. 특성으로서의 미루기와 꾸물거리는 행동 간의 비교는 마치 특성으로서의 불안과 상태 불안의 비교와 같다(Schouwenburg & Lay, 1995). 이것은 중요하고도 유용한 구분이고, 마음에 잘 새겨야 할 부분이다.

‖ 성격 특성으로서의 미루기 ‖

최근에 대부분의 연구자와 상담자는 미루기를 개인적인 특성으로 여긴다. 즉, 다양한 상황에서 전형적인 반응으로 나타내는 경향성이라고 보는 것이다. 이러한 관점에 따르면 Lay(1986)는 특성으로서의 미루기(trait procrastination)는 어떤 목표에 도달하기 위해 필요한 미루는 경향이라고 정의한다.

성격 특성은 다양한 범위의 자극 상황에서 반복적으로 발생하는 개인의 행동적 반응이 일관된 형태로 패턴화되는 경향을 의미한다(예: Allport, 1937). 따라서 Lay의 미루기 척도와 같은 측정 도구는 다양한 상황에서 자주, 일반적으로 표현되는 행동에 대해 묻는다(Ferrari, Johnson, & McCown, 1995). Eysenck의 관점에 따르면, 이러한 측정 도구들은 습관적인 반응으로 구성된다(예: Eysenck, 1970). 특성은 다른 수많은 행동 반응의 관찰 가능한 상호작용을 통해 파악할 수 있다. 예를 들면, Lay의 미루기 척도는 매우 상호작용적이고 단일한 특징을 나타내는 스무 가지 행동 반응으로 구성되어 있다. 미루기를 측정하는 다른 도구들은 Ferrari, Johnson, McCown(1995)에서 찾아볼 수 있다.

성격을 분석할 때 특성들은 그것들의 상호 관련성에 기반하여 보다 상위 개념들로 묶을 수 있다(예: Costa & McCrae, 1992; Eysenck, 1970; John, 1990). 지난 15년 동안의 성격 심리학에서 가장 인상적인 성취 중 하나는 대부분의 성격 특성이 매우 제한적인 몇 가지 상위 개념들로 묶을 수 있다는 것에 대한 합의다. 이러한 상위 개념들은 소위 5요인 성격 모델(the Big Fire model)인데, 이는 가장 주요한 결과 중 하나다(예: John, 1990). 협의에 의하면 이러한 다섯 가지 요소는 다음과 같다. 첫째, 외향성(Surgency or Extraversion-Introversion), 둘째, 친화성 (Agreeableness), 셋째, 성실성(Conscientiousness), 넷째, 신경증(Emotional Stability), 다섯째, 경험에 대한 개방성(Intellect or Openness to Experience)이 그것 이다.

특성으로서의 미루기는 낮은 수준의 성실성과 강하게 연관된 것으로 나타난 다. 낮은 신경증 성향과는 공통되는 범위가 작다. 또한 상대적으로 내향적 성향 및 낮은 친화성과는 작은 효과를 나타낸다(2; J. L. Johnson & Bloom, 1995; Schouwenburg & Lay, 1995; Watson, 2001). 이러한 결과는 3장에 제시된 메타 연 구에서 보다 정확하게 확인되었다. 요약하자면 세 번째 요인인 성실함은 미루 기 행동 점수의 변량을 설명하는 데 가장 지배적인 역할을 하고 있다. 몇 가지 추가 변량은 다른 다섯 가지 요인에 의해 설명된다. 신경증적 성향은 명확하게 설명되지만 그 정도가 크지는 않다(예: Watson, 2001). 따라서 미루기의 성격 프 로파일은 이러한 다섯 가지 요인의 관점에 의해 치료적 중재에 대한 일반적인 가이드라인을 제공할 수 있다.

세 번째 요인인 성실성의 경우 사람들을 행동적 용어에 의해 구분하기 때문 에(예: 활동적인 vs. 게으른) 미루기에 대한 기본 중재 방법 역시 행동적으로 지시 해야 한다. 추가적인 치료 원리들은 이차적인 요인에 포함된 것에서 추출되었 다. 예를 들면, 네 번째 요인인 신경증은 사람들을 민감성으로 구분한다. 따라 서 이 요인에서 낮은 수준의 사람들에 대한 중재는 감정적인 부분에 맞춰져야 한다. 첫 번째 요인인 외향성-내향성에 의한 구분에서는 '기질'이라는 용어에 의해 사람들이 스스로를 어떻게 보는가의 관점이 반영되어 있다. 과잉 활동적 인 사람과 억제하는 사람, 자기중심적인 사람과 타인 중심적인 사람, 주요한 반 응과 이차적인 반응과 같은 것이다. 따라서 이 요인의 관점에 의한 중재는 자기 평가, 자기 가치, 자기 효능감 등과 같은 관점에 의해 이루어져야 한다. 5요인 성격 모델 중 세 가지(3, 4, 1)의 공통적인 부분은 미루기 특성의 대부분 변량을 설명할 것이다.

　다른 두 가지 요인은 정도가 약할지라도 기여하는 바가 있다(Schouwenburg & Lay, 1995). 이러한 요인 중에서 다섯 번째 요인(지적인)은 사람들을 반성적인 사고의 관점에서 구분할 수 있다. 따라서 중재는 인지적인 관점에서 진행해야 한다. 마지막으로 두 번째 요인인 친화성은 사람들을 기본적인 사회적 태도에 의해 친절한 사람과 적대적인 사람으로 구분한다. 이에 따르는 중재는 태도 변화에 대해 안내해야 한다.

‖ 행동의 근원으로서의 성격 특성 ‖

　엄격하게 말해서 행동 특성은 성격 특성에 대한 질문지를 구성하는 요소들에서 '변화하기 쉬운 것, 설명하기 쉽고 공통되는 변량으로 요약되는 것' 이상의 것이 아니다. 예를 들면, Lay의 미루기 검사에서 이러한 요소들이 모두 행동과 관련된 것이다. 이벤트를 놓치고 지나가는 것, 어떤 일에 대해 시간을 지키는 것, 어떤 일을 하기 전에 지연되는 것, 계획대로 하지 않는 것과 같은 것이다. 이러한 척도에 의해 측정되는 미루기 특성은 꾸물거리는 행동을 취하려는 경향, 즉 의도와 행동 사이에 명백한 격차가 발생하는 것을 의미한다(Schouwenburg & Lay, 1995).

　행동은 절대로 행동 그 자체만 발생하지 않으며 생각과 감정이 동반된다. 이러한 통찰은 합리정서행동치료(REBT)의 중심 내용이다(예: Ellis & Knaus, 2002). 부적응적인 생각에 초점을 맞춘 행동, 인지 그리고 감정이라는 복합적인 세 가지 도전적 개념은 다양한 치료적 접근의 근간을 이룬다. 그것은 REBT를 기초로 하는 중재와 같은 것으로, 이 책의 5장과 8장에서의 인지행동 집단치료의 기초를 이룬다. 또한 6장에서 다룬 상담 개입과 12장에서 다룬 미루기 행동을 보이는 사람에 대한 이야기 치료 역시 이와 같은 생각의 흐름을 따른다.

　간단한 기술적 요약과는 달리 특성이란 것은 특정한 행동을 유발하는 단순하고 일원화된 원인 변수로 이해된다(Cattel, 1965). 결론적으로 Lay의 미루기 척도에서 나온 측정치들은 미루기에 대한 단순한 요약이라기보다는 미루기를 대표하는 원인으로 볼 수 있다. 이러한 해석을 내리기 위해서는 특성과 행동의 원인이 완벽한 상관을 이루어야 한다. 하지만 APSI에 의해 측정된 바에 따르면 꾸물거리는 특성으로서의 미루기와 지연 행동 사이에는 단지 .60의 상관만 존재한다(Schouwenburg, 1995). 측정 오차를 수정하면 이러한 상관이 다소 높아질 수는 있지만 완전히 일치하지는 않을 것이다. 이러한 상관을 통해 볼 때 지체 행동에 대한 부가 원인으로 다른 특성과 요인이 존재한다고 볼 수 있다.

　이러한 맥락에서 행동 수준에서 미루기와 회피 사이에는 커다란 차이가 없다는 것을 알 수 있다. 미루기와 회피라는 두 용어는 어떤 행동을 하지 않는다는 것을 의미하며, 단지 심리학적인 해석만이 미루기와 회피를 구분할 뿐이다. 예를 들어, 숙제를 제출하지 않은 학생의 행동에 대해 미루기의 징후라고 자동적으로 결론 내려서는 안 된다. 이 학생의 경우 숙제를 내 준 교사에 대한 두려움 때문에 회피 행동으로서 이러한 게으른 행동이 나타났을 수 있다. 해석이 뒤따라야 하는 문제에 대해서는 정확히 그 안에 무엇이 내포되어 있는지를 명백히 할 필요가 있다.

　미루기나 과업 회피를 설명하기 위해 연구적으로 잘 뒷받침된 추가 원인 변수를 살펴보면 불안(Solomon & Rothblum, 1984), 우울이나 낙담(Lay, 1995), 우유부단(Effert & Ferrari, 1989)이 있다. 불안은 회피 행동을 유발한다고 잘 알려져 있다. 따라서 불안을 가지고 지연 행동을 하는 사람은 어떤 일을 미루는 비율이 훨씬 높을 것이다. 하지만 불안을 가진 사람은 상담자에게는 대단히 익숙한 대상이다. 따라서 상담자는 미루기 행동을 하는 사람 중에서 불안 요소가 강한 사람을 쉽게 만날 수 있다.

미루기를 설명하는 또 다른 흥미로운 원인 변수로는 낙관주의를 들 수 있다 (Lay & Burns, 1991). 미루기 행동을 보이지 않는 사람에게는 낙관주의라는 특성 이 학생들이 좀 더 공부하는 시간을 많이 가질 수 있도록 촉진하는 역할(낙관주 의의 긍정적인 면)을 하는 반면, 미루기 행동을 보이는 사람에게는 낙관주의가 공부하는 시간을 감소(낙관주의의 부정적인 면)시키며 학생 상담자들에게 너무 익숙한 비현실적인 낙관주의로 표현되기도 한다(예는 이 책의 9장 참조).

비록 최근 연구에서 미루기 행동의 원인을 설명하는 다양한 추가 원인 변수 를 다루고 있지만(이러한 연구 동향은 이 책 2장 참조), 요약하면 지체 행동을 설 명하는 주요 원인은 미루고 꾸물거리는 특성, 즉 미루기라고 볼 수 있다.

‖ 자기 조절 영역에서 자기통제 결핍으로서의 미루기 특성 ‖

사람은 한 번에 한 가지 일을 할 수 있기 때문에 여러 가능한 행동 사이에서 는 항상 경쟁이라는 것이 존재한다. 사람은 합리적인 가정에 의해 가장 중요하 다고 판단되는 활동이나 프로젝트를 수행한다. 자기통제이론(예: Logue, 1988) 에서는 ① 사람들이 지속적으로 자신이 수행하는 프로젝트의 중요성을 평가하 고, ② 가장 중요하다고 평가된 프로젝트에 관계된 활동에 관여하며, ③ 주관 적인 중요성은 객관적 중요성과 미루기 사이의 함수이며, ④ 대안 행동에 대한 객관적인 중요성은 그것과 관련된 지각된 보상의 함수라고 주장하였다. 이 이 론은 [그림 1-1]에서 보는 것과 같이 상대적으로 시간이 많이 남은 사건에 대해 서는 객관적인 중요성이 감소하는 것을 시사한다.

이 이론은 특히 학생에게 유의미하다. 학생들은 공부할 때 보통 마감 시간이 상대적으로 많이 남은 활동에 참여한다. 그와 관련된 보상을 획득하는 것은 시 간이 걸릴 것이다. 어떠한 순간에도 학생들은 자신의 일에 대한 개인적인 관심사(사회적 관계 형성을 위한 바람과 계획, 식물에 물을 주고자 하는 의도)를 가지고 있으며, 그것은 객관적으로는 훨씬 덜 중요하지만 현재의 자신에게는 단기적인 보상을 제공한다. 다시 말해서 학생들의 공부하고자 하는 의도는 객관적으로는 덜 중요하지만 자신에게 개인적으로 중요한 과제나 활동에 의해 연기될 것이다. 이러한 일반적이고 잘 정리된 심리학 메커니즘은 미루기 행동에 대한 흥미로운 상한선 비율에 대해 설명해 준다.

자기통제이론에서 자기통제라는 용어는 눈앞의 유혹을 물리치고 장기 목표를 추구하며 지속적인 행동을 보이는 것을 뜻할 때 사용된다. 이와 반대되는 행동으로 충동성을 들 수 있으며(Logue, 1988), 미루기와도 관계가 깊다(Schouwenburg, 1994). 자신의 환경 내에서 장기 학습 목표를 가지고 작업 과제를 수행하는 것은 '의지력'뿐만 아니라 많은 학습 관련 심리 과정의 규제를 따른다. 이러한 과정은 학생의 집중력, 다른 유혹으로부터 공부하고자 하는 의지를 보호하는 것, 과제에 대한 지속력, 주제 이해에 대한 전반적인 만족감 등을 포함한다.

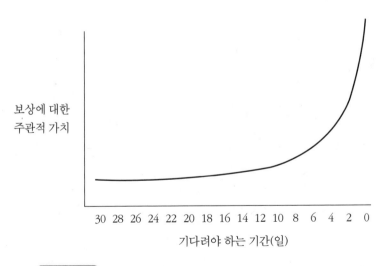

보상에 대한
주관적 가치

30 28 26 24 22 20 18 16 14 12 10 8 6 4 2 0

기다려야 하는 기간(일)

그림 1-1   기다려야 하는 기간(일)과 보상의 주관적 가치 간의 관계

다시 말해서 학생들은 자기 조절을 해야만 한다(Baumeister, Heatherton & Tice, 1994). 자기 조절에서 자기라는 접두어는 이러한 통제 유형이 다소 자동적인 방식으로 작동하는 것을 의미하며, 조절이라는 용어는 부정적 피드백 메커니즘과 관계가 있다(Carver & Scheier, 1998). 조절의 기본 패러다임에서 진행 중인 행동은 지속적으로 관찰되며 규준이나 목표와 비교된다. 불일치를 발견하는 것은 보상 행동을 촉발하며 그 결과는 다시 지속적 관찰로 이어진다. 미루기 행동을 하는 사람이 이러한 통제 메커니즘의 모든 요소에 취약한가에 대한 문제는 논의할 여지가 있다. 예를 들어, 미루기 행동을 보이는 사람들이 규준이나 목표 세팅에 취약하고 결핍을 보인다는 풍부한 연구 증거가 있다.

모니터링은 자기 조절과 관련이 있으며, 이것은 일반적으로 미루기 행동을 보이는 사람들의 취약점이다. 미루기 행동을 보이는 사람들은 학습 행동에 집중하는 것을 어려워하며, 주의 집중력이 손상되어 있고, 학업 과제를 수행하는 데 드는 시간에 대해 과소평가하며, 자신의 학습 행동의 효율성에 대해 비현실적으로 낙관적이다(DeWitte & Lens, 2000; McCown, Petzel, & Rupert, 1987; Pychyl, Morin, & Salmon, 2000).

모니터하는 것에 대한 가치와 기준에 대한 타당한 비교는 오직 비교 측정이 제대로 기능하는 개인에 의해 이루어질 수 있다. 미루기 행동을 보이는 사람들은 이러한 모니터링이 잘 이루어지지 않는다는 증거가 있다(Silver & Sabini, 1981). 미루기 행동을 보이는 사람들의 비교 측정 기능은 다른 사람들에 비해 미래에 일어날 사건의 가치에 대해 훨씬 과소평가하는 쪽으로 편향된 것처럼 보인다. 이러한 특성은 미루기 행동을 보이는 사람들을 단기 유혹에 준비되지 않은 희생자로 만들 수 있다(Pychyl, Lee, Thibodeau, & Blunt, 2000).

자기통제이론에서의 평가는 성공적인 개입 방법에 대한 많은 아이디어를 제공한다([그림 1-1]). 예를 들어, 개입의 첫 번째 요소로서 장기 목표에 대한 보상 가치를 증가시키는 것을 생각해 볼 수 있다. 물질 보상을 제공하는 것은 학습 환경에서 실제로 실현 가능하지 않다. 반면에 미루기 행동을 보이는 학생들이 친구들 사이에서 신망을 잃을 가능성이 있다는 점을 고려한다면, 시험을 통과하거나 쓰기 숙제를 제출하는 것에 대한 비물질적인 보상(예: 친구들 사이에서 신망이 두터워짐)을 제공하는 것은 가능할 것으로 보인다. 이 책의 7장에 기술한 바와 같이 이러한 상황은 과제 관리 집단처럼 집단 구성원들이 장기 목표 획득을 지켜볼 수 있는 충분한 시간을 가진 집단 개입에서 일어날 수 있다.

개입의 두 번째 요소는 단기 유혹에 대한 접근을 차단하여 미루기 행동을 하는 사람들의 보상 가치를 감소시키는 것이다. 예를 들어, 도서관에서 공부하기, 깔끔한 책상에서 공부하기, 방문을 닫고 공부하기 등의 주의 집중 방해 요소를 차단하기 위한 일반 학업 기술 전략을 사용하여 이러한 결과를 얻을 수 있다.

마지막으로 개입을 위한 세 번째 요소는 [그림 1-1]에서 제시한 동기 곡선의 높이를 확실하게 증가시키는 것이다. 이는 장기 목표의 과제를 단기 하위 목표 과제로 나누어서 제시할 때 가능하다. 예를 들면, 학업 계획 기술 중에서 주간 학습 과제 등을 제시하는 것이다. 또한 7장에서 논의한 바와 같이 과제 관리 그룹은 이에 대한 좋은 실례를 제공한다. 관련된 절차는 공부 과정에서의 어떤 방해 요소의 중요성과 긴급성을 의도적으로 고려하여 단기 유혹의 동기 곡선 높이를 감소시킨다. 이것은 이 책에서 제시하고 있는 대부분의 인지행동 개입에서 사용하는 시간 관리 기술의 핵심이다.

계속 진행 중인 행동과 규준 사이에 발견되는 차이점을 언급하는 행동 수정의 노력은 개인에게 상당한 수고로움을 요구한다. 이러한 행동 개선의 목표는 더 높은 프로세스가 더 낮은 프로세스를 중단할 수 있도록 만드는 것이다 (Baumeister et al., 1994). 어느 정도의 의지력은 행동 개선을 성공적으로 수행하는 데 꼭 필요하다. 이것이 미루기 행동을 보이는 학생들의 치명적인 약점이다. 이러한 학생들을 최적의 과정으로 돕고 의지력을 높이기 위해서는 심리치료와 비견되는 확장된 개입 프로그램이 꼭 필요하다.

‖ 학생 집단에서 나타나는 학업 미루기의 발생률과 기초선 ‖

학생들의 미루기는 어느 정도 나타나고 있는가? 연구 결과에 따르면 20%에서 70%로 다양한 것으로 나타났지만 이러한 수치는 타당하다고 보기 어렵다. 따라서 지난 10년 중 초기 5년 동안 2,088명의 대학생에게서 얻은 Lay의 미루기 척도의 분산을 보는 것이 도움이 될 것이다(그림 1-2). 표를 통해 명백히 알 수 있는 것은 점수가 대체로 정규분포(M = 58.82, 표준편차 = 10.30, 범위 = 20-100)를 나타낸다는 것이다. 이는 대부분의 학생이 어느 정도는 미루기를 하고 있다는 것을 말하고, 미루기의 상당수는 평균에 해당한다. 따라서 미루기는 정상적이라고 볼 수 있다. 그렇다면 어느 정도의 미루기를 문제라고 봐야 할 것인

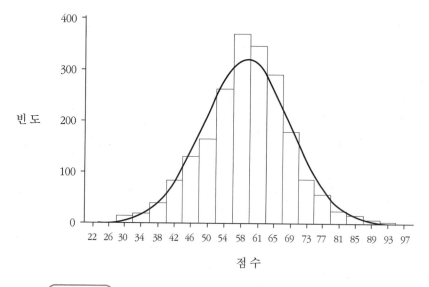

그림 1-2 대규모 학생 표집에 나타나는 Lay의 미루기 척도 점수 분포

가? 몇 가지 기준이 있는데, 구간 척도에서 분산의 상위 세 단계(67점 이상), 상위 10%(71점 이상), 또는 상위 5%(77점 이상)로 보거나 단순 중앙값에 의해 양분하는 방법이 있다. 또 다른 기준은 문제가 되거나 심각한 미루기 기준으로, 평균값에서 일 표준편차 이상인 사람을 고려하는 것이다. 우리 자료에 따르면 이런 경우 190명의 표본에서, 즉 10%의 학생들이 심각한 미루기를 보이고 있다고 말할 수 있다. '미루기는 학생들 사이에서 어느 정도 나타나고 있는가?'라는 질문은 분산에서 기준 점수를 알 때 가능할 것이나 이것은 비교 가능한 집단 없이는 알기 어렵다. 안타깝지만 학생 집단 외의 다른 집단에서 신뢰할 만한 자료를 얻기란 아직까지 어려운 실정이다.

　이런 점을 고려하면 분산에서 어느 기준점 이상인 경우를 고려하는 것이 유용하다. 예를 들어, 학생 집단에서 습관화된 미루기의 기준선을 높게 반영하는 방법이다. 왜 그런 것일까? 이것을 이해하기 위해서는 먼저 미루기가 아무것도 하지 않는 것과는 다르다는 것을 이해해야 한다. 미루기란 하려고 마음먹은 것과는 다른 행동을 하는 것을 말한다. 일상생활에서 사람들, 특히 학생들은 다양한 행동을 요구하는 서로 다른 목표와 의도 등을 따른다. 이러한 행동은 특정한 시점에서 중요도와 우선순위가 다양할 것이다. 이러한 것을 개인 프로젝트(Personal projects)라 부르고, 11장에서는 이러한 경우의 상담 전략에 대해 다룰 것이다.

　반면 미루기 점수의 정규분포성은 미루기에서 기준선 이하의 상당수 학생이 있음을 보여 준다. 이러한 학생들은 확실히 평가절하의 영향을 없애는 데 성공적이다. 그들은 과도하게 성취해 온 특성으로 자기 통제력을 보인다(예: Ainslie, 1992; Mischel, 1981).

　규준을 넘어서 기초선을 보이는 학생들은 행동에서 과도한 것으로 보인다. 삶의 다양한 영역, 그중에서도 학업에서 그들은 자신의 의도와 실제 행동에서 반복적인 불일치를 경험한다. 따라서 그들은 만성적인 미루기(Ferrari, Johnson,

& McCown, 1995; Ferrari & Pychyl, 200b) 혹은 미루기 특성을 가졌다고 말할 수 있다. 이러한 학생들은 수준 이하의 기준을 가지고 있으며 미루기 특성을 나타낸다. 이 책의 목적은 이러한 학생들의 상담에 관한 내용을 다루는 것이다.

‖ 다양한 상황에서의 미루기 ‖

앞서 언급했듯이 미루기에 관한 연구는 주로 학생들을 대상으로 진행되어 왔다. 이런 경우 대부분의 미루기는 시험 준비, 숙제, 보고서 작성 등과 같이 학업 과제를 완수하는 일과 관련된다. 일부 연구자들은 이것을 '학업적 미루기'라 부르기도 한다.

학생들의 미루기 특성은 학업 과제에 관한 의도와 행동 간의 차이를 초래한다. 이러한 특성은 종종 중요성은 떨어지지만 단기간 보상되는 행동에 관한 것이다. 미루기 특성은 학업 수행과 다른 과제나 개인 과제 행동의 자기 조절 능력을 손상시킬 것이다(Ferrari & Emmons, 1995; Ferrari & Pychy, 2004; Senécal, Koestner, & Vallerand, 1995; Tice & Baumeister, 1997).

학업 외 상황에서 미루기란 기상하기, 공공요금 납부, 설거지, 부재 중 연락한 사람에게 전화하기 등 일상 행동의 완수와 관련된다(Milgram, Mey-Tal, & Levison, 1998). 최근의 연구를 통해 학업과 일상의 미루기 간에는 .65의 상관이 있는 것으로 나타났는데, Milgram과 동료들은 미루기가 서로 다른 과업 간에도 유지되는 일반화된 행동 특성이라고 주장한다.

저자의 자료 역시 비슷한 내용을 담고 있다. 예를 들어, 다양한 학업 배경을 가진 학생들을 Lay의 미루기 척도(PS)와 학업 미루기 상태 검사(APSI)로 측정한 것을 중앙값으로 나눈 결과는 세 집단으로 분류되었고, 이는 [그림 1-3]과 같다. 집단 1은 높은 미루기 특성을 갖고 있지만 학업적 미루기를 보고하지 않은 집

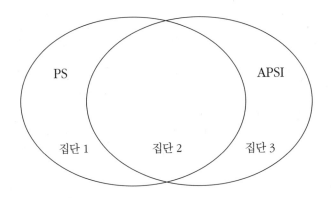

그림 1-3 Lay의 미루기 척도(PS)와 학업 미루기 상태 검사(APSI) 중앙값으로 구분된 미루기 학생 집단의 교차 영역 벤다이어그램

단(24%), 집단 2는 높은 미루기 특성을 갖고 있고, 강한 학업 미루기를 보인 집단(48%), 집단 3은 낮은 미루기 특성을 보이되, 강한 학업 미루기를 보고한 집단이다(28%). 학업 과제 미루기 체크리스트라는 학업 미루기 측정 도구(Ferrari, Johnson, & McCown, 1995)를 사용한 결과에서는 조금 다르게 나타났다(22%, 50%, 28%).

자료를 보면 학업적 미루기는 학업 상황에서 미루기 특성의 표출로 이해하는 것이 최선임을 알 수 있다. 특성은 외현적으로 집단 2에서 드러난다. 이 집단이 우리 연구의 초점이 된다. 그러나 집단 1의 학생들 역시 효과적인 훈련이나 높은 내적 동기, 단순히 엄격한 교육 프로그램의 영향으로 낮은 학업 미루기를 보고했을 수도 있다. 그들의 높은 미루기 특성은 학업 외 장면에서 그러한 특성이 나타날 수 있음을 의미한다. 집단 1의 학생들 역시 이 책에서 다룰 개입을 통해 도움을 받을 수 있을 것이다.

마지막으로 집단 3의 학생들은 무동기, 평가 불안, 또래 집단의 영향, 다른 활동에 대한 강한 선호로 인해 강한 미루기를 보고했을 수도 있다. 이러한 학생들은 미루기 특성을 보이지 않기 때문에 이 책에서 다루는 개입 전략이 적용되지는 않을 것이다. 이 책의 7장과 그 외 장에서 제안된 특성 개입에 의존하지 않는 순수한 행동 개입은 이것에 대한 예외다.

‖ 미루기: 유형 탐색 ‖

임상적 관찰(예: Burka & Yuen, 1983)에 따르면 미루기 유형에는 세 가지가 있다. 불안 유형, 낙천적 유형, 반항적 유형이 그것이다. 많은 학생 상담자들은 불안 유형을 포함시키는 것을 주저하지 않는다. 그러나 경험 과학적 연구 결과는 불안과 미루기 간에는 유의한 관계가 없음을 보고하고 있다(Schouwenburg, 1995). 이러한 결과는 상담자들이 불안해하는 학생들에 대해서 그들을 도움이 필요한 존재로 인식하는 경향이 있기 때문에 선택 효과를 나타낸 것일 수도 있다. 그럼에도 불안 특성과 미루기 특성이 서로 같은 집단일 가능성은 여전히 존재한다.

미루기 연구에서 단 2개의 연구에서만 미루기 각각의 유형에 대해 내용을 분명히 언급하였다. Lay(1987)는 최빈치 프로파일 분석 방법을 통해 94명의 학생 샘플에서 2개의 미루기 유형을 분류하였다. 그는 이 그룹을 무계획적이고 반항적인(11%) 그룹과 무계획적이고 성취 무동기(10%) 그룹으로 분류하였다. 다른 연구에서 337명(학생, 일반인 포함)을 대상으로 한 결과, 앞서 나타난 결론과 일치하였다. Lay의 주된 결론 중 하나는 불안과 성취 모두 미루기의 다른 유형을 구분하는 데 적절하다는 것이다.

두 번째 연구(McCown, Johnson, & Petzel, 1989)는 성취 수준이 낮고 극단적으로 미루는 특성을 보이는 227명을 대상으로 실시되었다. 주 요인 분석을 통해 세 가지 유형의 미루기 집단이 구분되었다. 첫째, 외향적, 낮은 불안, 부진한 시간 관리 등의 독단적 유형, 둘째, 신경증적 외향형, 셋째, 신경증적이고 우울하고, 내향적인 유형 등이다.

가능한 방법적 결점에도(Costa, Herbst, McCrae, Samuels, & Ozer, 2002) 이러한 연구는 어느 정도 종전의 결과와 일치한다. 5요인 성격 모델과 이러한 결과를 조합해서 본 저자는 다음과 같은 가설을 제시한다.

미루는 사람 모두는 성실성에서의 낮은 점수, 즉 무계획성, 시간 관리의 실패, 낮은 충동 조절과 공부(직무) 훈련의 부족과 관련된다. 결과적으로 이들은 학업적인 면에서 기대되는 수준에 비해 낮은 성취 수준을 나타내는 경향을 보인다. 또한 미루기 행동을 보이는 사람은 높은 신경증 수준(또는 낮은 정서적 안정성)을 보인다. 그들은 불안해하고, 실패에 대한 공포가 있으며, 완벽주의적이며 아마도 체계성 부족을 보상하기 위해서 더 열심히 일하려고 할 것이다. 이러한 걱정 때문에 상담 서비스를 통해 도움을 구하려 한다. 이 책의 13장은 이러한 유형의 꾸물거림을 보이는 학생과 관련된 것이다.

하지만 성실성 수준이 낮은 모든 사람이 신경증 수준이 높은 것은 아니다. 이들은 불안하지 않기 때문에 상담 서비스를 구하지도 않는다. 하지만 신경증적 충실함이 학업의 저성취를 보상하지 못할 것이고, 따라서 낮은 신경증 수준과 저성취 수준을 보이는 미루기 특성을 보이는 학생은 일반 학생과 구분될 것이다. 9장은 미루는 유형의 사람을 상담하는 것에 대하여 포괄적으로 다루고 있다.

필자의 연구는 이러한 구분을 뒷받침하는데, 118개의 사례는 Lay의 미루기 척도, Study problems Questionnaire scores를 사용하였다. 학업 문제 중 하나인 공부 습관이 부족한 사람은 낮은 성실성 수준을 많이 보였고, 또 다른 학업 문제인 실패에 대한 두려움이 많은 사람은 높은 신경증 수준이나 낮은 정서적 안정성 수준이 많았다. [그림 1-4]는 Lay의 미루기 척도 점수에서 190명의 학생이 두 가지 학습 문제에서 1 표준편차에서 벗어나 있음을 보여 준다. 일반 학생에서의 점수는 표준화되어 나타난다. [그림 1-4]는 거의 모든 미루기 행동을 보이는 사람이 공부 습관이 부족함을 나타낸다. 이것은 다소 지속적으로 실패에 대한 두려움의 원인이 된다. 정확한 지표는 아니지만 이러한 특성은 미루기는 사람이 정서적으로 안정적인지 불안정한지를 구분하는 데 임상적으로 유용하다.

　이러한 유형화는 외향성-내향성에 있어 개인 상황에 따라 의미 있게 확장될 수 있다. 예를 들어, 신경증적으로 미루기 행동을 하는 경우, 외향적이고 쉽게 사회 상호작용에 의해 집중력이 흐트러지는 사람은 가장 두드러지는 임상적 증후로 죄책감을 보일 수 있다. 반면 내향적인 사람은 우울감의 증후를 보일 수 있다. 하지만 외향적이지만 정서적으로 안정된 사람이 미루기 행동을 하는 경우에는 비현실적으로 낙관적이거나 태평해 보일 수 있다. 반면 내향적이고 정서적으로 안정된 사람이 미루기 행동을 하는 경우에는 몽상가로 유형화될 수 있다.

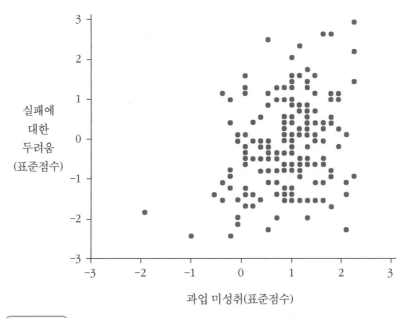

그림 1-4　190명의 심각한 수준의 미루기 행동 학생(Lay의 미루기 척도에서 1 표준편차 이상)의 학업 문제 질문지의 2개 하위 척도 사이의 점수 분포

‖ 결 론 ‖

이 책에서 미루기 행동은 주로 미루기 특성의 결과로 여겨진다. 행동 통제 기술이 이러한 영향에 대응하기 위하여 필요할지 모른다. 하지만 행동 이외에 다른 영향이 있을 수 있다. 즉, 공부를 마치는 데 필요한 시간을 잘못 예측하는 것과 같은 인지적 측면, 공부 동기를 중요시 하지 않은 것, 낮은 자기 효능감 등이 포함될 수 있다. 이러한 추가적인 영향은 지속적인 미루기 행동의 원인이 될 수 있다. 개입 방법으로 미루기 행동을 인지적으로 강화하지 않도록 인지적 통제를 증진하는 방향으로 진행할 수 있다. 마지막으로 미루기 행동은 우울감, 낙심과 같은 부정적인 느낌, 정서와 함께 올 수 있다. 이러한 부정적인 느낌을 정서적 통제를 증진하여 다루는 것은 미루기의 특성이 학업에 미치는 영향을 약화시키는 한 방법이 될 수 있다.

연구자들의 특정 관점을 빌려서 이 책의 개입 방법과 관련한 부분은 이러한 원칙을 복잡하게 섞어 놓았다(〈표 1-1〉 참조). 개입 방법은 접근 방법에서(예: 7장, 10장의 웹 기반 개입 방법과 11장의 개별 프로젝트 분석, 12장의 내러티브 접근 방법), 내담자 선택에서(8장, 9장, 13장), 추가 자료 사용에서(5장, 6장의 성격 질문지 같은 것), 개입 효과와 관련해서 모인 증거(예: 5장의 특정 행동의 변화, 11장의 프로젝트 시스템의 영향)가 다양하게 나타난다.

이 책에 설명된 실제 상담 방법은 상당히 다양하다. 이들 방법 모두는 변화를 가져올 수 있는 새로운 개입 방법을 증진하는 것을 목표로 하고 있다. 이러한 방법 중 어떤 것은 유용한 것으로 판명될 것이고, 그것은 차차 나타날 것이다.

〈표 1-1〉 이 책에 제시된 개입들의 특징

장/저자	행동 통제	인식	감정
4: Lay	목표 설정 계획 및 더 많은 시간을 적절하게 계획하기	학교 숙제=과업 성공=의도 완성	변화 이후 기분이 나아짐
5: van Essen 등	시간 관리 목표 설정 계획	비생산적 생각 바꾸기(REBT) 자기 효능감	
6: Walker	목표 설정 계획 모니터링	생산적 생각 성공에 초점 맞추기	개인적 힘 두려움을 마주함
7: Tuckman & Schouwenburg	목표 설정 및 모니터링 모델을 사용한 계획 세우기	책임감 가지기	
8: van Horebeek 등	목표 설정 계획 및 모니터링 계획	시간 다 됐다! 인지적 재구조	
9: Mandel	모니터링	모순을 드러내기 변명에 직면하기	
10: Topman 등	목표 설정 계획 및 모니터링 계획	변명에 직면하기 자기 효능감	수치심 극복
11: Pychyl & Binder	목표 설정 시간 관리 모니터링	비생산적 생각 바꾸기	죄책감과 불안 감소
12: O'Callaghan		융통성 있고 지지적인 이야기	
13: Flett 등		부정적 자동 사고 통제	스트레스 극복

주: REBT=rational-emotive behavior therapy.

제2장

▶▶ JOSEPH R. FERRARI

학습에서 나타나는 미루기의 특성: 공부를 자꾸 미루는 학생에 대한 개관

다음은 교실에서 흔히 볼 수 있는 장면이다. 중학교에서 교사는 학생에게 기말 작문 숙제를 내주는데, 이것은 전체 성적을 결정하는 중요한 숙제이고 학기 마지막 날까지 제출해야 한다. 교사는 도움이 필요하면 손을 들라고 한다. 아무도 손을 들지 않았고 교사는 또 숙제를 위한 자료나 참고 자료, 다른 추가 자료가 필요한 사람이 있으면 손을 들라고 한다. 아무도 손을 들지 않는다. 학생들은 당혹해하기 시작하고 지금까지 별 진전이 없다는 것을 교사가 눈치챌까 봐 눈을 마주치지 못하고 숙제와 자료를 쳐다본다. 마침내 교사가 "주제를 골랐니?"라고 묻고 마감 날짜를 정확하고 또박또박 알려 준다. 그리고 나서 다시 묻는다. "과제를 시작한 사람 있니?"

학생들의 미루기 행동을 보고하는 대부분의 교사가 숙제를 늦게 시작하고 완성하는 것을 미루는 것이 의도적이라고 생각하는 것은 놀라운 일이 아니다. 미루기 행동은 앞 시나리오에서도 설명했듯이 학교에서는 성격적인 특징이라고 여긴다(더 많은 정보를 원한다면 이 책의 1장 참조). 미루기 행동이 언제 '시작하는지'에 대한 관점은 아마 누가 그 습성을 관찰하는지에 따라 다를 것이다. 교사에게 미루기는 그가 프로젝트를 내주는 직후부터 시작일 것이다. 만약 그 프로젝트를 하는 데 일주일이 할당되었다면, 학생에게는 그가 실제로 그 프로젝트를 시작하려고 마음먹는 순간까지는 미루기가 시작되는 것이 아니다.

그러나 '만성적'으로 미루는 사람이나 기질적으로 미루는 사람이라고 말하는 것이 잘못되었음을 아는 것은 중요하다(Ferrari, Johnson, & McCown, 1995). 왜냐하면 학생이 학기말 과제를 시작하거나 완성하는 것을 미루는 것이 이 학생이 학교생활의 다른 면(예: 저녁 식사, 공짜 공연 티켓 받기, 친구에게 전화하기, 이메일 보내기)이나 개인 생활(예: 친구와 놀러 나가기, 새 CD 구입하기, 아르바이트하기, 음악 듣기)을 미룬다는 것을 의미하는 것은 아니기 때문이다.

다른 한편으로, 많은 연구는 과업에서의 잦은 미루기 패턴이 개인에게 환경과 상황에 걸쳐 있는 삶의 방식이라는 점을 탐색하기 시작했고, 이런 기질 경향성은 기질적 미루기에 의해서 생긴 것이라고 상정되었다(자세한 내용은 1장 참조; Ferrari, Johnson, & McCown, 1995; Ferrari & Pychyl, 2000b). 기질적 미루기는 잦은 미루기 행동과 관련 있는 성향의 축약이다(1장 참조; Schouwenburg, 1995). 3장은 기질적 미루기가 어떻게 성격의 최신 모델인 5요인 성격 모델 내에 기반을 두었는지를 보여 준다. 이 장에서는 기질적 미루기와 관련된 근본적인 성격 구조를 자세히 논의하지는 않는다(대신 3장 참조). 이 장에서는 학습 환경에서의 미루기 행동이 기질적 미루기의 표현이자 상황 발생적 행동이라 생각한다. 나는 문맥에 따라 기질적 학업 미루기(academic trait procrastination: ATP)나 기질적으로 학업을 미루는 사람에 대해서 ATP라는 축약어를 사용할 것이다. 이 축약어는 학업과 관련된 특성×상황의 상호작용을 의미한다.

교육 관리자와 연구 심리학자는 수십 년 동안 학생을 대상으로 ATP의 선행자와 결과를 체계적으로 실험했다. 이 장에서 나는 학업 상황에서의 기질적으로 미루는 사람의 특징, 학업 과제를 미루도록 하는 상황, 학업 과제 미루기에 대한 동기와 목적, 학업 과제 미루기를 하였을 때 학업 수행과 학생 심리적 안정감 면에서의 결과에 대한 논평을 제시한다. 이 장의 목적은 ATP를 경험하고 있는 학생을 위한 예방적 개입 전략을 평가하고 실행하는 상황을 만드는 것이다.

심리학 연구자들은 몇 가지 신뢰할 수 있고 타당한 도구를 사용하여 ATP를 평가해 왔다. 이러한 척도는 이스라엘에서 Milgram과 동료들에 의해 개발된 학생 학업 미루기 척도(Student Academic Procrastination Scale)를 포함하고 (Milgram, Botori, & Mowrer, 1993; Milgram, Mey-Tal, & Levison, 1998), Schouwenburg와 동료들이 네덜란드에서 사용하는 학업 미루기 상태 검사 (Academic Procrasitnation State Inventory)와 학업 과제 미루기 체크리스트 (Procrastination checklist Study Tasks)도 포함하며(Lay & Schouwenburg, 1993; Schouwenburg, 1993, 1995), 또 다른 이들이 개발하여 미국에서 사용하고 있는 Tuckman의 미루기 척도(Tuckman Procrastination Scale)도 포함한다(Burns, Dittmann, Nguyen, & Mitchelson, 2000; Jackson, Weiss, & Lundqusit, 2000). 그러나 가장 널리 사용되는 검사 도구는 Solomon과 Rothblum가 개발한 신뢰할 수 있고 타당한 학생용 미루기 평가 척도, 즉 PASS(Procrastination Assessment Scale-Students)다(1984; Rothblum, Solomon, & Murakami, 1986).

PASS는 여섯 가지 학업 영역(학기말 과제 쓰기, 시험공부하기, 매주 읽기 과제하기, 행정 업무하기, 모임 참석하기, 일반적인 학업 과제하기)에서 학업 미루기의 발생률과 원인을 평가한다. 응답자는 (자주) 미루려는 경향과 그 미루기가 그들에게 어려움(문제)을 야기할 것인지에 대한 그들의 관점을 나타내고 있다. ATP에 대한 이 장에서의 대부분 결과는 PASS로 수집한 자료에 근거한다. 검사 도구를 비교하고 대조하는 더 많은 연구는 정당한 것으로 보인다.

‖ 학습에서 기질적으로 자주 미루는 사람의 특성과 원인 ‖

인구통계학적 정보를 포함한 연구에 의하면 ATP를 경험하는 학생은 어리고, 전통적인 시대의 남학생으로 특정 인종적 정체성을 드러내지 않는 경향이 있다 (Clark & Hill, 1994; Prohaska, Morrill, Atiles, & Perez, 2000). 학업에 대한 미루기 특성은 학부생보다 졸업생에게서 더 높은 비율로 나타나며(이 책 6장 참조; Jiao & Onwuegbuzie, 1998; Onwuegbuzie, 2000; Onwuegbuzie & Collins, 2001; Onwuegbuzie & Jiao, 2000), 심지어 전문 학회지에 논문 게재를 거의 하지 못해 종신 계약을 받지 못한 교수에게서도 나타난다(Boice, 1992, 1993, 1995 참조).

심리 변수의 측면에서 〈표 2-1〉은 ATP와 학부생에 의해 제기된 여러 변인 간의 긍정적 · 부정적 상관관계를 보여 준다. 연구에 사용된 표집의 수가 표에 포함되어 있으며, 대부분의 중요한 계수는 미국의 표본에 기반하였다(이 책 3장 부록에 이 자료의 출처 목록이 있음). 〈표 2-1〉에서 보듯이 ATP는 많은 변수와 긍정적인 상관관계를 보이는데, 이 변수들은 실패에 대한 두려움, 자신의 단점, 우울증, 죄책감, 정서 불안 등이다. 반대로, ATP는 결정을 내릴 때의 낙관주의, 자신감과 부정적 상관관계를 보인다. 표에서는 생략되었지만(하지만 여전히 중요한), 연구에 의하면 ATP는 일반 지능, 개인적 자의식, 대인 관계 관리, 스스로 조정 또는 Myers-Briggs의 유형 분류와는 크게 관련되어 있지 않다(더 자세한 내용을 원한다면 다음을 참조하라. Ferrari, Johnson, & McCown, 1995; Ferrari & Pychyl, 2000b). 분명한 사실은 ATP 학생은 다양한 변인과 관계를 맺고 있다는 점이다.

몇몇 연구는 부모 영향, 자녀 양육 실제, 가족 배경에 초점을 맞추고 학생들의 ATP 원인을 연구해 왔다. Ferrari와 Olivette(1993)는 우유부단한 엄마는 자녀의 미루기 기질에 영향을 미친다고 밝혔지만, Pychyl, Coplan과 Reid(2002)

〈표 2-1〉 학업 미루기 관련 변인

심리학적 변인	학업적 특성 미루기 상관	n
정적 상관		
실패에 대한 두려움	.63	211
자기 손상[1]	.53	185
	.51	169
	.48	99
우울(호주 표본)	.44	210
	.27	297
죄책감	.42	225
상태불안(호주 표본)	.40	297
	.38	107
반항(호주 표본)	.32	297
미결정(호주 표본)	.32	297
사회적 불안	.32	234
비합리적 인지	.30	210
대외적 자아 의식	.29	185
	.24	185
사회적으로 부여된 완벽주의	.24	135
부모 비난	.24	210
부모의 기대	.21	210
특정불안	.13	220
부적 상관		
자기 효능감	-.54	182
낙천주의	-.42	208
결정적 자신감	-.40	99
조직성	-.37	210
공부 습관	-.35	220
일반적 동기	-.32	96
개인적 자신감	-.30	157
삶에 대한 개인적 통제	-.30	157
개인적 수행 기준	-.30	210
지배성	-.27	220
자존감(호주 표본)	-.35	297
	-.26	169
	-.23	210
전반적 삶의 만족도	-.25	225
내적 동기	-.21	110

주: 모든 계수는 적어도 .05수준에서 유의하다. 계수가 여러 개인 경우 하나의 연구에서 여러 개의 변수가 함께 연구되었음을 말한다. 별도의 표시가 없는 연구는 미국 대학생을 대상으로 진행된 것이다.

----

1) 실패의 구실을 만들기 위해 최대한의 노력을 다하지 않음.

는 양육 방식이 자아 체계의 매개를 통해 영향을 미치고, 부모의 성별이 딸의 ATP에 영향을 미친다고 보고하였다. 반면에 Milgram와 동료들(1998)은 부모의 특성과 보고된 아동들의 ATP 사이에 유의한 관계가 없다고 보고하고 있다. 그러나 어머니가 자녀 교육에 관여하는 경우 자녀가 미루기 행동을 보일 가능성이 적다. Scher와 Ferrari(2000)은 이전에 완성했거나 완성하지 않은 학업 과제를 상기하는 아동의 능력은 그 과제가 가족에게 중요한 것으로 인식되는지와 관련된다고 보고했다. 이러한 연구들은 가족 역동과 가정생활이 개인의 미루기 경험에 영향을 미친다는 것을 제시한다.

그러므로 학업 미루기는 다양한 특성을 가진 많은 학생에게 일어난다. 즉, 개인 심리적 변인 간의 관계는 복잡하기 때문에 예방 전략과 개입 전략을 다루기 위한 ATP의 '전형적인' 프로파일은 없다. 대신 학업 환경에서 미루는 사람들의 몇몇 전형적 프로파일은 있을 수 있다(예: 9장의 부진아이면서 미루는 사람과 13장의 완벽주의자이면서 미루는 사람).

다음 장에서 사람들이 언제 ATP를 보이는지에 대한 연구를 제시했다. 다양한 방법론이 이 주제—높은 ATP에 관한 유용하고 흥미로운 결과를 낸—를 다루기 위해 적용되어 왔다.

‖ 학생들이 언제 학업 특성 미루기를 경험하는지 예측하기 ‖

일련의 연구는 실패에 대한 두려움과 과제 혐오가 ATP의 두 가지 주요 동기임을 밝히고 있다(예: Blunt & Pychyl, 1998, 2000; Milgram et al., 1993; Schouwenburg, 1993; Solomon & Rothblum, 1984). 게다가 Ferrari, Keane, Wolfe와 Beck(1998)은 우수 대학에서 학생의 과제 혐오가 ATP의 동기가 된다는 것을 보고하였다(예: 아이비리그 대학). 그러므로 ATP의 원인은 학생이 참석하는 강의 종류에 달려 있다.

　대학생들 사이에서 ATP는 회피적이고, 걱정이 많고, 산만한 개인적 특성에 의해 예측되어 왔고(Ferrari, Wolfe et al., 1995), ATP는 학생들이 좋아하고 쉬운 과제보다는 선호하지 않고, 지루하거나 어렵게 인식된 학업 과제에서 일어난다(Milgram et al., 1993). 게다가 다른 학생들보다 자신을 능력이 없다고 생각하는 학생은 학업 과제를 미루고 그들의 미루기 행동을 바꾸는 데 흥미를 표현한다(Milgram, Marshevsky, & Sadeh, 1995). 그러므로 당연히 학생들이 교육과정 관련 과업이 흥미롭지 않다고 느낄 때와 그 내용을 숙지할 만큼 그들의 기술에 대해서 자신감이 부족할 때 ATP를 경험한다.

　ATP가 어떠한 상황에서 일어나는지를 탐색하는 연구는 거의 없다. 예를 들어, Ferrari, Wolfe와 동료들(1995)은 ATP 발생 빈도가 질적으로 다른 제도에서 온 학생들 사이에서 다르게 나타난다는 것을 밝혀냈다. 우수 대학에 다니는 학생들은 중간이거나 낮은 수준의 대학에 다니는 학생들에 비해 높은 비율의 ATP를 보고하였다. 연구자들은 학생들이 ATP에 대해 스스로 인식하는 것이 주관적이라고 제안한다. 재능이 매우 뛰어난 학생들은 10주 후 제출할 예정인 기말 보고서를 지금 시작하지 않고 하루 이틀 정도 미루는 것을 ATP로 인식할 수 있는 반면, 미숙한 학생의 경우 숙제 제출 날짜 하루 이틀 전에 시작했을 때만을 ATP라 여길 수 있다.

　일부 연구자는 사람들이 미루거나 완수하는 일의 내용이나 본질에 대해 탐색하기 위해 일지나 일기 등을 사용했다(Ferrari & Scher, 2000; Milgram et al., 1998; Pychyl, Lee, et al., 2000; Scher & Ferrari, 2000). 일반적으로 참가자들은 대략 5일에서 7일 동안 매일 완수하기를 의도했거나 지난 24시간 안에 완수한 일들을 나열하였다. 몇몇 사례에서 학생들은 그들이 어떤 일을 미루거나 완수하였는지 확인하기 위해 낮 동안에 무작위로 삐삐 호출을 받았다. 분석 요인은 기존의 성격 특성이 아닌 과제 종류가 되었다.

예상대로 연구자들의 일기나 일지 방법을 통한 조사는 사람들이 혐오스럽고, 어려우며, 불쾌한 일을 완수하는 것을 미룬다는 것을 알게 해 주었다(Pychyl, Lee et al., 2000; Scher & Ferrari, 2000). 예를 들면, 한 연구에서 학생들이 학업적 일을 완수하거나 시작하기를 미루는 반면, 비학업적인 일(지겹고 싫증난다고 인식되지 않은)은 그렇지 않다고 보고하였다(Ferrari & Scher, 2000).

다른 연구에서는 학생들이 낮 동안 특정 시간에 무작위로 삐삐 호출을 받았는데, 그들은 불편하고, 스트레스를 받고, 또 어려운 일을 미루고 있다고 보고하였다. 그들은 그들에게 매우 즐겁고 재미있는 활동을 하고 있었다(pychyl, Lee et al., 2000). 일상을 녹화한 다른 연구에서는 업무에서의 미루기가 심지어 비학업적 일상생활의 미루기로까지 일반화된다는 것을 발견하였다(Milgram et al., 1998).

요약하면, ATP는 개인적 요인(예: 개개인이 과업을 미루는 행동을 어떻게 인식하는지, 학생의 자아 정체성 등) 그리고 과업의 내용과 본질에 의해 발생하는 것으로 보인다. 일기나 일지 그리고 녹화 기법을 통해 학생들은 지루하고 재미없게 생각하는 학업 과업을 미룬다는 것을 알 수 있다. 이 개념을 어떻게 측정하는지, 누가 이러한 행동 패턴을 보여 주는 경향이 있는지, 그리고 어떤 배경이 이러한 행동 패턴을 유발하는지를 아는 것 등은 상담자들의 정보로 유용할 것이다. 여전히 그러한 정보는 우리에게 어떤 사람들이 왜 높은 ATP 비율에 속하게 되는지에 대한 동기를 말해 주지는 않는다.

‖ 학업에서의 미루기: 변명의 사용 ‖

성격이나 가족이 학생들의 미루기에 영향을 준다는 것을 이해하는 것 외에도 교육자들과 정책 결정자들은 ATP의 동기를 이해하는 것이 중요하다. Ferrari와 동료들(1998)은 왜 학생들이 ATP를 하게 되었는지에 대한 주관적 이유가 남을 속이는 변명인지, 아니면 정당한 변명인지에 대하여 각기 다른 수준의 대학에 속한 학생들을 대상으로 조사하였다. 그 연구의 목적은 다양한 수준의 대학에 있는 학생들이 학업적 일을 연기하거나 미루기 위해 남을 속이는 변명을 사용하는지 아닌지에 대해 확인하려는 것이었다. 놀랍게도 학교 수준에 관계없이 대학생들은 과제나 시험, 업무를 수행하지 않아서 교수에게 변명을 구할 때 70% 이상의 경우에 남을 속이는 이유를 만들어 낸다는 것을 기꺼이 시인하였다(예: 거짓말; Ferrari et al., 1998). 몇 가지 거짓말은 다음과 같다. "집/기숙사에 두고 왔어요." "친척/친구가 죽었어요." "컴퓨터/프린터에 문제가 있어요." (Ferrari et al., 1998, pp. 199-215)

더구나 학교 수준에 상관없이 대부분의 교수는(90% 이상) 그 변명에 대한 실제 증거를 요구하지 않았다. 남을 속이는 변명은 젊고 '너그러운' 여성 교수가 가르치는 대형 강의에서 주로 일어났다(Ferrari et al., 1998). 학기 중 대학 내 설문조사를 통하여 일반 수준의 대학에서 유일하게 ATP 학생들이 정당한 변명과 남을 속이는 변명 모두를 ATP를 가지지 않은 학생들보다 더 자주 사용하는 것으로 보고하였다. 따라서 ATP 학생들의 동기는 학교의 엄격성에 따라 다양할 것이다. 행정가와 교육자는 ATP 학생들에 대한 중재를 실행할 때 개인적 그리고 상황적 차이 모두를 고려해야 한다. 교수는 ATP 학생들에게 학교에서 확장 교육을 하는 것에 대하여 더욱 신중히 고려할 필요가 있다.

ATP 학생의 남을 속이는 변명의 사용과 관련하여 Ferrari와 Beck(1998)은 거짓 변명을 꾸며 내는 데 정서의 중요성을 탐구하였다(예: 거짓을 말하기). 학교 수준에 상관없이 대학생들은 숙제를 미루기 위해 교수를 속일 때 긍정적 감정을 경험한다고 보고하였다. 그러나 일부 학생은 거짓말을 하는 동안, 하고 난 후 그리고 그 거짓말을 회상할 때 부정적인 감정을 경험하였다.

종합해 보자면, 그들이 미루기 행동을 할 때나 학급에서 학업을 미루기 위하여 거짓말을 할 때 '죄책감'을 느끼지는 않는 것으로 보인다. 그러나 학생들이 미루기 위하여 거짓말을 했다는 것을 지각할 때, 부정적인 감정을 느낀다. 이러한 부정적인 영향이 학생들의 미래에 할 거짓말을 막지는 않는 것 같다(Ferrari et al., 1998). ATP에서의 동기 등과 같은 정서의 역할과 ATP 결과에 대한 추가 연구에서는 미루기 행동의 형성을 줄이기 위한 중재를 설계할 때 이러한 부정적 감정은 고려해야 한다.

또 하나의 다른 연구에서는 대학생의 ATP에서 동기의 역할을 탐색하였다. Brownlow와 Reasinger(2000)는 학생들에게 PASS 검사를 완성하고 학업 성취에서 내재적 그리고 외재적 동기를 자기 보고식으로 측정하도록 요청하였다. 그 결과는 ATP가 높은 학생들은 그들의 성공에 대하여 외재적 귀인이 더 높았다. 반면 ATP가 낮은 학생들만이 학업을 완수하는 데 중요한 동기로 내재적 그리고 외재적 요인을 보였다. 게다가 여성들은 낮은 외재적 동기(그리고 완벽주의)가 높은 ATP 비율에 기여하였다. 따라서 동기 안에서의 성별 차는 잦은 ATP를 구분하는 데 고려해야 하는 요인으로 보인다.

이 장에서는 업무 양상, 개인적 공포 그리고 성격적 배경이 왜 학생들이 학업 특정 미루기를 하는지에 대한 중요한 공헌자로 설명되었다. 사실 학생들은 남을 속이는 변명을 사용하여 학업적 일의 시작이나 완수를 피하려는 것처럼 보인다. 그렇기에 교수와 행정가들은 학생들의 변명을 가볍게 받아들이는 데 주의해야 한다. 학생들이 학업 과업을 피하기 위해 거짓말을 한 후 부정적 정서를 경험하는 것처럼 보이더라도 그들은 계속 거짓말을 할 것이다.

‖ 기질적 학업 미루기의 교육적 함의 ‖

ATP의 많은 연구는 자기 보고식 측정에 의존해 왔다. 그러나 객관적 행동 지표라는 점에서 ATP 학생들의 학업 결과를 조사하는 것은 중요하다. 〈표 2-2〉

〈표 2-2〉 기질적 학업 미루기와 학업 행동 간의 상관

학업 행동	학업 미루기와의 상관	n
정적 상관		
숙제를 제출하는 데까지 사용하는 시간	.58	190
	.40	201
(대학원생 샘플)	.22	151
중간 개요 보고서를 제출하는 데 사용하는 시간(호주 샘플)	.36	297
프로젝트 일에 사용하는 시간	.31	178
	.27	220
커닝	.30	285
표절	.30	285
기말 과제를 제출하는 데까지 사용하는 시간(호주 샘플)	.23	297
프로젝트 일에서 늦은 시작	.24	220
부적 상관		
영어 수행 성적(호주 샘플)	-.62	380
수학 수행 성적(호주 샘플)	-.61	380
숙제 완료	-.54	183
(호주 샘플)	-.30	380
공부 사용 시간	-.29	220
(의대 학생 샘플)	-.27	135
중간 보고서 개요 성적(호주 샘플)	-.26	297
기말 보고서 성적(호주 샘플)	-.24	297
기말 성적(호주 샘플)	-.30	297
	-.22	161
누적 성적의 평균	-.12	271

주: 모든 계수는 적어도 .05수준에서 유의하다. 계수가 여러 개인 경우 하나의 연구에서 여러 개의 변수가 함께 연구되었음을 말한다. 별도의 표시가 없는 연구는 미국 대학생을 대상으로 진행된 것이다.

는 미국과 그 외 나라 대학생의 ATP와 학업 수행의 행동 지표에 관해 보고된 상관 계수가 제시되어 있다(3장 부록에서 이 자료의 출처 목록을 참조하라). 이 표는 ATP가 숙제를 제출하는 데까지 사용하는 시간, 중간 개요 보고서를 제출하는 데 사용하는 시간, 공부나 프로젝트 일에 사용하는 시간 그리고 학업적 부정직(예: 커닝이나 표절) 등과 유의미한 정적 상관 관계에 있다는 것을 보여 준다. ATP는 학급, 과정 그리고 누적된 점수 측정에서도 심각하게 부정적인 결과를 가진다. 전체적으로 ATP는 부진한 영어와 수학 성적, 숙제의 완료, 공부에 쓰는 시간 등과 부적 상관이 있다. 사실 선행 연구에서 보고된 많은 이러한 행동적인 결과는 다른 여러 나라의 학생들에게서 나온 결과이며, 이 연구들은 ATP가 학생의 수행을 방해한다고 제시한다. 이러한 행동적인 결과는 ATP가 건설적인 학업 수행을 반영하지 않는다는 것을 알고 있는 교수나 연구자의 의견을 입증하는 데 유용하다. 현재 그들은 연구를 통해 학생들을 증명할 수 있다.

‖ 결 론 ‖

간략한 개관은 ATP를 이해하기 위한 내용을 제공한다. 1장에서는 누가, 언제, 왜 그리고 전 세계의 대학생과 대학원생이 있는 학업 환경에 걸쳐 어떤 특성을 보고하는지에 대한 내용을 포함하였다. 더 나아가 이 개관은 학업 환경에서 미루기 특성의 성격 구조에 대해 살펴볼 3장에서 나오는 단계에 대한 개관이다.

분명하게 더 많은 연구를 통해 ATP의 선행 요인을 탐색하고, 사회 체계의 역할(예: 가족, 친구), ATP를 촉진하는 환경 그리고 ATP를 설명할 수 있는 이론적 모델을 개발할 필요가 있다. 교육자와 상담자 그리고 연구자들의 도전은 학업 미루기를 현재와 미래의 학생들의 안녕을 강화하는 방향으로 다루는 것이다.

제3장 ▶▶ Wendelien Van Eerde

학업에서의 미루기와 5요인 성격 모델: 메타분석 결과

모든 사람이 가끔씩 무엇인가 미룰 때가 있지만 주로 미루기란 어떤 과제를 수행하거나 결정을 내리는 것을 연기하거나 미루는 특성이나 행동 경향성으로 정의된다(예: Milgram et al., 1998). 이러한 정의는 마치 미루기 특성을 가진 사람은 특정 상황에 적절하지 않더라도 대체로 미루기 때문에 미루기는 자연히 역기능적인 경향임을 시사하는 것처럼 보인다. 하지만 정반대로 상황을 고려하지 않고 항상 계획을 따르려고 하는 것 또한 역기능적일 것이다. 사람들이 주로 미루기를 할 때와 미루기를 하지 않을 때를 주의 깊게 살펴보는 것은 미루기 현상에 대한 새로운 관점을 제시한다(2장 참조). 몇몇 연구를 통해 사람들이 주로 미루기를 하는 특정 과제가 있는지 살펴보는 등의 미루기 현상을 좀 더 깊이 있게 살펴보고자 하였다(예: Blunt & Pychyl, 2000; Ferrari & Scher, 2000; Lay, 1992; Milgram et al., 1995). 하지만 대부분의 연구는 개인차가 미루기를 결정하는 가장 중요한 요소라는 견해를 가지고 수행되었고, 상황과 개인 간의 상호작용에 의해 영향을 받는 과정을 깊이 있게 탐색한 연구는 많이 없었다(Mischel &

Shoda, 1998 참조).

이 장에서는 넓은 맥락에서 학업 혹은 공부와 관련된 미루기의 상황적 측면을 다루었다. 미루기에 관한 대부분의 연구가 이런 환경에서 이루어졌다. 미루기는 성격, 동기, 과제 그리고 환경 등의 선행 조건에 의한 여러 과정의 결과물로 볼 수도 있다. 그러나 미루기는 주로 독립적인 특성 변수로 연구되었고 다른 특성, 동기, 정서 그리고 수행과의 관계는 동시에 혹은 나중에 평가하는 식이었다(van Eerde, 2003 참조). 많은 연구는 자기 보고식 척도를 사용하여 얻은 점수들의 중앙치를 기준으로 미루는 사람과 미루지 않는 사람을 나누어 비교하였고, 횡단적 상관관계 설계를 사용하였다.

이 장에서는 자기 보고 방식으로 평가된 학업에서의 미루기가 5요인 성격 모델(the Big Five model)과 어느 정도 연관되어 있는지 살펴보기 위하여 선행 연구에서의 결과를 사용하였다(Costa & McCrae, 1992). 자신이 미루는 경향이 있다고 보고하는 사람들은 이 성격 모델에서 특정한 프로파일을 가지고 있는가?

몇몇 연구에서는 5요인 성격 모델의 하위 요인 수준에서의 2개 이상의 요인에 대하여 이 질문을 다루었다. 이 메타분석은 앞의 질문을 다룬 연구들(J. L. Johnson & Bloom, 1995; Milgram & Tenne, 2000; Schouwenburg & Lay, 1995; Watson, 2001)을 체계적으로 비교하거나 결합하였다. 즉, 앞의 질문을 명백하게 다룬 연구들의 결과는 통합되고 비교되었고, 가능할 때에는 다른 연구 결과도 추가했다.

‖ 방 법 ‖

연구 선정

미국심리학회(American Psychological Association: APA)의 PsycINFO 데이터베이스를 사용하여 미루기에 관한 경험적 연구를 검색하였다. 미루기가 실제로 측정된 연구를 찾기 위해 '미루기'라는 키워드를 가진 연구와 경험적 연구로 검색을 제한하였다. 이런 컴퓨터 검색은 참고문헌을 통해 논문을 찾아내는, 이른바 계통 접근법으로 보충하였다. 검색된 연구는 다음 세 가지 기준에 부합하는 경우 메타분석에 포함되었다.

- 미루기를 특성으로 보았든지 상태로 보았든지 상관없이 미루기 자기 보고 척도가 사용되었다(이러한 척도의 개관은 Ferrari, Johnson, & McCrown, 1995 참조). 현실적으로 이 기준은 미루기를 척도로 측정하기 시작한 1982년도 이후의 연구로 제한하였다.
- 미루기와 5요인 성격 모델과의 직접적 관계를 보여 준 논문의 효과 크기가 명시되어 있다. 상관관계가 유의미하지 않게 나타났을 경우 보수적인 평가치(예: 효과 크기 0)가 포함되어 있다.
- 효과 크기를 얻은 표본은 학생들(초등학생, 고등학생, 대학생, 대학원생 등)로 이루어져 있다.

연구물에서 보고된 독립적인 하위 집단들은 별도로 포함되었다. 만약 한 표본에서 동일한 효과 범주에 적용되는 여러 효과 크기가 있었다면 포함되기 전에(Fisher's z 전환을 통해) 이들의 평균을 구하였다.

변 수

효과 크기는 상관관계 혹은 다른 효과 지표들(F, t, x^2)이 상관관계로 전환된 것이었다. 효과 크기는 5요인 성격 모델에 따라 분류되었고 미루기와 다음 변인 간의 상관관계를 내포하였다.

- 신경증 요인과 그의 하위 요인인 불안, 적대감, 우울, 자의식, 충동성, 심약성
- 외향성 요인과 그의 하위 요인인 온정, 사교성, 주장, 활동성, 자극 추구성, 긍정의 정서
- 경험에 대한 개방성 요인과 그의 하위 요인인 상상, 심미성, 감정의 개방성, 행동의 개방성, 사고의 개방성, 가치의 개방성
- 친화성 요인과 그의 하위 요인인 신뢰성, 솔직성, 이타성, 순응성, 겸손, 동정
- 성실성 요인과 그의 하위 요인인 정연성, 충실성, 자기 규제성, 성취에 대한 갈망, 유능함, 신중성

효과 크기의 통합

Rosenthal(1991)의 메타분석 절차대로 효과 크기를 비교하고 통합하였다(다른 두 메타분석 접근과의 비교는 B. T. Johnson, Mullen & Salas, 1995 참조). 상관관계는 Fisher's z로 전환하여 자유도(n-3)를 곱하였다. 분석에 포함된 모든 연구에서의 이러한 가중 Fisher's z를 각 효과별로 합계한 후 전체 자유도로 나누어 효과별 평균 가중 Fisher's z를 구하였다. 그리고 이 Fisher's z를 다시 r로 전환하여 효과별 가중 평균 상관관계를 구하였고, 가중 평균들의 95% 신뢰 구간을

계산하였다. 그다음 효과별로 결과의 동등성을 위한 x^2을 계산하여(Rosenthal, 1991) 결과가 효과 크기의 동일한 집단에 속한 것으로 해석될 수 있는지 확인하였다.

‖ 결 과 ‖

연구 논문들을 검토한 결과 총 41편의 논문이 선정되었고, 그로부터 9,141명의 참가자를 대표하는 45개의 독립 표본의 효과 크기를 얻었다. 연구의 표본 크기 범위는 58명에서 618명까지였고 평균적으로 한 연구당 203명으로 나타났다(중앙치 n = 173). 표본들의 여성 비율은 0%에서 100%였고(8개 논문에서는 이 비율을 보고하지 않았다.), 평균적으로는 63%여서 연구에서 여성이 과다 표집된 것을 볼 수 있었다.

표본의 나이 범위는 7세와 58세 사이였다. 32개의 표본에서는 나이가 평균이나 중앙치로 보고되었다. 이런 통계치들의 평균을 구해 보니 21세로 나타나 대체로 젊은 참가자였다는 것을 알 수 있었다. 참가자 유형은 18개 표본에서는 대학에서 심리학을 전공하는 학생이었고, 21개에서는 심리학이 아닌 다른 전공인 대학생 그리고 6개 표본에서는 초, 중, 고 학생이었다. 대부분의 표본은 북미 지역에 속하였다(71%).

모든 연구가 미루기를 측정한 도구의 알파 계수를 보고한 것은 아니었다. 23편의 연구만 알파 계수를 보고하였는데, 만약 알파 계수가 보고되었다면 그 계수는 최소 .66부터 최대 .92로 측정 도구가 내적으로 타당한 것을 나타냈다. 많은 연구는 미루기를 측정하기 위해 Lay의 미루기 척도(k = 19; Lay, 1986; Ferrari, Johnson, & McCown, 1995 참조)나 학생용 미루기 평가 척도(PASS; k = 11; Solomon & Rothblum, 1984; Ferrari, Johnson, & McCown, 1995 참조)를 사용하였다.

〈표 3-1〉은 미루기와 5요인 성격 모델의 요인이나 하위 요인을 조사한 연구들의 수(k)와 각 카테고리의 총 표본 크기, 각 카테고리의 총 표본 크기의 자유도로 가중된 평균 결과, 평균을 둘러싼 95% 신뢰 구간, 결과의 동등성(x^2), 그리고 각 카테고리별 최소/최대 효과 크기를 포함한다. 신뢰 구간이 0을 포함하지 않을 때 효과 크기는 0보다 유의미하게 다르다는 것으로 간주할 수 있다.

〈표 3-1〉에서 신경증의 하위 요인을 보면, 5요인 성격 모델과 관련된 많은 연구가 불안과 우울을 다루고 있는 것을 알 수 있다. 충동성은 상대적으로 적게 연구되었지만, 신경증 요인 안에서 가장 높은 상관($r = .35$)을 보이고 있다.

외향성 요인은 전체적으로 미루기와 약간의 부적 관계를 이루고 있었다. 외향성의 효과 크기 변동은 전부터 알려진 바 있다(Steel, Brothen, & Wambach, 2001). 외향성 요인에 대한 7개의 개별 효과를 검토한 결과 McCown, Petzel과 Rupert(1987)가 보고한 $r = .63$은 명백한 이상치(outlier)로 보인다. 그 이유는 5개의 상관은 부적 관계였고, 오직 1개 상관만이 훨씬 적은 관계성으로 정적 관계였기 때문이다.

경험에 대한 개방성은 미미하게 미루기와 정적 상관을 나타내었다. 경험에 대한 개방성 측면에서 유일하게 미루기와 관련 있는 것으로 보이는 것은 상상력이다. 예를 들어, 미루기와 상상의 효과 크기($r = .25$)는 상상과는 달리 관심을 많이 받아오고 축적된 연구가 많은 신경증만큼 높은 효과 크기를 보이고 있다. 친화성과의 부적 관계는 미루는 사람은 주로 신뢰, 솔직함, 이타성, 순응성과 관련된 특징을 덜 나타낸다는 것을 보여 준다. 모든 범주 중에 가장 큰 평균 효과 크기는 성실성 요인($r = -.65$)으로 나타났다. 성실성의 효과 크기는 (부적 방향으로) 각각의 하위 요인보다 훨씬 컸지만, 모든 측면이 미루기와 관련 있는 것으로 나타났다. 느낌, 가치, 겸손, 동정과 같은 네 가지 측면은 미루기와 관련 없는 것으로 나타났는데, 이는 zero를 포함하는 신뢰 구간을 통하여 결론 내릴 수 있다.

효과 크기의 차이　　많은 효과 크기가 서로 다른 결과를 나타낸다. 따라서 각각의 연구에서 서로 다른 결과를 나타내는 이유에 대해서 체계적으로 설명할 수 있는 측면이 있는지 살펴보는 것이 필요하다. 필자는 신경증 요소에 있어 미루기를 측정하는 검사 도구가 효과 크기의 차이를 설명하는지 검증해 보았다. PASS 척도는 4개의 파트, 즉 미루기 선호, 미루기 걱정, 미루기 이유, 미루기를 변화시키고 싶은 소망으로 구성되어 있다. PASS를 사용했을 때와 다른 척도로 미루기를 측정했을 때를 비교해 본 결과 신경증과 미루기 사이의 상관은 PASS를 사용했을 때 더 높게 나타났다. 이러한 주장은 신경증 요소의 점수를 통하여 한 번 더 확인할 수 있다.

주장은 신경증 요소 점수에 의해 확증되었다. PASS의 가중 효과 크기는 $r = .41(k=2)$이었고, 다른 검사와 비교했을 때 $r = .24(k=8)$, $Z = 4.26$, p<.001; 불안 측면에서 $r=.26(k=8)$ 대 $r=.19(k=18)$, $Z=3.31$, p<.001; 우울 $r=.34(k=5)$ 대 $r=.26(k=10)$, $Z=3.53$, p<.001; 취약성 $r=.38(k=1)$ 대

〈표 3-1〉 평균 효과 크기

요인 또는 측면	연구 수(k)	표본 전체 (n)	평균 (가중)	95% 신뢰 구간	χ^2 (k-1)	최소값	최대값
1. 신경증	11	2,748	.26	.23 to .29	36.97***	.05	.42
불안	26	5,529	.22	.19 to .25	65.25***	-.10	.40
적대감	3	9005	.17	.10 to .24	.66	.12	.19
우울	15	3,330	.29	.26 to .31	26.98*	.08	.44
자의식	8	1,928	.19	.15 to .24	27.74***	.03	.37
충동성	4	1,047	.35	.30 to .41	2.04	.17	.40
심약성	3	905	.30	.26 to .39	6.79	-.34	.38
2. 외향성	8	2,142	-.08	-.12 to -.04	160.96***	-.20	.63
온정	2	703	-.16	-.23 to -.09	1.18	-.12	-.12

사고성	2	703	-.11	-.20 to -.02	.18	-.12	-.09
주장	3	1,043	-.14	-.20 to -.04	14.18***	-.28	.00
활동성	2	703	-.20	-.27 to -.13	27.88***	-.22	-.18
자극 추구성	4	900	.11	04. to .18	6.13	.06	.28
긍정적 정서	2	703	-.15	-.22 to -.08	.18	-.16	-.13
3. 경험에 대한 개방성	6	1,811	.07	.02 to .12	13.38*	-.07	.31
상상	2	703	.25	.19 to .32	1.28	.21	.29
심미성	2	703	.04	-.03 to .11	5.69*	-.05	.13
감정의 개방성	2	703	.00	-.07 to .07	.28	-.02	.02
행동의 개방성	2	703	-.06	-.13 to .01	.03	-.06	-.05
사고의 개방성	2	703	-.08	-.15 to -.01	1.13	-.12	.04
가치의 개방성	2	703	.00	-.07 to .07	.63	-.03	.03
4. 친화성	5	1,811	-.10	-.15 to -.05	11.58*	-.22	.13
신뢰성	2	703	-.14	-.21 to .07	.65	-.17	-.11
솔직성	2	703	-.11	-.18 to -.04	4.07*	-.19	-.04
이타성	2	703	-.14	-.21 to -.07	.07	-.15	-.13
순응성	3	845	-.07	-.14 to .00	1.89	-.12	-.02
겸손	2	703	.05	-.02 to .12	3.4	-.02	.12
동정	2	703	.02	-.05 to .09	1.43	-.02	.07
5. 성실성	11	2,810	-.65	-.67 to -.62	73.85***	-.79	-.49
유능감	4	1,185	-.47	-.52 to -.42	2.01	-.52	-.42
정연성	6	1,403	-.45	-.49 to -.41	20.15**	-.56	-.31
충실성	5	1,261	-.45	-.49 to -.40	16.27**	-.58	-.33
성취에 대한 갈망	6	1,558	-.38	-.42 to -.34	119.63***	-.59	.12
자기 규제성	7	2,018	-.45	-.49 to -.42	95.56***	-.75	-.21
신중성	4	1,185	-.35	-.41 to -.30	1.96	-.40	-.31

Note. Min=minimum; Max=maximum.
* $p < .05$.   ** $p < .01$.   *** $p < .001$.

$r = .15(k = 2)$, Z = 2.79, p<.01. 분노 및 적대감(둘 다 rs = .17, $k = 2$와 $k = 1$), 자의식(둘 다 rs = .19, $k = 5$와 $k = 3$), 충동성($r = .32$, $k = 1$ vs. $k = .37$, $k = 3$, $z = 1.12$) 간의 효과 차이에서 큰 차이가 나타나지 않았다.

‖ 논 의 ‖

메타분석 결과를 통하여 미루기와 5요인 성격 모델과의 관계를 체계적으로 살펴볼 수 있었다. 가장 높은 상관은 미루기와 성실성의 부적 관계로 나타난다. 신경증과 하위 요인에 대한 많은 연구(〈표 3-1〉 참조)는 미루기와 신경증 사이의 상당한 관계를 나타낸다. 다른 5요인 성격 요인 중에서는 경험에 대한 개방성의 하위 요인 중 상상력 측면만이 미루기와 미미하게 관련이 있었다. 수치심과 죄책감을 포함하는 자의식과 미루기가 높은 상관($r = .19$)을 나타내지 않는다는 것은 놀라울 수 있다. 이러한 연구 결과는 미루기에서 도덕적 측면이 중요하므로 이러한 측면에서 추가 연구가 필요하다는 주장에 반대된다. 미루기를 측정하기 위해 PASS를 사용할 때와 다른 척도를 사용했을 때 미루기와 신경증(신경증의 몇몇 하위 요소를 포함)의 관계가 과대 측정되는 것으로 나타났다. 이러한 모든 결과를 종합해 보면 특정 유형의 프로파일이 나타난다. 이 유형의 학생은 성실하지 않고, 다소 신경증적이고, 공상적인 삶을 살며, 다소 내향적이고 덜 사회적인 것으로 나타난다.

‖ 한 계 ‖

이 결과로 일반적인 프로파일이 형성될지라도 이 프로파일이 전혀 문제가 없는 것은 아니다. 결과에 대한 대안적 해석이 가능하다. 미루는 학생이 이 프로파일을 가졌다고 말하는 것이 너무 간단할 수 있다.

첫째, 5요인 성격 모델의 모든 특징이 한 사람에게 복합적으로 나타나는 것이 아니다. 이것은 효과 크기 범주 간 상관이 평가되지 않았기 때문이다. 프로파일이 다양할 수 있다. 예를 들어, 한 집단에서 미루기가 우울과 짝지어지고, 다른 집단에서는 불안과 짝지어졌고, 다른 집단들은 정서적 관련이 없을 수 있다.

둘째, 효과 크기가 상호 관련이 있기 때문에 횡단 연구에서는 그것들이 실제로 5요인 성격 모델과 관계가 있음을 의미하는지, 다른 오염 변인에 의한 관련성인지, 거짓된 관련성인지에 대해 확인이 불가능하다. 특히 미루기와 5요인 성격 모델 모두 자기 보고 방식으로 측정되었기 때문에 자기상(self-image)이 미루기와 5요인 성격의 측정에 영향을 미쳤는지 여부를 결정하는 것이 불가능하다. 동일 방법 편의(Common method bias)가 상관을 증가시켰을 수 있다. 또래 평가나 관찰의 사용 그리고 다른 시기에 이루어진 측정은 자기 보고식 측정에서 어떤 효과 크기를 얻었는지 구별하는 데 도움이 될 수 있다.

셋째, 이 메타분석 결과는 효과 크기가 서로 다른 다양한 연구를 대상으로 이루어졌다는 것을 고려했을 때, 조절 변인을 탐색하는 것이 중요하다. 몇몇 경우, 검사의 사용이나 특정 샘플은 미루기와 5요인 성격 모델 사이의 다른 관계를 설명할지도 모른다. 신경증 성향의 경우, PASS에서 나온 결과와 다른 검사를 통해 나온 결과를 비교해 볼 수 있었던 것처럼 특정 검사의 사용은 변량의 일부를 설명할 수 있다. 그러나 왜 다른 관계가 있는지 이유를 알아내는 것은 쉽지 않다. 예를 들어, 외향성의 경우, 한 연구에서는 미루기와 $r = .63$의 정적 상관을 갖는다고 했으나 다른 5개의 연구에서는 부적 상관이 나타났다. 그러나 측정과 샘플에서 이것들은 다른 연구들과 특별히 다르지 않다. 연구 결과에서 찾지 못한 다른 요소가 영향을 미쳤을 수 있다.

‖ 상담에서의 시사점 ‖

이 연구를 통해 우리는 상담에서의 몇 가지 시사점을 알 수 있다. 첫 번째로 성실성은 미루기와 관련되어 있다. 성실하지 못한 것은 성취 중심 사회에서 몇 가지 문제를 발생시킬 수 있다. 성실성은 5요인 성격 모델 중에서 학습 결과에 영향을 미치는 유일한 요소였다(예: Costa & Mccrae, 1992; Paunonen & Ashton, 2001; Schouwenburg, 1997). 낮은 성실성의 부정적인 영향을 극복하는 것은 대체로 학생들이 더욱 체계적이 되도록 돕고, 자기통제를 활성화하는 기술을 가르치는 것이다. 다른 학생들이나 상담자, 교수에 의한 사회적 통제 방법을 이용하는 것도 도움이 될 수 있다.

학업 장면에 따라 필요한 성실성의 정도는 다르다. 너무 높은 수준의 성실성은 다른 행동을 지연시킬 수 있다. 하나의 예로, 성실성은 융통성과 부적 상관을 나타냈다(Griffin & Hesketh, 2001). 성실성은 모든 상황에서 항상 유용한 것이 아니고, 특히 혁신적인 해결책이 필요한 경우에는 더욱 그러하다. 일부 연구는 성실성과 창의적 행동 사이에 부적 상관을 발견했다(Feist, 1998; King, Mckee-Walker, & Broyles, 1996; Wolfradt & Pretz, 2001).

두 번째로 신경증 성향과 미루기 사이에 상관이 있다 하더라도, 그 상관은 크지 않다. 일부 연구에서 나타난 높은 상관은 PASS의 사용 때문이라 할 수 있다. PASS에는 미루기에 대한 걱정도 미루기를 측정하는 요소로 포함되어 있는데, 이는 감정적 변수로써 효과 크기를 크게 만들 수 있다. 그러나 여전히 일부 학생의 경우, 상담에서 미루기와 관련된 부정적인 감정을 극복하도록 도와주는 중재가 필요하다.

세 번째로 몇몇 연구는 미루기가 과제의 난이도나 흥미 같은 상황 변수에 의해 유발될 수 있다는 것을 밝혔다(Pychyl, Lee et al., 2000; senecal, Lavoie, & Koestner, 1997). 또한 미루기 행동의 부정적인 결과는 검사의 사용으로 인해 제한될 수 있다(Tuckman, 1998). 이러한 연구들은 행동의 맥락 또한 고려해야 한다는 것을 보여 준다. 미루기는 성격의 문제만이 아니라 동기의 문제이기도 하다.

마지막으로, 미루려는 경향성과 미루는 행동의 개인적 결과와 사회적 결과를 구별하는 것이 중요하다. 즉, 미루는 모든 사람이 낮은 성취를 보이고 신경증적이 아니라는 말이다. 미루는 사람들은 모두 역기능적 성격을 가지고 있고, 이것을 고치기 위해 상담이 필요하다는 가정 대신 미루기가 역기능적인 것이 되는지, 그렇다면 언제 그런 것인지라는 질문에 초점을 맞추고 이것들의 결과를 다루는 것이 더 유용할 것이다.

〈부록〉 메타분석에 포함된 연구

Beck, B. L., Koons, S. R., & Milgrim, D. L. (2000). Correlates and consequences of behavioral procrastination: The effects of academic procrastionation, sef-conciousness, self-esteem, and self-handicapping. *Journal of Social Behavior and Personality*, 15, pp. 3-13.

Beswick, G., Rothblum, E. D., & Mann, L. (1988). Psychological antecedents of student procrastination. *Australian Psychologist*, 23, pp. 207-217.

Fee, R. L., & Tangney, J. P. (2000). Procrastination: A means of avoiding shame or guilty? *Journal of Social Behavior and Personality*, 15, pp. 167-184.

Ferrari, J. R. (1991). Compulsive procrastination: some self reported characteristics. *Psychological Reports*, 68, pp. 455-458.

Ferrari, J. R. (1992a). Procrastinators and perfect behavior: An exploratory factor analysis of self presentation, self awareness, and self handicapping components. *Journal of Research in Personality*, 26, pp. 75–84.

Ferrari, J. R. (1992b). Psychometric validation of two procrastination interventories for adults:Arousal and avoidance measure. *Journal of psychopathology and behavioral Assessment*, 14, pp. 97–110.

Ferrari, J. R., & Emmons, R. A. (1995). Methods of procrastination and their relation to self control and self reinforcement. *Journal of Social behavior and Personality*, 10, pp. 135–142.

Ferrari, J. R., & Gojkovich, P. (2000). Procrastination and attention: Factor analysis of attention deficit, boredomness, intelligence, self esteem, and task delay frequencies. *Journal of Social Beahvior and Personality*, 15, pp. 185–197.

Haycock, L. A., McCarthy, P., & Skay, C. L. (1998). Procrastionation in college students: The role of self efficacy and anxiety. *Journal of Counseling and Development*, 76, pp. 317–324.

Hess, B., Sherman, M. F. & Goodman, M. (2000). Eveningness predicts academic procrastination: The mediating role of neuroticism. *Journal of Social Behavior and Personality*, 15, pp. 61–74.

Johnson, J. L., & Bloom, A. M. (1995). An analysis of the contrubution of the five factors of persionality to variance in academic procrastination, *Personality and individual difference*, 18, pp. 127–133.

Lay, C. H. (1986). At last, my research article on procrastination in Personality, 20, pp. 474–495.

Lay, C. H. (1992). Trait procrastination and the perception of person–task characteristics. *Journal of Social Behavior and Personality*, 7, pp. 483–494.

Lay, C. H. (1994). Trait procrastination and affective experiences: Describing past study behavior and its relation to agitation and dejection. *Motivation and Emotion*, 18, pp. 269–284.

Lay, C. H. (1997). Explaining lower–order traits through higher–order factors: The case of trait procrastination, conscientiousness and the specificity dilemma. *European Journal of Personality*, 11, pp. 267–278.

Lay, C. K, Edwards, J. M, Parker, J. D. A., & Endler, N. S. (1989). An assessment of appraisal, anxiety, coping, and procrastination during an examination period. *European Journal of Personality*, 3, pp. 195–208.

Lay, C. H., Knish, S., & Zanatta, R. (1992). Self-handicappers and procrastinators: A comparison of their practice behavior prior to an evaluation. *Journal of Research in Personality*, 26, pp. 242–257.

Lay, C. H., Kovacs, A., & Danto, D. (1998). The relation of trait procrastination to the big-five factor conscientiousness: An assessment with primary-junior school children based on self-reports. *Personality and Individual Differences*, 25, pp. 187–193.

Lay, C. H., & Silverman, S. (1996). Trait procrastination, anxiety, and dilatory behavior. *Personality and Individual Differences,* 21, pp. 61–67.

Martin, T. R., Flett, G. L., Hewitt, P. L., Krames, L., & Szanto, G. (1996). Personality correlates of depression and health symptoms: A test of a self-regulation model. *Journal of Research in Personality*, 31, pp. 264–277.

McCown, W, Petzel, T., & Rupert, P. (1987). An experimental study of some hypothesized behaviors and personality variables of college student procrastinators. *Personality and Individual Differences*, 8, pp. 781–786.

Milgram, N. A., Baton, G., & Mowrer, D. (1993). Correlates of academic procrastination. *Journal of School Psychology*, 31, pp. 487–500.

Milgram, N. A., Gehrman, T., & Keinan, G. (1992). Procrastination and emotional upset: A typological model. *Personality and Individual Differences*, 13, pp. 1307–1313.

Milgram, N. A., Marshevsky, S., & Sadeh, C. (1995). Correlates of academic procrastination: Discomfort, task aversiveness, and task capability. *Journal of Psychology*, 29, pp. 145–155.

Milgram, N., & Tenne, R. (2000). Personality correlates of decisional and task avoidant procrastination. *European Journal of Personality*, 14, pp. 141–156.

Milgram, N., & Toubiana, Y. (1999). Academic anxiety, acadmic procrastination, and parental involvement in students and their parents. British journal of educational Psychology, 69, pp. 345–361.

Owens, A. M., & Newbegin, I. (1997). Procrastination in high school achievement Journal of Social Behavior md Personality, 12, pp. 869–887.

Rothblum, E. D., Solomon, L. J., & Murakami, J. (1986). Affective, cognitive, and behavioral differences between high and low procrastinators. Journal of Counseling

Psychology, 33, pp. 387–394.

Saddler, C. D., & Sacks, L. A. (1993). Multidimensional perfectionism and academic procrastination: Relationships with depression in university students. Psychological Reports, 73, pp. 863–871.

Sarmany Schuller, I. (1999). Procrastination, need for cognition, and sensation seek, ing. Studia Psychologica, 41, pp. 73–85.

Schouwenburg, H. C. (1995). Academic procrastination: Theoretical notions, measurement and research. In J. R. Ferrari, J. L. Johnson & W. G. McCown(Eds), *Procrastination and task avoidance: Theory, research, and treatment* (pp. 71–96). New York: plenum.

Schouwenburg, H. C. (1996). *Personality and academic competence.* Unpublished reprot, University of Groningen, The Netherlands.

Schouwenburg, H. C. (1997). *Results of a questionnaire among participants of skills courses taught by the Academic Assistance Center of the University of Groningen from January 1995 to August 1996.* Unpublished report, University of Groningen, The Netherlands.

Schouwenburg, H. C., & Lay, C. H. (1995). Trait procrastination and the big five factors of personality. *Personality and Individual Differences*, 18, pp. 481–490.

Senecal, C., Koestner, R., & Vallerand, R. J. (1995). Self–regulation and academic procrastination. *Journal of Social Psychology*, 135, pp. 607–619.

Solomon, L. J., & Rothblum, E. D. (1984). Academic procrastination: Frequency and cognitive–behavioral correlates. *Journal of Counseling Psychology*, 31, pp. 503–509.

Specter, M. H., & Ferrari, J. R. (2000). Time orientations of procrastiriators: Focusing on the past, present, or future? *Journal of Social Behavior and Personality*, 15, pp. 197–202.

Stainton, M., Lay, C. H., & Flett, G. L. (2000). Trait procrastinators and behavior/trait specific cognitions. *Journal of Social Behavior and Personality*, 15, pp. 297–312.

Steel, P., Brothen, T., & Wambach, C. (2001). Procrastination and personality, performance, and mood. *Personality and Individual Differences*, 30, pp. 95–106.

Stober, J., & Joormann, J. (2001). Worry, procrastination, and perfectionism: Differentiating amount of worry, pathological worry, anxiety, and depression. *Cognitive Therapy and Research,* 25, pp. 49-60.

Watson, D. C. (2001). Procrastination and the five-factor model: A facet level analysis. *Personality and Individual Differences*, 30, pp. 149-158.

제2부

개입 방법

제4장 ▶▶ CLARRY H. LAY

미루기 상담의 기본 요소

자신의 의도를 시의 적절하게 실천하는 것은 매우 중요하다.
그것은 인생에서 성공을 가늠하는 척도다.

성공적인 삶의 가장 포괄적인 척도는 그들의 의도를 시간 계획에 따라 시기적절하게 추구하는 것일 것이다. 의도를 시기적절하게 추구하는 성공적인 삶은 일상에 기반을 둔, 그리고 모든 목표와 인생의 필수적인 측면에 대한 개인적 관심을 포함하는 것이다. 이러한 의도는 학업 과제, 사회적 여가 활동, 운동이나 취미 그리고 신체적·정신적 건강에 대한 관심, 빨래 같은 일상 과업이나 그 외에 부분적인 인생의 경험이나 목표 등이 될 수 있다. 사람들은 어떤 것을 성취했을 때 최고라고 느낀다. 그리고 가장 근본적인 형태의 성취는 자신의 의도를 시기적절하게 이루었을 때 느끼는 성취다. 나 또한 이러한 의도의 시기적절한 추구는 수행력, 돈, 명성, 승진, 인지도, 학교에서의 최고 성적 등과 같은 다른 성공에 대한 표시를 대신하거나 혹은 대신해야 한다고 주장한다. 뒤에 언급된 모든 것은 좋은 것이지만 부차적인 것이다.

이런 주장에 따르면, 기질적으로 미루는 사람은 성공적이지 못하다고 정의될 수 있다. 기질적으로 미루는 사람의 매일, 주 단위의 그리고 일생 동안의 경험은 의도와 행동 사이의 광대한 시간적인 차이가 가득 차 있다. 이는 꾸물거리는 행동에 따른 것이며, 기질적으로 미루는 사람의 행동으로 정의된다.

기질적 미루기로 인해 상담소를 찾는 이들은 그들에게 매력적인 미루는 삶에서 성공할 수 있는 아이디어를 찾는다. 비록 미루는 삶이 위협적일지라도 말이다. 한 측면에서 이 아이디어는 많은 미루기 특성을 가진 사람에게 더 간단하고 달성 가능하며, 다른 사람과는 상관없고, 더 일반적이고, 때로는 더 멀리 볼 수 있는 지표일 것이라는 확신을 준다. 그러나 한편으로 이 아이디어는 매우 위협적이다. 이것은 미루는 습관을 가진 사람에 대하여 다른 측면은 고려하지 않으면서 지금까지 실패한 사람으로 정의하고, 앞으로도 변화에 실패할 것이라는 생각을 강화하고 있기 때문이다. 미루는 습관을 가진 사람의 반응이 무엇이든 이 일반적인 지침은 출발점이고, 변화를 위한 도움을 찾는 사람들을 상담하는 데 간단한 지침이다. 이것은 그들의 변화를 돕기 위해 내가 만들어 낸 많은 관점 중 하나다.

‖ 상담 대상 집단 ‖

지난 10년간 나는 대학상담센터를 통해서 기질적으로 미루는 사람으로 자신을 규정하는 학생 및 학생 외 사람들의 상담 집단을 연구해 왔다. 학생 외 사람들이라 함은 교직원과 교수—비록 그들을 덜 자주 만나기는 했지만—대학원생도 집단원으로 자주 포함되었다.

집단원들이 매긴 미루기 기질 척도(Trait Procrastination scale; Lay, 1986)의 전체 평균 점수는 16점 이상이었다. 사용한 설문 문항 버전은 20개의 참/거짓 척도였으며, 최고점은 20점이었다. 일반 학생 집단에 실시한 이 척도의 점수 평균은 9점 정도였다. 상담소를 찾는 대부분의 학생은 삶의 모든 부분에서 미루고 있었다(그렇기에 미루기 척도에서 높은 평균 점수를 기록하였다). 예외는 있었다. 집단의 일부 학생은 오직 학업 과제에서나 특히 서평 쓰기 같은 특정한 학업 과제에 한해서만 미루기를 보였다. 가끔 몇몇 학생은 미루기 척도에서 평균 점수를 얻었다. 시간이 지날수록 그들이 미루기 집단에 있는 이유는 명백해졌다. 이들은 자신이 가진 문제로 인해 미루기 집단 상담을 선택한 사람들이었다.

삶의 모든 측면에서 미루는 행동은 넘쳐났으며, 대부분의 학생이 단순하게 공부 계획을 꾸준히 따르고 더 좋은 학점을 받고 싶어서가 아니라 삶의 불만족 때문에 상담에 참석했다. 집단 회기가 학기 중에 진행되었기 때문에 학생들은 상담 회기 동안 학업 과제의 넓은 범위에 초점을 맞추었다.

집단 프로그램은 학교 주변과 학보에 광고되었다. 대개 스스로 등록을 결심했으나 소개받아서 온 몇몇도 있었다. 한 집단에는 보통 12명에서 20명의 학생이 등록하였고, 20% 정도가 첫 회기에 참석하지 않았다. 뒤따른 회기의 중도 탈락률은 집단에 따라 달랐다. 집단이 포함된 성질을 고려할 때 나는 사람들이 막판에야 집단에 등록하는 것, 등록은 일찍 했지만 참석하지 않는 것, 첫 회기는 빠졌으나 이후에는 참여하는 것, 회기에 지각하는 것, 드문드문 참석하는 것(때때로 그날 시간이 되지 않아서), 또는 조직력의 부족이나 자신의 해야 하는 일, 확신을 설명하는 것을 각오하고 있어야 했다. 이 책에서 묘사된 다른 프로그램과는 다르게 해당 프로그램에는 결석에 대한 불이익은 없었다. 대부분의 집단에서 회기에 규칙적으로 출석하는 6명에서 10명의 참가자가 구성되었다.

‖ 호소 문제 ‖

나는 보통 학생들에게 '왜 그들이 여기에 왔는지' 물어보면서 첫 번째 회기를 시작한다. 그러면 학업 과제 및 삶의 다른 영역에서의 미루기에 관한 일반적인 이유를 들을 수 있다. 그들은 필수적으로 계획을 진행할 수 없는 무능력에 대해서 이야기하며, 종종 세금을 내거나 빨래를 하는 것과 같은 일상 과업과 관련한 세부적인 예를 들어 준다. 가끔 자발적으로 세부적인 학업 과제에 관해서도 이야기하지만, 대부분 학업 과제와 관련할 때에 묘사가 매우 일반적이고 분명하지 않다.

언급했듯이 집단원들은 자주 자신과 삶에 관해서 단순하게 '매우 불만족한 지점에 왔다.'고 표시했다. 이러한 현상이 나타나는 것은 때론 그들이 대학에 있기 때문에 유발되는 것일 수 있다. 그들은 자신이 일평생 미루는 습관을 가진 사람이었다고 언급할지 모르나, 고등학교로 돌아가 보면 그것은 정말 문제가 되어 보이지 않는다. 내가 들었던 이야기 중 그나마 가장 극단적인 이야기는 학교 바로 건너편에 살던 여덟살짜리 소년이 등굣길 중에 불만 가득한 엄마에게 아침에 상습적으로 옷을 갈아입지 않는다는 이유로 속옷 바람으로 쫓겨난 사건이다.

‖ 중재의 전반적인 목표 ‖

프로그램의 기본 지침은 〈표 4-1〉에 요약되어 있다. 이것은 '삶에서 성공에 대한 의미'라는 근원적인 전제에서 시작한다. 삶의 성공에서 가장 중요한 것은 개인이 의도한 것을 시간 계획에 따라 적절한 시기에 실천하는 것이다. 표는 또한 변화 방향과 함께 변화를 위한 실천뿐만 아니라 과업 행동에 착수하는 데 있어 특정한 관점에서 기질적으로 미루는 사람들의 특징에 대한 몇 가지 확인 사항을 나열한다.

첫 회기에서 나는 집단의 참가자에게 왜 사람들은 꾸물거리는지, 그리고 왜 그들이 자신이 꾸물거리는지를 더 잘 이해할 수 있도록 노력했으며, 이 맥락에서 그들의 성격과 목표, 동기를 더 잘 이해하려 노력했다. 마지막에 나는 참가자들에게 성격 질문지를 완성하여 두 번째 회기에 가지고 와 달라고 부탁했다. 이 질문지는 다음 특성—미루는 습관, 신경증적 혼란, 낙천주의, 에너지 정도, 고집, 성취, 완벽주의, 시간 관리, 흥미의 폭, 자극 심사, 자아 존중감 그리고 불안—을 재는 척도 문항을 포함한다. 앞에 언급한 특성 중 대부분 선별의 이론적 근거는 Lay(1987)에 근거한다. 두 번째 회기에서 집단원들은 그들의 특성 점수에 관해서 피드백을 받았다.

성격에 대한 피드백은 신속하게 참가자들이 자신의 성격에 대해서 더 생각하도록 하고 자신에게 집중하도록 하는 매우 일반적인 방법으로 의도되었다. 미루기 특성은 자아 개념과 자아 정체감에 더 많은 관련이 있다. 미루는 습관을 가진 사람들은 Berzonsky(1989)가 사용한 용어인 산만한 정체성(diffuse identity; Berzonsky & Ferrari, 1996)을 특징으로 하고 있었다. 이는 신념이나 영감, 가치를 지지하지 않는 개인을 묘사하게 위해 Berzonsky(1989)가 사용한 용어다. Baumeister (1985)는 정체성의 명료함이 없다는 것이 내가 원하는 방향으로 가고 싶은 마음과 다른 것들을 포기하지 못하는 마음 사이의 갈등 경험과 관련 있다고 말하였다. 게다가 미루는 습관을 가진 사람은 자기 요소에서 불일치를 경험한다. 그것은 그들이 McGregor(2003)이 자기 조절을 위한 함의에서 중요한 '정체성 통합'이라고 불렀던 것이 부족하다.

따라서 미루는 행동을 하는 사람의 분산되고 일관성 없는 자기 요소들은 미루기 행동을 조장할 수 있다. 이러한 맥락에서 성격에 대한 피드백과 논의와 더불어 상담 회기 동안의 집단 역동과 생각의 교환은 각 개인의 자아의식에 중요하게, 그리고 긍정적으로 공헌할 수 있도록 의도된다.

중재 프로그램의 한층 더 나아간 목표는 참가자들이 그들의 의도와 행동에 대해 어떻게 생각하는지에 대해 변화를 유발하고, 이 점과 관련하여 각자 다른 방식으로 스스로 배울 수 있도록 하는 것이다. 자기 조절에서 자기 대화와 자기 지

〈표 4-1〉 미루기 상담의 기본 지침

일반 지침
　자신의 의도를 시의 적절하게 실천하는 것은 매우 중요하다. 그것은 인생에서 성공을 가늠하는 척도다.

변화 방향
　① 가장 중요한 과업에 더 많은 시간을 쏟아야 한다.
　② 덜 중요한 과업에 시간을 덜 쏟아야 한다.
　③ 일단 어떤 과업에 관한 의도가 형성되면 그것을 행할 의무와 책임(주로 너 자신에게)을 가진 것이다.
　④ 궁극적인 변화에 대한 가장 큰 보상은 자신을 좀 더 긍정적으로 바라보는 것이다.

변화를 위한 실천
　① 적재적소에 더 많은 시간을 쏟아야 한다.
　② 매우 구체적인 날짜, 시간, 장소, 기간을 가능한 자세히 명시하여야 한다.
　③ 의도와 관련된 계획을 자세히 적고 정기적으로 자주 참조한다.

확인 사항
　① 너의 의도가 네가 순간적으로 무엇을 어떻게 느꼈는지보다 더 중요하다.
　② 미루는 습관을 가진 사람은 해야 할 일에 대해 필요 이상으로 부담스러워하는 경향이 있다.
　③ 일단 일을 시작하라. 그리고 그 일에 대해 가장 단순하게 생각하라.
　④ 한 번에 하나씩 하라.

도의 중요성이 강조된다(Meichenbaum, 1977; Mischel, Cantor, & Feldman, 1996).

　의도는 행동의 전조일 수 있으나(Ajzen, 1985), 의도의 질은 사람에 따라 극적으로 다를 수 있다. 우리가 집단에서 주목하고자 하는 것은 바로 이 의도의 질이다. 동기와 목표 추구에 관심이 있는 연구자들은 종종 의도의 형성을 책무, 약속, 헌신과 동일시하는데(예: Gollwitzer & Brandstatter, 1997), 이는 오직 미루지 않는 사람에 의해 발화될 수 있다. 실제로 이것은 미루는 행동을 하는 사람을 묘사할 때 매우 제한적인 위치에 있다. 미루기 특성을 지닌 사람의 가장 큰 문제점은 '해야 한다'는 지각이 결여되어 있다는 점인데, 이는 그들의 의도에

전적으로 매여 있다(Lay, 1995, based on Higgins, 1987).

미루는 사람들의 의도는 미루지 않는 사람들에 비해 종종 이상적 자아의 바람이나 순전한 암시다. 그들의 의도는 대체로 이상이거나 바람이다. "역사 시험공부를 내일 시작하는 게 좋지 않을까?"라든지 "역사 시험공부를 내일 시작하면 좋겠어." 그리고 "난 내일 역사 시험공부를 시작할 작정이고, 그렇게 해야 해."라는 형태의 말을 거의 사용하지 않는다. 이것은 미루는 사람들에게 성실성이나 의지가 부족하다는 것을 명확하게 보여 주는 중요한 지표이며, 이러한 사람들은 이 점과 관련하여 스스로에게 다르게 말하는 법을 배울 필요가 있다.

더 나아가 보면 Warshaw와 Davis(1985)가 연구한 행동 의도와 행동 기대 간의 차이는 이 부분과 관련이 깊다. 행동 의도는 어떤 일에 참여하는 특정한 행동과 관련이 있고, 반면에 행동 기대는 사람들이 자신의 의도에 의해 행동할 것이라는 판단을 의미한다. Warshaw와 Davis는 후자를 후속 행동을 더 잘 예측할 수 있는 변수라고 보았다. 미루는 사람은 자신의 지연 행동에 대해 잘 알고 있고, 미루지 않는 사람과 비교했을 때 그들의 행동 의도와 행동 기대 간에 커다란 불일치를 보인다. 상담 회기에서 고려되는 다른 요소들과 더불어 그들의 의도에 의무감이 좀 더 지각된다면 이러한 불일치를 줄이는 데 도움이 된다.

많은 일이 계획되어 있는데도 대부분의 개인은 차라리 다른 일을 하기를 원한다. 이는 기본적으로 계획된 행동이나 일이 다른 활동에 비해 덜 흥미롭고, 더 회피하고 싶고, 덜 자발적인 것으로 지각되기 때문이다. 미루기 특성을 갖고 있는 사람에게는 이러한 점이 두드러진 차이라고 할 수 있다(Lay, 1992; Milgram, Sroloff, & Rosenbaum, 1988). 그들은 이와 같은 선호에 따라 행동할 가능성이 더 크다. 반면에 미루지 않는 사람은 일의 특성이나 대안적인 활동과는 관계없이 그들이 계획했던 것을 하는 경향이 있다. 미루는 사람들은 바로 이 점을 인식해야 한다. 즉, 미루지 않는 사람들의 행동이 모델로 제안되어야 한다는 것이다.

상당한 경우에 미루는 사람은 그들이 해야만 하는 것이 아닌 다른 것을 하고 있다는 것을 안다. 그들은 의도적으로 다른 활동을 하거나 어떤 특정한 의도 없이 결과적으로 그냥 그렇게 되어 버리기도 한다. 그들이 다른 활동을 한다는 것은 그들에게 언제나 정확한 믿음은 아니다. 하지만 그럼에도 그들은 종종 그것에 굴복하고 만다. 이러한 믿음은 상담 회기에서 다루고, 미루는 사람들의 자기 대화 속에 포함되어야 한다. 상당한 경우에 이러한 믿음은 접근-회피 갈등[1]보다는 접근-접근 갈등[2]을 포함한다. 예를 들어, 많은 경우 미루는 사람은 정말로 공부하고 싶어 하지만 다른 경쟁적인 대안이 좀 더 매력적이고, 눈을 뗄 수 없거나 접근이 용이할 수 있다. 뿐만 아니라 Quattrone(1985)은 사람들은 일반적으로 덜 흥미로운 활동에 참여할 때 자신에게 주어진 선택권이나 자유가 적다고 믿는다는 점을 밝혔다. 이러한 점이 미루는 사람의 '저항'과 그들의 '덜 흥미로운, 그러나 해야만 하는 일들'을 합쳐지게 하는 것이다.

마지막으로 Gollwitzer와 Brandstatter(1997)는 목표 의도—"나는 X를 성취할 예정이야."—와 실행 의도—"나는 Z라는 상황에 처하면 Y라는 목표 지향적 행동을 수행할 예정이야."를 구분했으며 과업을 완수하거나 목표에 도달하는 데 잘 정립된 실행 의도가 얼마나 중요한지에 대해 강조하였다. 이것은 미루는 사람을 상담할 때 대단히 유용한 구분이다. 미루는 사람은 그렇지 않은 사람에 비해 실행 의도를 사용하는 데 (목표 의도에 비해) 결함이 있는 경우가 많기 때문이다. 미루는 사람은 이번 학기 역사 수업에서 A라는 성적을 받고자 한다고 선뜻 말하지만, 미루지 않는 사람에 비해 이러한 목표에 도달하기 위해 필요한 과정을 그들의 사고 과정에 포함시킬 가능성이 더 적다(심지어 그들이 고무되었을 때조차도).

---

1) [역] 접근-회피 갈등: 긍정적인 유인가(誘引價)를 지닌 동기나 목표를 선택함에 있어서 부정적인 유인가를 지닌 동기나 목표가 수반되어 장애가 될 때 경험하게 되는 심리 상태.
2) [역] 접근-접근 갈등: 둘 또는 셋 이상의 동기나 목표가 모두 긍정적 유인가를 지니고 있을 때 그 가운데서 하나의 동기나 목표를 선택할 수 없기 때문에 경험하게 되는 심리 상태.

‖ 프로그램의 세부 사항 ‖

보통 5~6회기로 이루어지며, 각 회기는 1시간 30분 정도다.

1회기

이미 언급했듯이 첫 번째 회기에서 나는 참가자들에게 차례로 왜 그들이 여기에 왔는지 설명하기를 요청한다. 이러한 시간이 어떤 사람에게는 불안한 시간이 될 수도 있지만, 어떤 사람은 약간의 허세와 함께 자신의 현 상태를 설명하기도 한다. 몇 사람은 미루는 경향에도 불구하고 자신이 학교생활에서 최상위 혹은 최상위에 근접한 성적을 받았다는 사실을 빠르게 확언한다. 비록 그 시점에서 각 그룹 구성원들에게 전형적이고 명백하게 인식되지는 않지만, 이는 이러한 상담 회기에서 일어나는 일반적인 현상이 무엇인지에 대한 그들의 첫 번째 체험이다. 이는 그들이 혼자가 아니며, 다른 사람들 또한 지연 행동을 자주 보인다는 것에 대한 인식이기도 하다. 나는 그룹 구성원들에게 이러한 이야기를 종종 듣는데, 처음에는 이 사실이 놀라웠다. 하지만 이는 그들이 행동과 변화에 대한 필요를 다루기 시작함에 따라 지속적이고 중요한 주제가 된다.

나는 학생들에게 다음 4일 동안 성격 설문지를 완성하여 제출하기를 요청했다. 나는 학생들이 제출한 카운슬링용 인물조사기록을 채점하여 그다음 주에 그들에게 각자의 성격 점수 요약본을 건네주었다. 무슨 이유인지 그룹에서 한두 명의 학생이(대부분 남성) 두 번째 회기 전까지 설문지를 제출하지 않고, 두 번째 회기 혹은 그 후의 회기에 참석하지 않는다.

이 시점에서 나는 계속해서 일을 미루는 사람들을 위해 변화로 향하는 가장 기본적인 오리엔테이션을 제공한다. 이것은 가장 기본이면서도 미루기의 해답

이 된다. 당신은 가장 중요한 과업을 달성하는 데 더 많은 시간을 사용해야만 한다. 상담자는 이 간단한 요점을 반복해서 강조한다. 물론 이러한 해결책을 실제로 행하는 것은 훨씬 어렵고 복잡한 일이다. 마치 과체중인 사람에게 적게 먹고 운동을 더 하면서 살을 빼라고 말하는 것처럼 말이다. 그럼에도 이러한 신념은 기본적인 시작점이며, 각 개인들로 하여금 다른 방식으로 생각하고 변화의 방법을 이해할 수 있게끔 하는 필수 요소다. 이 단순한 진술은 너무 뻔하다는 이유로 묵살해서는 안 된다. 이것은 미루는 사람에게 변화를 일으킬 수 있는 중심 요인이며 스스로에게 가지는 불만족감에 대한 해결책이 될 수 있다.

이 '해결책'은 참된 목표이며, 남은 회기 동안 우리는 이러한 해결책을 어떻게 제시하며 이 목표에 어떻게 도달할 수 있을 것인지에 대해 논의하면서 많은 시간을 보낸다. 이때부터 상담자는 또한 이러한 행동이 가져올 수 있는 뜻밖의 결과(payoff)에 대해서도 강조한다. 이것은 더 높은 성적이나 더 많은 학업 과정을 완수하는 것과 관련된 점이 아니라, 그들 스스로에게 좀 더 만족감을 느끼게 될 것이라는 점이다. 대부분의 참가자는 적어도 그 시점에서는 이것을 매우 만족할 만한 결과로 생각한다. 상담자는 무엇이 삶에서 성공을 이루게 하는 요소인지—이것은 개인의 의도를 시기적절하게 추구하는 것이다—에 대한 이론을 소개하기 위해 다음 회기까지 기다린다.

하루에 주어진 제한된 시간을 고려할 때, 해야만 하는 일(매우 특정한 의도에 기초한)에 더 많은 시간을 쏟는 것은 당연한 결과다. 당신은 덜 중요한 일에는 시간을 덜 사용해야 한다. 그리고 나서 상담자는 각 학생에게 상대적으로 덜 중요하지만 그들이 많은 시간을 쏟고 있는 활동에 대해 탐색해 보도록 한다. 우선순위에 올라와 있는 몇 가지 활동 중에는 TV 시청하기, 친구와 전화 통화하기, 친구 집을 방문하거나 친구와 함께 놀러 나가기, 인터넷 서핑하기 그리고 가끔은 일간신문을 여러 부 읽기 등이 있다. 상담자는 그룹 구성원들에게 그들이 기꺼이 이러한 활동에 쏟는 시간을 포기하고, 변화하는 데 헌신할 수 있겠는지에 대해 묻는다. 대부분은 동의하고, 상담자는 다음 회기까지 보고서를 요청한다.

물론 덜 중요한 활동을 포기하는 일은 완벽하게라기보다는 단지 어느 정도 선에서만 이루어진다. 그리고 그룹 구성원들은 삶에서 균형을 고려하게 된다. 하지만 학령기에는 대부분의 중요한 과업이 학업에 포함되어 있기 때문에 학생의 삶의 균형이 그 방향으로 움직이게 된다. 상담자는 그룹 구성원들이 자신에게 제안된 변화에 대해 친구나 가족과 이야기를 나누고, 그들에게 협력과 격려를 구하기를 장려한다.

이러한 논의는 종종 첫 회기의 끝까지 이어지지만, 시간이 허락한다면 나(상담자)는 다른 주제를 꺼내기를 좋아한다(그렇지 않은 경우, 다음 회기에서 이야기한다). 더 중요한 것에 더 많은 시간을 쓴다는 맥락에서 나는 참가자들에게 그들이 언제 일어나고 언제 잠이 드는지, 그리고 그들의 인식에서 언제 주말이 시작하고 끝나는지에 대해 고려해 보기를 요구한다. 우리는 종종 학생들이 첫 수업이 있는 날에 맞추어 일어난다는 사실을 듣는다. 나는 주말을 포함하여 매일 같은 시간에 일어나는 것의 필요성에 대해 강조한다. 그들의 다양한 사회적 습관, 공부 습관, 아르바이트 스케줄 등을 고려했을 때, 취침 시각을 조절하기란 어렵지만 우리는 분명히 알고 있다. 그룹 구성원들은 매일 밤 정해진 수면 시간이 필요하다는 것을 말이다. 몇몇 학생에게는 주말이 목요일 오후부터 시작해서 월요일 첫 교시까지 이어진다. 우리는 이 점에 대해 다르게 해석하고, 학기 동안에는 그들이 주 7일제 '직업'에 종사하고 있으며, 그들이 학습 과제에 대한 계획을 세울 때에는 당연히 주말도 포함되어야 한다는 점에 대해 설명한다.

2회기

나는 지난주 동안 참가자들이 중요한 일에 더 많은 시간을 사용하고 덜 중요한 일에는 시간을 덜 사용하는 그들의 행동에 대해 이야기를 나누도록 하면서 두 번째 회기를 시작한다. 바로 그 시점에서 지난주 동안의 그들의 의도 형성이 인생에서 성공을 구성하는 요소라는 나의 전반적인 명제를 소개한다. 또한 그룹 구성원들이 지난주 그들의 의도와 행동 간의 연결 고리와 관련하여 스스로에 대해서 어떻게 느끼는지에 대해 이야기하도록 요청한다. 이러한 것들은 변화 과정에 중요한 사항이다. 예를 들어, Meichenbaum(1977)은 행동 변화에 대한 인지 이론의 세 번째 단계에 대해 개요를 잡던 중 다음과 같이 언급했다.

> 하지만 단지 그러한 기술 훈련에만 집중하는 것은 변화 과정을 설명하는데 충분하지 않습니다. 내담자가 새롭게 습득하게 된 행동과 그에 따른 결과에 대해 스스로에게 말하는 것이야말로 행동 변화 과정이 유지되고, 일반화될 것인지에 대해 영향을 미칠 것입니다(p. 225).

두 번째 회기의 바로 그 시점에 나는 성격 검사 결과를 나눠 주고, 참가자들은 각각의 성격 특성과 표준 데이터에 점수가 매겨진 것을 받는다. 나는 그들에게 성격 검사는 어느 정도 오류가 있을 수 있다는 것을 알려 준다. 그리고 나서 우리는 특성 하나 하나를 기술하고, 특성의 본질에 따라(높고 낮음은 일반적으로 평균보다 1 표준편차 높은지 혹은 낮은지보다 격차가 더 클 때 결정된다) 그룹에서 누가 가장 높은 점수를 받았고 누가 가장 낮은 점수를 받았는지를 알려 주면서 거의 대부분의 성격 정보를 점검하기 시작한다.

우리는 미루기 특성을 측정하는 척도의 점수를 확인하는 것부터 시작한다. 이러한 특성에서 점수가 낮은 학생은 일반적으로 미루지 않는 학생이다(보통 각 집단 내에서 1~2명). 나는 그들에게 왜 그 집단에 들어오게 되었는지 생각해 볼 것을 요청한다. 이때 몇몇은 주로 에세이를 쓰는 것과 같은 학문적인 상황, 즉 생활의 특정 부분에서만 미루기 행동을 한다. 또 다른 몇몇은 자신이 미루는 사람이라고 착각한 경우다. 나머지 학생들은 상담센터에서 진행되는 자조 집단이라면 모두 참여하고 싶어 하는 사람이다. 어떤 이유로든 이렇게 점수가 낮은 사람도 집단에 남아 있어도 괜찮으며, 실제로 대부분 집단에 계속 참여한다.

그다음에는 신경증적 혼란에 초점을 맞추어 일상생활에서의 세세한 일에 집중하기 어려워하는 집단원이 있는지 살펴본다. 신경증적 혼란 점수가 높은 사람은 사고가 분산되어 있고, 물건을 제자리에 두지 못하고 건망증이 심하다. 이러한 특성을 먼저 살펴보는 이유는 신경증적 혼란이 미루기 특성과 매우 밀접하게 연관되어 있다고 보고되기 때문이다(Lay, 1987). 이러한 관련성은 상태 경향성[state orientation; 미루기와 정적 상관이 있는 개념(Blunt & Pychyl, 1998)]과 인지 실패 간의 관계와 유사하다(Kuhl & Goschke, 1994). 더욱이 신경증적 혼란은 미루는 기질이 발달하는 원인이 될 수 있는 것으로 보인다. 의도적인 또는 유도된 집중은 쉽지 않으며, 피로를 일으킬 수 있는데(Muraven et al., 1998) 아마도 신경증적으로 혼란스러운 상태에 있는 사람에게는 더욱 그럴 수 있다. 자연스럽게 하고 싶어지는 일이 아니라 필요하기 때문에 해야만 하는 과제를 수행하기 위해서는 더욱 큰 노력이 요구된다. 때문에 미루기 특성이 형성되고 있는 어린 학생들은 과제를 싫어하는 마음이 더욱 커지고 끝내 과제를 미루는 결과를 가져올 수 있다. 대부분의 집단원은 신경증적 혼란에서 높은 점수를 받는다.

특성으로서의 미루기를 나타내는 사람의 대부분은 생각과 계획이 분산되는 경향이 있다. 그들은 다이어리에 계획한 바를 적는 등 일상을 꼼꼼히 계획하지만, 늦은 밤이 되기까지 다이어리를 들여다보는 것을 잊어버린다. 도서관에 가기로 결심하고 집을 나서지만, 가는 도중 누군가를 만나면 결국 도서관에 가기로 했다는 것을 잊어버린다. 신경증적 혼란이 높은 사람은 이런 취약점을 지속적으로 기억하며 극복하려고 노력하는 것이 중요하다. 이 회기의 후반부에서 다루는 일부 내용은 이들에게 특별히 필요한 부분이다.

다음으로 우리는 에너지 수준에서 미루기 특성에 대해 고려할 수 있다. 전형적으로 이 집단의 몇몇은 에너지 수준이 매우 낮다. 이것은 복잡한 문제인데, 나는 순서적으로 먼저 의학적인 진단 가능성을 제안한다. 그들의 낮은 에너지 수준은 주로 심리적인 현상일 수 있고, 그들이 변화하거나 의도대로 행동하기 시작하면서 자신에 대해 좀 더 긍정적으로 생각하게 되고 낙심하는 일이 적어지면서 에너지 수준이 향상될 수 있다는 상식적인 원리도 짚고 넘어간다. 그 후에는 그들이 하기 싫거나, 너무 피곤하거나, 그럴 기분이 아닐 때조차도 구체적인 목적에 충실한 행동을 해야 한다고 강조한다. 많은 경우, 일을 시작하는 것 자체가 무력감을 극복할 수 있도록 도와주고, 일을 더 하고 싶게끔 만들어 주기 때문이다.

낙관적인 특성을 측정하는 하위 척도의 낮은 점수와 높은 점수에 대해 논의하고자 한다. 높은 수준의 낙관성은 긍정적인 성격 특성이지만 미루기 특성을 지닌 사람에게는 낙관성이 위험할 수 있다(Lay & Burns, 1991). 낙관적인 성향을 지닌 미루는 사람들은 지나치게 현실 안주적이고, 원래 의도한 행동을 '지금 반드시' 해야 하는지를 재차 평가하는 경향이 있다. 이러한 개개인은 내일이나 그다음 날 즈음에 그 일을 하더라도 괜찮을 것이라고 스스로 설득한다. 반대로 비관적인 성향을 지닌 미루는 사람들은 그들이 해야 할 일에 대해 도전적인 관점이 부족할 것이다. 낙관성 점수가 낮은 집단원들에게 그들이 왜 그렇게 비관적인지를 물어보면 주로 그들에게는 일상에서 낙관적으로 생각할 수 있는 상황이 거의 없었다고 말한다. 이렇게 말하는 이들에게는 나는 그저 자신의 행동을 변화시킨다면 덜 비관적이 될 수 있을 것이라는 희망을 제시할 수밖에 없다.

자극 차단 점수 또한 고려한다. 점수가 낮은 이들은 주변 환경에서 오는 방해 자극을 차단하지 못하는 경향이 있다. 이들은 이 점을 고려하여 공부 혹은 다른 의도된 행동을 하는 장소를 정해야 한다. 이와 반대로 자극 차단 점수가 높은 사람은 복잡하고 시끄러운 학교의 카페 같은 곳에서도 집중할 수 있다.

　다른 특성에 대한 논의의 순서는 종종 특정한 집단에서의 점수 패턴과 연관이 된다. 한 가지 측정 방법은 흥미의 범위에 대한 것이다. 점수가 높은 사람들은 그들의 학업 과제를 넘어서 학기 중에 광범위한 내용을 독서하고 매일 많은 내용의 신문 기사를 읽고 한밤중이라도 기꺼이 수달과 같은 동물의 삶을 다룬 영화를 보고 논의한다. 흥미의 범위가 넓다는 것은 좋은 현상인데, 미루기 특성을 지닌 사람은 그렇지 않다. 이러한 사람들은 그들이 해야만 하는 일을 수행할 때 더 많은 시간을 소비해야 한다는 부가적 주의점을 가지고 있다.

　사람들이 왜 미루는가에 대한 대중적인 해석 중 하나는 그들의 행동이 자율성의 증거나 반항적인 행동이라고 이야기한다. 반항적인 성향이나 사회적으로 규정된 완벽주의 성향 점수가 높은 집단원은 이러한 해석에 잘 부합한다. 사회적으로 잘 규정된 완벽주의는 어떤 개인이 그들에게 완벽하기를 기대하는 그들의 삶 가운데 중요한 타인을 신뢰하는 정도를 측정한다(이 책의 13장 참조). 나는 단순하게 만연한 꾸물거리는 행동이 자율성에 따른 행동일 수 있다는 내용에 대해 생각해 볼 것을 질문한다. 아무리 자기 패배적인 사람이라 할지라도 말이다.

　비록 시간 관리 기술이 향상되는 것이 많은 사람이 과업을 완성하고 시간을 관리하는 데 도움이 될지라도 그것은 그 자체로 미루는 특성을 지닌 사람에 대한 상담의 답이 될 수 없다. 그들의 문제는 시간 관리 기술의 부족 문제를 넘어서는 것이다. 그럼에도 나는 시간 관리의 세 가지 측면─목표 설정, 계획과 일정 조절 기술 그리고 시간 통제에 대한 인식─ 을 강조하여 이야기하고자 한다(Lay & Schouwenburg, 1993). 목표를 설정하는 것은 다음 질문을 통해 가치를 재점검할 수 있다. "나는 다른 사람들이 수정을 필요로 하는지 아닌지를 결정하기 위해 나의 목표를 점검할 수 있다." 시간과 일정 조절에 대한 것은 이러한 내용에 대해 긍정적인 반응을 한 사람들의 전형적인 모습이다. "나는 내가 할 필요성이 있는 일에 대해 나 자신을 돌아보기 위해 일기를 쓴다." 마지막으로 시간에 대해 통제력을 인식하는 것은 이러한 내용에 반영된다. "나는 과제를 완성하기 위해 소요될 시간을 축소하여 설정한다."

몇몇 집단원은 목표를 설정하는 것에 점수가 낮을 수 있고, 우리는 이러한 주제에 대해 논의하고자 한다. 더욱이 목표 점수가 낮은 몇몇은 성취 측정 점수가 낮다. 두 영역에서 점수가 낮은 사람은 학업과 다른 영역에서 뚜렷한 감동을 느끼지 못하는 경향이 있다. 그들의 삶에서 원하는 것이 무엇인지에 대해 질문을 받고 왜 대학에 가는지에 대해 질문을 받아도 그들은 알지 못한다. 이러한 내용은 5주간의 상담 집단에서 얻은 관점을 넘어서 더 넓은 범위에 관련된 질문이다. 따라서 나는 그들이 대학에 있는 동안 그들이 고려할 내용에 대해 제안하고자 한다. 그들은 다른 학생들의 일반적인 목표에 대해 인식해야 한다. 즉, 배우고 학업 과정에서 잘해 나가는 것이다. 이것은 제안된 접근법이다. "당신이 여기에 있는 한 당신은 좋은 학생이 되어야 한다. 만약 지속되지 않는 미래의 어느 시점을 선택한다면, 그것을 그때 다루는 것은 다른 문제가 된다."

놀랍게도 미루기 특성을 지닌 집단에서 계획과 일정 조정 기술 점수가 낮은 사람은 드물다. 그러나 즉시 일정표를 구입하고 격려를 받고 일정표를 사용하였다. 대부분의 집단원은 시간 통제에 대한 인식에서 점수가 낮았다. 이러한 성격 특성은 영역의 문제와 관련이 있고 그들의 행동이 변화함에 따라 향상될 수 있을 것이다. 우리는 이러한 성격 특성의 특정 부분에 대해 논의하고자 한다. 예를 들면, 과제를 완성하는 데 소요되는 시간을 적게 설정하는 부분이다.

자기중심적인 완벽주의 성향을 측정하는 부분 또는 스스로에게 완벽성을 요구하는 성향에 대한 내용이 있다(이 책의 13장 참조). 사람들은 종종 이러한 완벽주의 유형을 그들의 미루기 경향성을 설명하는 것에 인용하지만, 그것은 합리적으로 받아들일 만한 이유가 되지 않는다. 그들은 "네, 나는 미루기 특성을 지닌 사람이고, 그것은 나의 책임이나 양심 부족 때문입니다."라고 이야기하기보다 완벽주의를 변명으로 여기는 것을 선호한다("네, 나는 미루는 사람이지만 그것은 내가 완벽주의자이기 때문입니다.")。 집단 내에서 완벽주의 점수가 높은 몇몇을 위해 나는 이러한 논의점을 제시한다.

비록 성격 특성으로 미루는 사람이거나 집단에 참여한 미루는 사람은 아닐 지라도 서로 다른 두 가지 성격 특성으로 평가되는 사람이 있다. 첫 번째는 불안한 사람이다. 집단에서 불안 점수가 높은 사람이 있다면, 그에게 다른 상황에서의 문제를 다루기 원한다는 것을 제안할 수 있다. 게다가 나는 불안한 학생에게 너무 열심히 하라고 강요하는 것을 조심스러워한다. 마지막으로, 자존감이 평가되었다. 자존감 점수가 낮은 사람들이 높은 점수의 집단에 있는 경우다.

모든 성격 특성과 관련된 피드백과 논의에서 나는 집단원들에게 다른 사람들 앞에서 격려를 받고, 그들이 이러한 정보를 자존감과 현재 문제와 관련하여 어떻게 해석했는지를 논의해 보라고 요청하였다. 논의를 통하여 이러한 성격 특성을 지닌 사람이 미루기 특성을 지닌 사람에게 어떻게 적용할 수 있는지에 대한 사례를 제시하였다. 마지막으로, 나는 참가자들에게 자신의 성격에 대한 피드백을 고려해 보도록 그들을 개인적으로 만나는 시간을 가졌다.

그리고 나서 토의 과정은 변화에 대한 첫 번째 기초 과정으로 옮겨간다. 만약 학생들이 더 중요한 문제에 더 많은 시간을 사용하는 것에 대한 목표를 완성한다면—그들이 해야만 하는 일에 관해서도—그들은 덜 중요한 문제에 대해서는 시간을 기꺼이 덜 사용해야 한다. 해야 할 필요성이 없는 일에 대해서도 말이다. 어떻게 그들이 이러한 목표의 두 가지 측면에 접근할 수 있을까? 우선 매우 중요하게 '그들이 성공한다면'이라는 가정이 기본 아이디어다. 당신은 적절한 상황에 많은 시간을 사용해야 한다. 학생들은 공부를 방해하는 일들에 대해 자유롭고 기타 다른 일들에서 자유로울 수 있는 곳, 그곳으로 가야 한다. 그들은 단순하게 이러한 장소에서 많은 시간을 보내야 한다.

이상적인 장소는 사람과 환경에 따라 달라질 것이다. 예를 들면, 나에게 이상적인 장소는 사무실이다. 내 일을 집으로 가져간다면 나는 그 일을 하지 않을 것이다. 나는 사무실에 늦게까지 남아 있는 경우나 주말에 사무실에 나가는 경우에 훨씬 더 생산적이다. 집단의 학생들에게는 이상적인 장소가 침실이거나 거실이거나 친구 집이 될 수 있다. 어느 곳에 있는 책상이 될 수 있고 종종 대학교 도서관이나 그들이 거주하고 있는 곳에서 가까운 도서관이 될 수 있다. 나는 학생들에게 적절한 장소와 적절하지 못한 장소를 생각하도록 격려하고, 지속적으로 적절한 장소에서 많은 시간을 보내기 위해 노력하고 집중할 것을 이야기한다. 종종 학생들은 일하거나 공부하는 장소에 대한 선택이 제한적이고 몇 가지 가능한 장소들을 바꾸어야 한다는 사실에 동의하거나 깨닫게 될 것이다. 예를 들면, 그들의 방에 있는 텔레비전을 밖으로 꺼내어 다른 곳에 두어야 할 것이다. 이러한 적용점은 어떤 것이든 종종 가족이나 룸메이트의 협력을 요구한다.

적절한 장소에 있는 것은 다른 가능한 일의 가짓수를 줄이는 데 가시적인 효과가 있다. 게다가 적절한 장소에 있다는 것은 '해야만 하는' 자신을 중시하고 이상적인 자기 모습을 줄일 수 있다—자기의 실제적인 불일치, 긍정적인 자아개념 향상, 긍정적인 피드백, 작은 일에 집중하기, 그리고 즉각적으로 시도하기 (Gollwitzer & Brandstatter, 1997). 미루기 특성을 지닌 사람 중에 변화를 원하는 사람은 적절한 장소에서 대부분의 시간을 보내고 그렇게 하도록 격려받도록 지도받아야 한다.

적절한 장소에서 많은 시간을 보낸다는 것의 중요한 요점은 집단에 있는 사람이 잘 받아들인다. 그들은 쉽게 그 중요성을 수용했다. 나는 그들이 적절한 장소에 있을 때 친구들과 잡담을 하는 대신에 왜 그들이 거기에 있는지 생각해 보기 시작하라고 제안하고, 그들은 그것이 책임이기 때문이라고 스스로 답했다. 그것은 그들의 의도에 기초하여 책임을 완수하는 것이다. 이러한 과업은 설명적인 것과 자기 보상적인 생각 모두에 해당한다.

3회기

세 번째 회기의 시작에서 집단은 중재 기간 동안 개인적으로 경험한 것에 대해 몇 가지를 이야기하는 시간을 가졌다. 핵심 내용은 덜 중요한 과업보다 중요한 과업에 더 많은 시간을 보내느냐에 대한 성공과 실패 여부다.

내가 집단에게 소개한 두 번째 논의 사항은 해야 할 과제를 생각할 때, 과제에 대한 목표를 형성하고 표현함에 있어 이를 좀 더 폭넓게 다루라는 것이다. 나는 아주 단순한 원리(tent)에서 시작했는데, 그 원리란 바로 참가자들이 어떤 단기간의 계획이라도 그 계획을 명료하게 언급하는 것이다. 그러면 우리는 목표의 본질에 대해 생각할 수 있게 된다. 이것은 매우 중요한 고려 사항이다. 미루는 사람은 대개 불분명하고 불완전한 목표를 만들어 내기 때문이다. 심지어 더한 것은 다양한 과제에서 그들은 무엇이 필요하고, 무엇이 잘못될 가능성이 있는지에 대한 명확한 그림이 없다는 것이다. 분명하지 않은 목적을 가지고 그들은 종종 과제 완수에 필요한 시간을 너무 작게 잡는다.

10일 동안 시험공부 계획을 미루는 사람들에게 물어보면, 그들은 다음과 같이 대답할 가능성이 크다. "나는 이번 주에 공부를 시작할 계획이 있고, 다음 주에 좀 더 많이 할 거예요." 그들은 이를 실행에 옮기려는 그들의 생각이 별로 희망적이지 않음에도 자신의 이러한 말에 꽤 만족하고, 자신이 말한 계획에 흡족해할 수도 있다. 그들이 집단에게 그리고 그들 스스로에게 목표 형성에 대해 말한 부분에서 빠진 것은 구체적이고 세부적인 계획이다. 이 점에서 우리는 목표 설정과 목표 실행 개념에 대해 논의하고자 한다. 나는 어떤 과제이든 날짜, 시간, 장소 그리고 얼마나 할지 등에 대해 높은 수준으로 구체화된 의사를 세우는 것의 필요성을 강조했다. 다른 말로 하면, 학생들은 반드시 다음 사항을 명시해야 한다.

- 과제를 시작할 정확한 시간—일주일 중 언제, 하루 중 언제
- 과제를 할 장소
- 과제를 하는 데 쓰는 시간

의사에 대한 논의의 다음 단계는 다음을 강조하는 것이다. 너의 목표(의사)의 세부 사항을 적고, 정기적으로 살펴보라. 그들은 특정 과제에 대해 생각함으로써 이러한 의사 형성을 연습하고, 의사의 세부 사항을 일일 계획표에 적는다. 이를 처음 연습할 때는 모든 집단원이 계속 계획을 세우는 과정에서 중요한 측면을 빠뜨리고, '나는 ~할 것이다.'가 아닌 '나는 ~하고 싶다.'라는 말을 많이 썼다.

나는 미루는 사람에게 부족한 것은 성실성이라고 믿는다. 여기에서 성실성이란 충실, 자기 관리, 책임감을 포함하는 개념이다(1, 3장 참조). 변화를 위해 미루는 사람은 스스로와 타인에 대해 더 많은 책임감을 가져야 한다. 그렇게 하는 것은 변화로 나아가는 지향점으로써 나는 그들이 다음과 같은 관점을 가질 수 있도록 격려한다. '어떤 과제이든 일단 목표(의사)가 정해지면 너는 그것들을 할 의무와 책임(일단 너 자신에게)을 가진다. 궁극적으로 변화에 성공한다는 것은 네가 자신에 대해 더 좋은 느낌을 갖게 되는 것이다.'

3회기에서 자연스럽게 일어난 일들에 대한 후속 작업으로, 4회기에서 우리는 목표의 확립에 초점을 맞춘다. 이는 개인이 적절한 시기에 목표를 성취하도록 하기 위해서다. 이 맥락에서 다양한 요소가 만들어진다. 예를 들어, 집단원들은 그들의 의사나 주어진 날짜나 시간, 장소에 상관없이 단지 그들의 목표(예: 시험을 위해 공부하기)를 수행할 기분이 아니라고 말할 수 있다. 나는 학생들에게 공부를 시작하기 전에 그들이 공부할 기분이 되기보다는 일단 공부를 시작하면 기분이 나아질 것이고, 과제에 몰두하게 되는 것은 그들로 하여금 (공부하기에) 적절한 기분이 되게 해 줄 것이라고 강조한다. 다음 사실을 기억하는 사

람은 과제를 시작할 수 있다. '당신의 목표 앞에서는 당신이 그 순간 어떻게 느끼는지에 대해 무시하여야 한다.'

나는 학생들에게 피곤하거나 지루하거나 단순히 집에 갈 시간이 되었다고 생각되는 순간에도 계속 과제를 하는 것이 유용할 것이라고 이야기했다. 그들은 스스로에게 딱 30분만 더 공부(혹은 글쓰기나 그 어떤 것이든)하자고 말할 수 있다. 상당히 자주, 학생들은 그들이 모르는 사이에 1시간이 지나갔다는 것을 발견한다.

4회기에서 나는 학생들에게 아주 사소한 것이라도 미루고 나서 어쨌든 그것이 그리 나쁘지 않다고 생각하거나 그것이 생각한 만큼 오래 걸리는 일이 아닐 것이라고 생각했던 적을 떠올려 보게 한다. 그리고 그들이 언제 비로소 그 일을 시작하고 완수했는지에 대해 생각해 보게 한다. 대부분의 집단원은 이 말을 이해하고, 그것이 항상 '당장 시작하는 것'의 문제라는 사실을 깨닫게 되었다. 이 맥락에서 그들은 스스로에게 자꾸 '미루는 사람은 과제의 불쾌한 점에 대해 과잉 추정하는 경향이 있다.'라는 사실을 상기시키는 것이 요청되었다. 집단은 과제의 본질을 지각하기 위한 다양한 방법을 논의한다(Vallacher & Wegner, 1987). 예를 들어, 한 집단원이 심리학 교과서의 8장을 읽기 위해 오후 2시에 도서관에 가기로 했다면 그는 이 과제를 대학원에 들어가기 위해 읽어야만 하는 것으로 지각했을 수도 있고, 단순히 단어들로 구성된 각 페이지의 글을 읽고, 페이지를 넘기는 일로 지각했을 수도 있다. 나는 집단원들이 항상 다음 사실을 상기하도록 하였다. '어떤 수준으로 과제를 수행하든 필요한 경우 과제를 가장 쉬운 레벨에서 생각하라.' 예를 들어, 학생들은 스스로에게 '나는 학교에서의 일을 모두 완수하고, 좋은 점수를 받아야만 해. 부모님을 만족시키고 좋은 직업을 얻어야만 해.'라고 생각하는 대신에 '나는 다음 한 시간 동안 무엇을 해야 하지? 나는 페이지를 넘기고 다음 페이지에 있는 단어들을 읽어야 해.'라고 생각하도록 하였다.

사람들은 당장 눈앞에 펼쳐진 수많은 일에 압도될 수 있다. 이는 특히 특정한 시기에 있는 미루는 사람에게 그러한데, 예를 들어 시험 기간이 그것이다. 이러한 압도되는 느낌은 미루는 사람이 그들의 의사를 규정하는 것 자체를 미룬다는 사실에 주로 기인한다. 못한 일이 너무 많고, 해야 할 일 또한 너무 많다. 따라서 집단원들은 스스로에게 다음을 상기하도록 격려되었다. '한 번에 하나의 과제에 집중하라.' 하지만 하나에 집중하는 것은 쉽지 않다. 이는 많은 연습이 필요하다.

4회기와 5회기가 어떻게 진행되는지는 참가자들이 무엇을 말하는가에 달려 있다. 다른 상담 집단처럼 집단원들은 자발적으로 자신의 아이디어를 소개하고, 나는 이 아이디어를 발전시키고 집단원들이 이에 대해 더 논의하도록 도왔다. 집단원들은 서로를 지지하였으며, 이 지지가 중요한 역할을 하였다. 나는 학업 상황에서 학생들이 하는 역할은 직업과 같고, 다른 직업들과 별 차이가 없다는 것을 다시금 강조했다. 나는 학생들에게 일상에서 미루는 행동에 대해 생각하게 했고, 그들은 다른 사람을 위해 일할 때 더 많은 책임감을 가진다는 것을 보여 줬다. 희망적이게도 그들은 스스로를 위해서 일할 때도 학생으로서의 그들의 직업에 대해 인식했다.

우리는 삶의 다양한 측면에서 마감 기한의 역할에 대해서도 논의했다. 마감 기한은 훌륭한 조직자이자 주의를 집중시키는 역할을 했다. 미루는 사람에게 목표는 그들이 생각한 계획에 최대한 가까워지는 것이고, (계획하지 않은) 즉각적인 행동을 하지 않는 것이다.

‖ 프로그램의 성과 ‖

불행히도 나는 이 프로그램의 성과에 대해 체계적인 평가를 하지 못했다. 내 생각에 몇몇 참가자에게는 이 프로그램이 성공적이었으나, 몇몇에게는 그렇지 못했다. 이는 참가자들이 회기 중에 이야기한 것과 이후에 나에게 이야기한 것에 기반을 둔 생각이다. 극적으로 발전한 경우도 있었는데, 미루는 행동의 감소와 스스로에 대해 어떻게 느끼는지에 대한 측면에서의 발전이 있었다. 자부심과 기분은 더욱 긍정적이 된 것처럼 보인다. 많은 참가자가 스스로에 대해 더 나아졌다고 느꼈으며, 회기 마지막에서는 좀 더 자신을 통제할 수 있게 되었다.

몇몇 참가자는 전반적인 자기 조망에서 변화를 보였고, 이 변화가 더 나아가기를 원했다. 최근 내가 참가자들에게 학기 중 짧은 휴가 동안 어떻게 미루기를 줄여 나가고 있냐고 물었을 때, 한 학생은 행동에서 놀랄 만한 변화를 보여 주었다. "인생에서 처음으로 나는 이것이 그렇게 해야만 하는 것이라는 사실을 깨달았어요." 또 다른 학생은 마지막 회기에서 누군가 한 번에 변할 수 있냐며, 변화가 이러한 방식으로 일어나는 것을 원하고, 진정한 변화는 더 점진적으로 일어날 것이라고 했다. 이 학생은 인생에서 많은 시간을 방황했지만 마지막 회기에서 어떤 방향성을 얻었다. 마지막 회기와 다른 집단원들과의 경험은 이전에 경험했던 것과는 다르게 그에게 변화의 열망을 제공해 주었다. 이는 마치 (변화의) 스위치가 켜지고, 그가 가야 할 길을 알게 된 것과 같다. 그러나 그는 그 길 위에 있으려면 연습이 필요함을 깨달았다. 이 학생들은 자기 개념에서 대단히 중요한 변화를 경험했고, 앞으로 덜 헤맬 것이고 좀 더 통합될 것이다.

효과의 유지와 재발에 대해서도 아직 체계적인 평가가 없다. 내가 보기에 일부 참가자는 회기가 끝나자 예전 방식으로 되돌아갔고, 몇몇은 변화를 지속시켰다. 이러한 결과는 삶에 더 성실하고 책임감 있어지고 스스로에게 좋은 느낌을 가지길 원하는 점에 대한 개인의 변화 정도에 의존한다. 5회기를 마쳤을 때, 꾸준히 참석한 사람들에게 이러한 변화는 명백했다. 그러나 일부는 재발을 경험할 것이다. 다른 말로 하면, 변화한 일부 집단원에게 변화는 주기적이 될 것이다. 나는 이 프로그램이 시간이 지남에 따라 변화했으면 좋겠고, 그래서 주기적으로 변화하는 사람들의 미루는 주기는 줄이고, 미루지 않는 주기는 늘려 주는 프로그램으로 남았으면 좋겠다.

제5장 ▶▶ TANJA VAN ESSEN, SARY VAN DEN HEUVEL, AND MARJAN OSSEBAARD

미루는 학생을 위한 자기 관리 프로그램

미루기가 심리학 연구의 주제가 된 이래로 네덜란드 각 대학의 상담자들은 학생들의 미루기 행동을 극복하도록 돕는 개입 방안을 개발해 왔다. 인지행동적 접근과 더불어 자기 관리 과정 모두 그로닝겐 대학교와 위트레흐트 대학교에서 개별적으로 개발되었다.

이 장에서는 이러한 과정의 내용과 접근법에 대해 제시하고자 한다. 먼저 이 과정의 내용과 구성을 제시하고 주요 목표를 밝힐 것이다. 이와 더불어 이 프로그램의 효과성 연구의 결과를 살펴보고자 한다. 이 장의 후반부에서는 대학에서 이 프로그램이 적용될 때의 효과와 제한점을 논의한다.

‖ 맥락과 구성 ‖

그로닝겐 대학교의 IVLOS센터와 위트레흐트 대학교의 학업지원센터에서는 학업 기술과 관련한 다양한 프로그램을 학생들에게 지원하고 있다. 이러한 과정은 유인물과 포스터, 웹사이트와 대학 신문 등 다양한 경로로 홍보되고 있다. 학생들은 자발적으로 이러한 과정에 등록하고 과정에서 제공받는 자료에 대한 소정의 비용을 부담하거나(그로닝겐 대학교), 참여도를 증진시키기 위해 소정의 수강료를 내야 한다(위트레흐트 대학교).

2000~2001년 학기 동안 연구진은 '미루기 자기 관리 과정'을 진행하였다. 이 과정은 둘 다 인지행동적 치료 접근을 사용하였지만, 각기 다른 이유에서 개발되었다. 그로닝겐 대학교에서 이 과정 개발은 과제 관리 집단에 대한 경험에서 시작되었다(이 책의 7장 참조). 과제 관리 집단이 꽤 성공적이었음에도 모든 학생이 이 과정을 선호하지는 않았다. 일부 학생은 미루기를 '자기 스스로' 극복하기를 원했고, 부과된 규칙에 대해서 지나치게 '민감'해 보였으며, 그룹이 제시하는 엄격한 규정을 만족시키는 데 실패했기 때문에 중도 탈락하고 말았다. 이러한 이유로 우리는 다른 접근법의 프로그램을 개발하였다.

위트레흐트에서는 기존 시간 관리 프로그램의 결과가 썩 효과적이지 못했던 이유로 자기 관리 프로그램이 개발되었다. 시간 관리 프로그램의 주요 내용은 시간 계획 기술, 효과적인 목표 설정, 시간 사용 행동의 모니터링 등이었다. 이 프로그램 후 대부분의 학생은 공부 계획 세우기 방법을 잘 알게 되었지만, 문제는 계획을 실천에 옮기는 데 여전히 어려움을 느꼈다는 점이다. 따라서 온전히 행동적인 관점보다는 인지행동적 접근으로 프로그램을 구성하는 것이 필요해졌다.

‖ 자기 관리 프로그램의 목표 ‖

위트레흐트와 그로닝겐 대학교의 자기 관리 프로그램은 학생들의 미루기 경향을 줄이는 것에 초점을 두고 있다. 이러한 목표는 두 가지 하위 목표로 구분된다. 첫째, 학생들이 미루기 행동을 어떻게, 왜 하는지를 통찰하도록 돕는다. 둘째, 이러한 행동을 더 잘 다룰 수 있는 기법과 전략을 가르친다. 추가로 연구진은 학생들의 동기부여와 자기 효능감 증진을 기대하였다. 즉, 프로그램을 통해서 학생들은 공부 행동에 대해 좀 더 통제감을 갖게 된다는 것을 의미한다.

미루기는 과거에 학생들이 그 행동을 할 때 보상을 얻었기 때문에 습관화된 것으로 보인다. 하지만 미루기는 현재 더 이상 유효하지 않은 것으로, 얻는 것보다 잃는 것이 더 많은 행동일 뿐이다. 매우 큰 노력을 요하나 미루기 행동은 변화될 수 있다. 비교적 단기간 과정을 통해 우리는 학생들의 행동을 변화시킬 몇 가지 전략과 연습을 제공할 수 있다. 학생들은 미루기 행동을 고치기 위해 많은 노력이 필요했지만, 자기 관리 프로그램은 그들이 스스로를 돕게 된다는 것을 의미했다.

‖ 자기 관리 프로그램의 내용과 과정 ‖

연구진은 개인의 행동, 사고, 감정이 상호 연계되어 있다는 가정하에 프로그램 개발을 시작하였다(Ellish, 1994; Ellis & Grieger, 1977; T. W. Smith, 1989). 사람들은 행동하고 느끼고 생각하는 일을 동시에 진행한다. 행동에 변화를 가져오기 원할 때, 세 가지 영역 중 어느 영역이든 출발점으로 삼을 수 있을 것이다. 자기 관리 프로그램은 미루기 행동을 다루기 위해서 인지, 행동, 정서를 모두 다룬다.

학생들이 자신의 미루기 행동에 대해 통찰하고 이것을 통제하도록 돕는다는 목표를 이루기 위해 자기 관리 프로그램에 세 가지 다른 요소를 포함시켰다. 합리정서행동치료(REBT) 접근, 시간 계획 및 관리, 정보 관련 요소 등이다. 다음 내용은 이러한 요소의 목표와 세부 내용을 기술하고 있다.

연구진은 먼저 학생들의 미루기 행동을 감소시키고 변화시키기 위해 REBT 이론과 원칙을 가르친다. 1955년 Ellis가 개발한 REBT의 기본 개념은 사람들은 일반적으로 생각하는 대로 행동하고 느낀다는 것이다(Ellis, 1994). 이것은 사람들의 신념 체계(사고, 태도와 가치)가 감정과 행동을 자극한다는 것이다(Ellish & Knaus, 2002). 이러한 신념 체계는 합리적이고 비합리적인 것으로 구분된다. 합리적 신념은 목표를 성공시키는 논리적이고 적절한 정서행동 반응을 가져오는 신념을 뜻한다. 비합리적 신념은 바람직하지 않은 것으로, 불안이나 우울과 같은 과잉 반응을 불러일으킨다. REBT는 비합리적 신념을 규명하고 줄이는 방안을 제시한다(Ellis & Knau, 2002). 건강하고 현실적인 관점을 가질 때 사람들은 더 적절하게 행동하고 느낄 수 있다.

REBT는 두 대학교 프로그램에서 꽤 중요한 위치를 차지한다. 그로닝겐 대학교에서 REBT는 가장 중요한 프로그램으로 간주되고 있다. 그렇다면 REBT가 단순한 행동적 접근에 비해 왜 그리고 어떻게 도움이 되는 것일까? 무엇보다 REBT는 다양한 접근법을 제공한다(Lazarus, 1971, 1989). 행동, 사고, 감정이 상호 연계되어 있기 때문에 변화를 일으키려 할 때 세 가지 모두를 고려하는 것이 합리적인 일이다. REBT 인지 기술(논박), 정서 기술(예: 상상, 무조건적 자기 수용), 행동 기술(위험 감수 연습, 조작적 조건화)에 대한 모든 기법을 다루고 있다. 미루기 행동은 정서적인 문제이기도 하다. 예를 들어, 학생들은 종종 미루기 행동을 할 때 자기 자신에게 화를 내는데, 이런 경우는 과제 행동을 하기가 더욱 어려워진다(Ellis & Knaus, 2002). 이때 분노와 같은 부정적 정서를 유발하는 비합리적 신념을 찾아 바꿔 주는 것이 중요하다. 마지막으로 REBT는 이해하기 쉬운 교육적 모델이기도 하다. 이 이론은 다양한 삶의 영역에 적용 가능하다. 따라서 REBT 학생에게 매우 유용한 방식이다.

그로닝겐 대학교에서 연구진은 REBT와 ABC 개념을 소개하였다. 우리는 사람들이 일반적으로 생각하는 대로 느끼고 행동한다는 것을 설명하였다. 행동과 정서의 문제는 주로 비합리적 신념에서 출발한다. 이러한 비합리적 신념을 찾아내고 바꿔 주는 것이 할 일이 된다. 준비 과정에서 학생들에게 숙제로 주어지는 것은 미루는 행동을 찾아내고 그때의 상황, 행동과 감정 그리고 생각 등을 구분하는 것이다.

다음 회기에서 우리는 이러한 숙제에 대해 논의하고 REBT 이론의 증거를 찾는다. 신념이 행동과 감정을 만들거나 유지하는가? 다음으로 우리는 REBT 비합리적 감정과 비효율적인 행동을 일으키고 유지시키는 네 가지 주요한 비합리적 신념을 설명한다.

- **당위성** 사람들은 결과에 대해 기대하기보다는 마땅히 자신이 생각하는 대로 되어야 한다고 요구하는 경향이 있다. 이렇게 함으로써 사람들은 불필요한 압력을 만들고 자신에게 스트레스를 가한다. 추가로 이러한 관점은 너무나 절대적이고 유연하지 않다. 그러한 비합리적 사고의 예로는 '나는 잘해야 해.'와 '이렇게 힘들어서는 안 돼!' 등이 있다.

- **파국화** 적절한 관점으로 보지 못하고 사람들이 상황을 좀 더 악화시켜 보는 것으로, 심지어 미리 이러한 생각을 하는 것을 말한다. 나쁜 일은 무서울 뿐만 아니라 통제 불가능하다고 생각하는 것을 재앙화라고 한다. 이러한 비합리적 신념의 예로는 '시험에 떨어진다면 끔찍할 거야.'라든지 '실수하는 것은 엄청난 재앙이야.'라는 생각이 있다.

- **좌절에 대한 낮은 인내력** 일부 사람은 삶이 너무 힘들다고 믿고 일이 일어나는 것을 견디지 못한다. 좌절 내성이 낮은 사람은 쉽게 잊거나 삶에 방해물과 번거로운 상황이 발생한다는 것을 받아들이지 않는다. 이러한 예로는 '나는 이 지루한 책을 읽을 수 없어.' 등이 있다.

- **인간의 가치를 평가하는 것** 인간의 가치를 행동 방식으로 평가할 수 있다는 생각은 (예: 계속 미룬다면 나는 벌레 같은 인간이다.) 적절하게 행동하지 못했을 때 스스로를 가치 절하하도록 만들 수 있다. 이런 방식은 나중에 더 잘 행동하고 스스로를 더 나은 사람으로 느낄 수 있는 기회를 감소시킨다. 행동에 의해서만 자신과 다른 사람을 평가하는 것은 인간 존재의 복잡성과 독특함을 고려하지 않는 것이다. 인간은 한순간에 보이는 특정 행동으로만 판단할 수 없는 존재다. 우리는 학생들에게 Ellis가 말한 '무조건적인 자기 수용'과 '무조건적인 타인 수용'을 가르치려고 한다. 즉, 좋고, 나쁘거나 또는 효과적인가 여부로만 행동을 판단하지, 인간 존재 전체로서 판단하지 말아야 한다(Ellis & Harper, 1997).

우리는 비합리적 신념의 네 가지 카테고리를 다루었고 이러한 믿음이 사람들이 생활을 해 나가는 것에 어떻게 영향을 미치는지 살펴보았다. 우리는 학생들에게 REBT 원칙을 적은 브로셔를 배포하고 다음 한 주 동안에 자신이 미루고 있다는 것을 알아챘을 때 이를 작성하도록 다시 한 번 안내하였다.

다음 회기에 우리는 REBT 작성 결과를 확인하였는데, A, B, C의 예시를 묻고, B와 C의 관계를 살펴보았다. 그 이후 논박 기술(D)과 효율적인 새로운 신념을 형성하는 기술(E)을 추가하여 REBT의 ABCDE 전체의 예시를 보여 주었다. 비합리적인 신념을 반박하는 것에 있어 학생들에게 자신의 믿음에 대한 증거를 찾고 스스로에게 묻도록 하였다. '지겹다고 해서 내가 그것을 견디지 못한다는 증거가 어디에 있느냐?' '왜 모든 것이 내가 원하는 방향으로만 가야 하는가?' 효과적인 새로운 신념에 대한 예시는 다음과 같다. '아주 지겨울 수도 있지만, (내가 비록 안 좋아한다 할지라도) 나는 그것을 견딜 수 있다.' '모든 것이 내가 원하는 방식으로 진행되지 않아도 괜찮다.' 학생들은 제출한 REBT 작성지에 대한 피드백을 받았고 다음 주에 다시 작성해 오기로 하였다. 학생들이 제출한 ABCDE 전체의 분석 예시를 통해서 합리적-정서적으로 상상하기—비합리적인 신념을 논박하거나 합리적인 신념을 연습하는 상상하기—를 설명하였고 집에서도 이러한 기술을 연습할 것을 권하였다.

마지막으로 미루는 학생들이 주로 하는 기본적인 비합리적 생각에 대해서 논의하였다. 이런 학생들은 어떤 일을 하기 위해서는 격려를 받거나 주의를 환기할 필요가 있으며, 그 일에 매력을 느끼고, 스스로에게 시작한다는 언급을 해야 할 필요가 있다고 생각했다. 우리는 이러한 상태가 얼마나 친숙하게 들리는지, 왜 이것이 비합리적인지 물었다. 행동적 반박으로 학생들은 다음 주에 자신이 어떻게 느끼는지와는 관계없이 몇 시간 동안 공부를 할 것인지 계획하도록 하였다. 이것은 '나는 너무 피곤하고, 격려받지 못하고 아프면 공부할 수 없다.' 그리고 '나는 공부를 하기 위해서는 격려받는 것이 필요하고 그렇지 않으면 전혀 할 수 없다.'는 생각에 대한 행동적인 반박이다. 학생들은 스스로 얼마나 많은 시간을, 그리고 어떤 날에 공부를 할 것인지 선택할 수 있다. 그 이후에 ABCDE 분석을 전체적으로 수행하여 주요 비합리적인 신념을 발견하고, 이를 논박하고, 효과적인 새로운 신념을 형성하는 작업에 적극적으로 참여한다.

위트레호트 과정에서 학생들은 일지에 미루기 경험에 대해서 기록하고 분석한다. 우리는 집단 내에서 REBT의 다른 단계를 통과하고 있는 학생 한 명을 상담하면서 REBT 원칙을 소개하고 이론을 명료하게 한다. 학생들은 자신을 가장 괴롭히는 비합리적인 생각을 찾고 카드에 쓴다. 이 과정 후에 우리는 REBT와

Sapadin(1997)가 구분한 여섯 가지 미루기 스타일 사이의 관계를 논의한다. 학생들은 각각의 스타일의 특징적인 믿음과 변명 리스트를 훑어보고 자신에게 해당하는 것을 표시한다. 이 과정에서 학생들은 자신의 가장 지속적인 믿음을 반박해 보고 대체하기 위해서 2~3명이서 몇 번씩 REBT를 연습한다.

우리는 학습 계획과 시간 관리 기술을 소개하여 학생들에게 자신의 시간 사용 습관을 통찰하게 하려고 하였다. 그로닝겐 과정에서 일주일 동안 학생들이 15분 간격으로 어떻게 자신의 시간을 사용하고 있는지 관찰하는 숙제를 먼저 하도록 하였다. 다음 회기에서 학생들은 어떻게 시간을 쓰는지 어떤 부분에서 만족하고 만족하지 않는지에 대해서 분석하도록 하였다. 학생들은 공식적으로 자신이 발견한 부분을 논의하고 다음 주 공부 계획을 수정하는 데 이러한 지식을 활용하도록 하였다. 개별 회기에서 공부 계획 초안을 논의하였다. 단기 계획에 매력적이고 쉽게 적용되는 할인(discounting)의 원칙에 기대어 우리는 SMART 단기 공부 계획을 구성하는 것을 이 책의 7장에서 설명하고 있다. 우리는 학생들에게 다음 시험까지 장기 공부 계획 초안을 짤 수 있는 시간을 주었다. 두 회기에서 개인별 도표(이 책의 7장 참조)가 공부 계획과 시간 관리 과정을 모니터링하는 도구로 사용되었다.

자기 점검 기술과 자극 통제 기술을 사용하는 동시에 우리는 또한 행동 변화를 촉진하는 목표를 세웠다. 그로닝겐 과정에서 우리는 다음 주에 더 쉽게 공부할 수 있게 사용할 수 있는 강화 원칙을 학생들이 회상하도록 하였다. 우리는 학생들이 자신의 공부 행동을 점검하도록 하였는데, 이를 세 단계로 나누었다.

• **공부하기 전**: 이 단계는 공부를 하게끔 만드는 환경을 선택하는 것이다. 예를 들어, 어떤 학생은 도서관에서 친구와 만나기로 약속할 수도 있고, 어떤 학생은 책상이 깨끗이 치워져 있거나 모든 물건이 손이 닿는 범위 안에 있는 환경을 선호할 수 있다.

- **공부하는 중**: 이 단계는 어떻게 공부 방해 요소를 다룰 것인지 결정하는 때다. 예를 들어, 학생들은 휴식 기간을 미리 계획할 수 있다. 방해하는 생각을 적을 수 있고 끝난 후에 이러한 생각과 어려움을 다루는 것을 계획할 수 있다.
- **공부하고 난 후**: 공부가 끝나거나 끝나지 않은 경우 그 결과에 따라 스스로 상을 주거나 처벌을 한다. 어떤 학생은 공부를 다 한 후 친구들과 밖에 나가 놀 수도 있고 공부를 다 하지 못했을 때에는 룸메이트를 위해 설거지를 할 수도 있다.

위트레흐트 과정은 다소 비슷한 것을 제공하는데, 공부 방법에 관심을 기울인다. 우리는 주제와 관련된 내용을 효율적이고 능률적으로 다루기 위해 필요한 공부 과정상의 다양한 단계에 대해서 논의한다. 공부에 필요한 시간이 얼마만큼인지 현실적으로 예측하는 데 어려움을 겪는 학생이 많기 때문에 이러한 점을 도와줄 자원에 대해 생각해 볼 필요가 있다.

위트레흐트 과정은 주의 집중 문제에 초점을 맞춘다. 우리는 무엇이 집중인지 정의하고 학생들은 내부적 · 외부적 주요 방해 요소에 대해 보고한다. 그러고 나서 집중력을 향상시킬 수 있는 수많은 방법을 제시하는데, 이는 부분적으로는 장기 목표와 단기 목표 사이의 불일치를 해결하기 위해 고안된 행동의 요약체라고 볼 수도 있다. 마지막으로 우리는 학생들이 젠(Zen) 명상과 같은 집중력 훈련을 하도록 한다. 가능한 학생들이 적극적으로 공부하게 하기 위해 다양한 학습 활동을 사용하는 것의 중요성을 강조한다.

마지막으로 정보적인 요소로서 우리는 미루기와 관련된 배경 정보에 대해 논의하고 몇 가지 연구 결과를 제시한다. 이러한 방법으로 지적인 흥미를 불러일으키고 미루기 행동이 가능한 이유에 대한 이해를 증진시킨다. 또한 참가자의 자기 효능감이 높아지기를 기대한다. 행동을 설명하고 불확실성을 줄이는 것은 자기 효능감과 통제감을 증진시키는 강력한 방법이다(Frank, 1961, 1976; Frank, Hoehn-Saric, Imber, Liberman, & Stone, 1978). 자신의 상황을 통제할 수 있다는 느낌은 행동 변화를 촉진하는 데 중요한 조건이 될 수 있다.

두 과정 모두에서 우리는 미루기가 반비례 곡선상의 장기 목표와 단기 목표 사이의 불일치 결과로 보는 이론을 소개한다. 사람들은 장기 목표를 희생해 가며 단기 목표를 강화해 가는 경향이 있다(Schouwenburg, 1994). 우리는 이러한 갈등이 미루기 행동을 통해 과장되어 나타나지만 보통의 현상으로 설명하고 행동적 개입은 할인 곡선의 한도에 영향을 줄 수 있다고 설명한다. 또한 우리는 학생들이 상대적으로 많이 남아 있는 시험을 미리 공부하는 것이 얼마나 즐거운 일이지 생각할 수 있게 하는 다양한 가능성에 대해서 생각해 보도록 하고, 어떻게 정기적으로 공부하는 것을 방해하는 유혹을 막을 수 있을지에 대해서도 설명하였다.

이러한 이론적 배경과는 별도로 위트레흐트 과정에서는 다양한 이론적 관점을 채택하였다. (현재 행동, 생각, 감정, 바람, 신체 느낌에 대한) 자기 성찰은 논의의 중요한 이슈다. 우리는 자기 성찰을 행동 변화의 전제로 본다. 미루기의 원인과 기능을 주요 심리학 이론에 따라 간단히 설명한 것으로 Higgins(1987)의 자기 불일치 이론이 있다. 이 이론에 따르면 자기가 생각하는 자기(실제 자기)와 자신이기를 바라는 자기(이상적 자기) 또는 자기여야 하는 자기(당위적 자기) 사이에 지속적이고 심각한 불일치가 있을 때 감정적 갈등이 일어난다. 이러한 갈등은 경험하는 불일치 유형에 따라 다양한 부정적인 감정의 결과다. 우리는 학생들이 Higgings의 자기 불일치 이론을 이용하여 통찰을 촉구한다. 학생들의 목표 수립과 행동 계획은 자신이 해야 한다고 생각하는 것 또는 그들이 했으면 하고 원하는 것에 의해 영향을 받는다는 것을 알아야 한다. 예를 들어, 어떤 학생은 여러 주 동안 현실적으로 오직 10시간만 공부할 수 있음에도 40시간 공부 계획을 조정하지 않는다. Higgings 이론을 적용하여 자신의 바람과 해야 한다는 당위에 의한 지점을 발견할 수 있을 것이다. 이러한 통찰은 잘못된 이상을 버릴 수 있고, 진짜로 원하는 것과 감당할 수 있는 것이 무엇인지 초점화할 수 있고, 목표 설정 행동의 기초로 활용할 수 있다.

학생 스스로 미루기 타입을 이해할 수 있도록 위트레흐트 과정에서 우리는 여섯 가지 미루기 타입을 제시한다(Burka & Yuen, 1983; Sapadin, 1997). 완벽주의자, 과장하는 사람, 도전자, 몽상가, 걱정을 많이 하는 사람, 위기 유발자가 그것이다.

두 프로그램 모두 몇 가지 독특한 특징이 있다. 그로닝겐 자기 관리 프로그램의 독특성은 '성공의 순환'에 있다. 원칙적으로 지난주의 성공 경험 자료를 가지고 모든 회기를 시작한다. 학생들에게 어떻게 이러한 성공을 이루었는지 질문하는 것을 통해 자기 효능감을 증진시키려고 하였다. 우리는 학생들에게 지난주 실패한 것에 대한 관심에서 만족스러운 어떤 것으로 관심을 전환하도록 하였다. 그리고 나서 다음 주에 이 성공 전략의 반복을 시도할 수 있다. 이는 De Shazer(1982, 1985)가 개발한 해결 중심 치료에서 사용하는 유명한 방법이다.

반대로 위트레흐트 자기 관리 프로그램에는 독특한 두 가지 요소가 있다. 첫번째, 동기가 초점이 된다. 학생들은 자신의 의지를 탐색하고 실제로 변화를 만드는 데 필수적인 에너지를 동원한다. 두 번째, 위트레흐트에서 우리는 신체 감각의 영역을 표현하는 요소를 덧붙였다. 학생들에게 긴장 풀기와 시각화 기술을 가르쳐 미루기 행동이 신체 감각에 미치는 영향에 대해 더 잘 인지하도록 하였다.

‖ 프로그램 지속 기간 ‖

자기 관리 프로그램 모두는 대략 3시간씩으로 이루어진 7회기와 1회기의 후속 프로그램으로 구성되어 있다. 위트레흐트 과정에는 1회의 도입 회기, 6회의 주별 프로그램, 1회의 후속 회기가 있다. 위트레흐트 과정에서 도입 회기는 선발에 초점을 둔다. 선발을 위해 학생들은 이 프로그램을 통해 혜택을 받을 수 있는지를 평가하기 위한 2개의 설문지를 완성한다. 그 설문지는 학업 미루기 상태 검사(APSI; Schouwenburg, 1995)인데, 이것은 지난주에 겪었던 학업 문제(예: 학업 미루기, 실패에 대한 두려움, 동기 부족)를 확인하는 것이다. 공부 방법 설문지 개정판은 네덜란드에 있는 트벤테 대학교에서 개발되었다(Oosterhuis, 1995). 학생들의 결과를 기반으로 우리는 각각의 학생들이 그 프로그램에 참여하거나 다른 도움을 구할 수 있도록 개인별로 지침을 만든다(예: 진로 상담자, 학생 심리학자나 학습 기술 과정).

위트레흐트에서 후속 회기는 대부분 과정이 완료된 후 약 2달 뒤에 예정된다. 이 회기 동안 학생들은 지난주에 대한 APSI를 완성하고 상담자는 각 학생에게 APSI 미루기 점수 그래프를 보여 준다. 학생들은 스스로의 결론을 이끌어 내고 나머지 집단원들에게 피드백을 받는다. 그 회기는 무엇이 잘 되었고 무엇이 잘 안 되었는지, 그리고 미루기 경향을 막기 위해서 어떤 방법을 사용하였는지에 초점을 맞춘다. 학생은 다음 6개월 동안의 목적을 세우면서 후속 회기를 마친다.

위트레흐트 프로그램과는 달리 그로닝겐 프로그램은 도입 회기 없이 덜 집중적인 후속 회기를 포함하여 7회의 주별 프로그램으로 구성되어 있다. 우리는 문제를 확인하고 서로를 알아가며 과정의 목적과 내용을 설명하는 데 많은 시간을 할애한다. 후속 회기는 대부분 마지막 회기가 끝난 뒤 한 달 뒤에 예정되며, 학생들은 APSI를 완성하고(그로닝겐 과정에서는 학생들이 매주 APSI를 완성한다.) 공부 행동과 관련해서 어떻게 하고 있는지 서로에게 알린다. 〈표 5-1〉에는 두 프로그램의 간단한 개요를 제시한다.

〈표 5-1〉 그로닝겐과 위트레흐트의 자기 관리 과정 프로그램 개요

회기	그로닝겐 프로그램	위트레흐트 프로그램
1	프로그램 목록 과정 설명 첫 공부 계획 시간 사용 과제	도입 과정 참가자 선발 시간 사용 과제
2	시간 사용 분석 조사 관점 논의 기본 REBT	시간 관리 기술 미루기 행동 원인에 대한 논의
3	REBT의 ABC에 대한 논의 비합리적 신념의 범주 ABCDE 분석에 대한 설명	자기 불일치 이론 계획 지시 긴장 풀기 운동 REBT의 ABC에 대한 논의
4	SMART 공부 목표 세우기 장기 계획 REBT의 D와 E에 대한 설명 ABCDE 전 과정 분석	REBT의 ABCDE를 소개하는 역할극 미루기 행동 유형에 대한 논의
5	조작적 조건 형성에 대한 기초 공부 행동에 대한 적용 ABCDE 전 과정 분석	개인 미루기 행동 유형 REBT의 D와 E에 대한 연습 긴장 풀기 운동 시각화 운동 장기 계획
6	행동 논박에 대한 소개 ABCDE 전 과정 분석	단기 목표와 장기 목표에 대한 논의 주별 공부 계획
7	ABCDE 분석 연습 참고문헌 과정 평가	주의 집중과 휴식에 대한 논의 주의 집중 연습 평가

주: REBT=rational-emotive behavioral therapy.

‖ 프로그램의 효과 ‖

2000년 10월부터 2001년 말까지 우리는 위트레흐트에서 4개의 자기 관리 집단($n=34$)과 5개의 자기 관리 과정($n=49$)을 가르쳤다. 과정의 효과성을 평가하기 위해서 우리는 2개 대학에서 몇 가지 조사를 실시하였고, 그 결과를 요약할 것이다.

학생 평가

다수의 문장과 1(매우 동의하지 않는다)에서 5(매우 동의한다)에 이르는 척도로 이루어진 양적 평가 형식에서 학생들은 과정 동안 무엇을 배웠는지를 평가했다. 그로닝겐 프로그램에서 29명, 위트레흐트 프로그램에서는 28명의 학생이 평가 양식을 완성했다. 학생들이 통찰을 얻고 실제로 스스로의 미루기 행동 경향을 통제하는 이 과정의 주요 목적 두 가지와 관련해서 학생들은 자신의 미루기 행동 경향에 대해서 더 잘 이해하게 되었다고 말했다(그로닝겐에서 평균 4.5점, 위트레흐트에서 평균 4.6점). 다음은 한 학생이 적은 내용을 옮긴 것이다.

> 나는 자동적으로 과제를 미루었던 것 같다. 지금은 내 행동에 대해서 알고, 내 시간을 어떻게 보내는지를 알기 때문에 내 미루기 행동 문제를 막을 수 있다. 지금 나는 그것에 매우 집중하고 있고, 변화에 대한 의지가 있다.

학생들은 또한 미루기 행동 경향을 더 잘 통제할 수 있고(그로닝겐에서 평균 3.8점) 현실적이고 구체적인 목표를 더 잘 세울 수 있다고 주장하였다(그로닝겐에서 평균 3.8점, 위트레흐트에서 평균 4.5점).

그로닝겐 과정에서 의도된 효과인 자기 효능감에 대해서 학생들은 자신의 (공부) 상황을 고려하여 감정을 더 잘 통제하는 것 같다고 보고했다(평균 4.3점). 위트레흐트에서 71%의 학생은 과정 후에 그들이 덜 미룰 것이라 예상한다고 언급했다. 한 학생은 다음과 같이 말했다.

> 나는 많이 배웠다. 나는 정말로 무엇이든 다시 할 수 있다고 느낀다. 이것은 내가 시간을 보내는 방법뿐만 아니라 내 인생 전체에 적용된다(미루기 행동은 내 인생에 큰 영향을 끼쳐 왔다).

게다가 두 학교의 많은 학생의 진술을 살펴보면 과정의 후반부에서 학생들이 기분이 더 좋아진다고 말한 것은 분명하다. 몇몇 학생은 동기를 다시 얻었고 공부하는 것이 더 즐겁다고 보고했다.

학생들에게는 다양한 과정 요소를 보고, 그들이 지각한 중요성을 등급 매기도록 하였다. 미루기 행동에 대한 배경 정보와 다양한 이론을 제공하는 것은 그로닝겐에서 평균 3.7점, 위트레흐트에서 평균 4.2점으로 평가되었다. 효과적인 목표 설정과 시간 관리 같은 공부 계획 기술은 위트레흐트에서 학생들이 가장 도움이 되었다고 여기는 부분이었다. 그로닝겐에서 공부 계획 기술에 대한 이론은 평균 3.6점을 받은 반면, 주별 공부 계획 통제는 3.9점을 받았다. REBT에 대한 설명은 ABC 기법에 대한 집단 논의(평균 3.9점)와 함께 그로닝겐에서 가장 효과적인 요소로 평가되었다(평균 4.2점). 위트레흐트에서 REBT 요소는 평균 3.9점을 받았다.

그로닝겐에서 가장 낮은 점수를 받은 과정 요소는 성공 경험에 대한 주별 목록(2.9점)이었다. 위트레흐트에서 자극 통제 기술(3.6점)과 휴식 기술(3.7점)은 적어도 유용한 것으로 확인되었다.

우리는 프로그램 구성 요소에 대한 학생들의 평가에서 위트레흐트 프로그램과 그로닝겐 프로그램 사이의 차이를 거의 찾을 수 없었다. 그러나 위트레흐트 학생들이 시간 관리와 공부 계획 요소를 가장 강력한 도구로 여기는 것처럼 보인 반면, 그로닝겐 학생들은 REBT 요소를 가장 높게 평가하였다.

양적 연구

두 대학에서 자기 관리 과정의 학생들은 미루기 행동이 과정 동안 감소하는지를 측정하기 위해서 APSI를 완성하도록 요구받았다. 그로닝겐에서 학생들은 APSI를 매주 완성했고 후속 회기에서도 한 번 더 실시했다. 두 번째 집단에 대해서 지각된 자기 효능감 측정을 위해 학업 역량 척도(Academic Competence Scale)(Kleijn, van der Ploeg, & Topman, 1994)를 추가하였다. 위트레흐트에서 APSI는 도입 회기, 과정 기간 내 2주마다 사용되었고, 후속 회기에서 한 번 더 사용되었다. 학업 미루기와 자기 효능감에 대한 APSI 점수는 두 척도의 검사 구조 표준 집단에 대해서 표준화되었다. 동일 연령의 평균 대학생들을 비교하기 위해 우리는 동일한 주를 기준으로 하여 APSI와 자기 효능감 측정을 완성하기 위한 그로닝겐 내 유사한 과제를 수행하는 집단의 학생들($n=12$)을 요구하였다. 〈표 5-2〉는 이러한 비교 결과를 포함하고 있다.

7주의 개입 기간 동안 학생들의 평균 미루기 행동 점수는 1 표준편차 이상 감소하였다. 미루기 행동 점수 내에서 감소 경향은 후속 회기까지 꾸준히 나타났다. 이것은 중요한 효과의 신호로 생각할 수 있다.

지각된 자기 효능감 점수에 관해서 과정 참가자들의 평균 점수는 프로그램 기간 동안 꽤 뚜렷하게 증가하였다(1회기에서 $z=-0.60$, 7회기에서 $z=1.04$). 이러한 경향은 후속 회기에서도 계속 나타났다(한 달 뒤에 $z=1.37$). 반면에 유사 과제 관리 집단 내 참가자들의 평균 자기 효능감 점수는 규준 집단의 평균보다

〈표 5-2〉 프로그램 참여 기간과 수료 후 학업 미루기의 평균 Z점수

회기	그로닝겐 REBT 프로그램	위트레흐트 REBT 프로그램	그로닝겐 비 REBT 프로그램	그로닝겐 과제 수행 집단
1	0.88	1.14	0.72	−0.02
2	0.20	0.32	0.22	−0.11
3	0.07		0.30	−0.11
4	−0.08	0.31	−0.04	0.05
5	0.01		0.02	−0.15
6	−0.06	−0.01	0.09	−0.16
7	−0.22		−0.37	0.09
1달 뒤 후속 회기	−0.45	−0.50	0.06	

※ 7장 참조.

대략 1 표준편차 위 단계에서 유지되고 있었다.

유지와 재발

과정 동안 그로닝겐에서 15%의 학생들, 위트레흐트에서 27%의 학생들이 그만두었다. 학생들이 그만둔 이유와 관련된 정보를 가지고 있지 못해서 아쉽다. 그만둔 학생들은 기대했던 것을 얻지 못했기 때문이라고 추측한다.

불행히 두 대학교 모두에서 추수 상담의 참석률은 매우 저조하였다. 우리가 추수 상담에 오는 사람에게 보상으로 5€를 준다고 약속했는데도 그로닝겐에서 있었던 마지막 회기에 참가한 사람 중 50%만이, 위트레흐트에서는 38%의 학생만이 추수 상담에 출석했다. 이러한 낮은 출석률은 우리가 프로그램의 장기적 효과에 대한 중요한 정보를 놓쳤다는 것을 시사한다.

‖ 연구 결과의 일반적 견해 ‖

위트레흐트과 그로닝겐에서의 연구 결과는 매우 비슷하였다. 반복 측정 후, 두 가지 자기 관리 프로그램에서 같은 경향성을 나타낸다는 것을 발견했다. 약 7주 만에 미루기 점수는 1 표준편차 이상 하락하였다. 이러한 결과를 어떻게 설명할 수 있을까? 이 결과를 자기 관리 프로그램의 영향을 시사한다고 가정할 수 있을까? 만약 그렇다면 어떤 구체적인 프로그램의 구성 요소가 학생들의 미루기 행동을 줄이는 데 효과가 있는 걸까? 또는 소위 일반적 요인이 자기 관리 프로그램에서 관련이 있는 것일까?

'감정 표현' '공통의 언어 사용하기' '행동 설명하기' 그리고 '희망 주기'와 같은 요인은 거의 모든 치료 형태에서 성공의 일정 부분을 설명하는 중요한 특징이라 언급될 수 있다(Frank, 1976; Frank et al., 1978). 아마도 학생들은 결국엔 이러한 일반적인 요인의 결과로 덜 미루게 된다. 결국 미루는 학생들은 미루기 경향으로 인해 종종 심각한 고통을 겪게 되며 따라서 변화에 대한 동기가 높다. 단지 희망을 주고, 그들의 감정을 표현하고, 미루기를 설명하는 것은 이 프로그램들에서 중요한 요소다. 오히려 REBT와 시간 관리 요소는 부수적인 것일 수 있다. 따라서 그로닝겐에서 우리는 REBT가 프로그램의 성공에 기여하는지를 찾으려 하였다.

합리-정서행동치료가 포함되지 않은 자기 관리 프로그램

그로닝겐 프로그램에서 REBT는 중요한 위치를 차지하기 때문에 REBT가 자기 관리 프로그램에 주는 영향을 알아보고자 했다. 이 질문에 답하기 위하여 우리는 약간의 추가 연구를 하였다. 그로닝겐에서의 실험으로써 우리는 2001년

10월과 2002년 1월에 유사한 두 집단을 시작했다($n=14$). 두 유사한 자기 관리 집단을 실시할 때마다 약간 다른 프로그램을 수행하는 또 다른 집단을 진행하였다. 이 약간 다른 프로그램은 앞서 언급한 프로그램과 요소는 모두 같고, REBT 이론과 기술만 제외되었다.

이렇게 행동 중심적 프로그램 안에서 같은 양의 시간과 관심을 학생들에게 노출하는 것을 원했기 때문에 우리는 긴장 이완 기술을 프로그램에 넣었다. 이러한 긴장 이완 기술은 더 작은 단위에서의 REBT 프로그램에 추가되었다. 물론 REBT를 받는 집단은 매 회기마다 더 많은 시간이 필요했지만, 행동 중심 프로그램 집단에서의 시간 사용은, 우리 생각에는, 적절하였다(대략 1.5시간). 두 집단 모두는 같은 상담자에게 훈련을 받았다. 학생 자신은 연구 상황에 있다는 것이나 집단이라는 것을 알지 못한다. 그러나 실험은 참 이중 블라인드 설계 (true double-blind design)는 아니었다.

행동 중심적 프로그램의 학생 평가

행동 중심적 조건에서 학생은 REBT 기반 집단에서 쓰는 것과 같은 형식을 사용하였다. 이러한 학생들은 다음 진술을 지지하는 것으로 밝혀졌다. "나는 실제로 일을 더 잘할 수 있을 것이다."(평균 3.6), "나는 내가 계획한 것을 실제로 수행한다."(평균 3.6), "나는 미루기에 일조할 수 있는 요인에 대해 더 나은 이해를 가지고 있다."(평균 4.6).

자기 효능감에 관하여 학생들은 자신의 (공부) 상황을 더 잘 통제하는 것으로 느낀다고 말했다(평균 4.2). 다양한 요소에 대한 지각된 중요성을 알아보면, 학생들은 미루기의 이론과 배경 정보의 설명을 이해하고(평균 4.2), 주간 학습 계획 조절(4.0)이 가장 효과적이었다. 지각된 효과라는 면에서 긴장 이완 요인은 가장 낮게 평가되었다(평균 2.8).

행동 중심적 프로그램에서 계량적 연구

양적 평가를 위해서는 REBT 조건과 같은 형식을 사용하였다. 결과는 〈표 5-1〉에 제시했다. 비록 이 실험에 참여한 인원은 매우 적지만, 인지행동치료 그리고 행동중심치료 두 가지 자기 관리 프로그램 모두에서 미루기 행동을 동일하게 잘 감소시킨다는 것이 인상적이었다. 두 프로그램 모두에서 학생들의 프로그램에 대한 효과성 점수가 매우 유사하였다. 지금까지 REBT 이론과 기술을 사용하는 것이 학생들의 미루기 치료에 추가로 도움이 된다는 증거는 없었다.

행동에 중심을 둔 프로그램에서의 중도 탈락률은 22%였는데, 이는 REBT 기반 프로그램의 중도 탈락률보다 조금 더 높았다. 추수 상담에 나타난 비율 역시 두 집단이 비슷하였다. 그러나 중간에 탈락한 학생들의 중요한 정보는 또다시 놓쳤다.

‖ 결 론 ‖

위트레흐트와 그로닝겐 두 가지 자기 관리 프로그램 모두 반복되는 측정에서 같은 경향성을 보였다. 약 7주 안에 미루기 점수는 1 표준편차 이상 감소하였다. 따라서 우리는 자기 관리 프로그램이 학생들의 미루기를 줄이는 데 실제로 기여할 것이라 주장할 수 있다.

이 프로그램들의 부가 효과—학생이 공부에 더 동기를 느낌—또한 성취된 것처럼 보인다. 두 과정 학생 모두 동기가 더 생겼다고 보고했으며, 심지어 어떤 학생은 공부가 다시 좋아졌다고 하였다. 학생들은 공부 환경을 더 잘 통제할 수 있을 것이라 느낀다는 것을 보고하였다.

미루기를 극복하는 데 도움을 주었거나 주지 못한 요인이 무엇인가란 질문에 대한 답은 어려웠다. 소망 만들기, 행동에 대해 해명하기, 정서 표현하기 등은 미루기를 줄이는 강력한 도구일 것이다. 학생들은 종종 자신의 행동으로 인해 괴로울 때 그리고 사기가 저하되었다고 느낄 때 자기 관리 프로그램에 등록한다. 그들이 혼자가 아니라는 것과 행동을 바꾸는 것이 가능하다는 것을 이해하는 걸 찾는 데 도움을 주어야 한다.

우리는 프로그램에서의 다른 요인도 유익한 영향이 있을 것이라 믿는다. 학생들은 배경 정보를 제공하는 것, 실제 공부 계획을 세우는 것, 자기 성찰과 같은 성공적인 프로그램에 기여하는 모든 것을 설문지 안에 응답하였다. 자기 성찰을 격려하고 행동 변화를 촉진하는 데 우리는 REBT가 큰 도움이 될 것이라 생각한다. REBT는 학생들이 자신을 돌아보는 것을 배우는 것을 가능케 한다. (REBT에서) 그들은 자리에 앉아서 자신에 대해 생각해야만 한다. 이것은 장기적인 과정의 시작일 것인데, 프로그램의 기간은 그것의 유용성이 나타나기에는 너무 짧았을 수 있다. 게다가 REBT는 무조건적인 자기 수용이라는 분명한 작업을 포함한다. 우리 생각에 무조건적인 자기수용은 학생들이 자신을 더 건강한 방향으로 생각하고 삶을 더 잘 통제하는 관점을 가지게 하는 등의 학생을 돕는 강력한 도구라 생각한다. REBT에 대한 우리의 신중한 의견은 장기적으로는, 예를 들어 방해물에 맞닥뜨렸을 때 학생들이 더 잘 준비될 수 있을 것이라는 것이다.

상대적으로 높은 중도 탈락률은 여전히 숙제로 남아 있다. 비록 인지행동 접근에 모든 학생이 흥미를 보이지는 않았겠지만, 자기 관리 프로그램은 우리가 이미 제공한 다른 프로그램을 맞이하기 위한 보충물이다.

제6장 ▶▶ LILLY J. SCHUBERT WALKER

미루기로 이끄는 무기력 패턴 극복하기

미루기는 상당히 많은 대학생의 개인적 성취에 영향을 주는 만연한 문제다. 추정치는 상위 95%(Ellis & Knaus, 2002)에서 하위 10%(Hill, Hill, Chabot, & Barrall, 1978)까지 다양하다. 이러한 회피의 패턴은 학부 시절 동안 남학생과 여학생 모두에게 동일하게 영향을 준다(McCown, Johnson, & Petzel, 1989). 사실 많은 대학생이 미루기가 일상적인 관례 같은 것이라고 간주하기 때문에 단순하게 그들이 가지고 살아 가야 하는 것으로 여긴다. 미루기의 전형적인 결과는 낮은 성적(Rothblum, Solomon, & Murakami, 1986), 과정 철회(Welsley, 1994), 스트레스(Blunt & Pychyl, 2000), 건강 위험의 증가(Baumeister, 1997) 그리고 대인 관계 갈등(Day, Mensink, & O' sullivan, 2000) 등이다. 한 연구에서는 52%의 학생이 미루기는 도움이 필요할 정도의 위험한 문제가 되었다고 보고했다(Gallagher, 1992). 20~30%의 대학생에게 미루기는 학업 성취와 삶의 질에 부정적인 영향을 주는 심각한 문제다(McCown, 1986; Solomon & Rothblum, 1984). 발달적으로 학부 4년 동안 미루기의 발생 정도는 유의미하게 증가하고, 20대 중반에 정점을 찍는다(McCown & Roberts, 1994).

미루기의 결과는 심각하기 때문에 실무자와 연구자들은 이런 패턴을 초래하는 요인을 이해하고자 노력해 왔다. 미루기의 원인은 개인만큼 다양하다. 미루기 패턴은 상황 요인과 개인 요인에서 발달한다. 종종 사람들은 과제 유형 때문에 미룬다. 그들은 업무량이나 과제가 혐오스럽거나 너무 어렵거나 난해하거나 감당할 수 없을 만큼 엄청나거나 재미없다고 느낀다(Blunt & Pychyl, 2000; Senecal et al., 1995). 미루기는 다양한 개인 특성과도 관련되어 있다. 이것은 낮은 자아 존중감(Beswick et al., 1988), 신경증(Schouwenburg & Lay, 1995), 남의 시선을 의식하는 경향(Ferrari, 1992a), 우울(McCown et al., 1987), 불안(Ottens, 1982), 완벽주의(Ferrari, 1992a; Flett, Blankstein, Hewitt, & Koledin, 1992), 혼란(disorganization; Schouwenburg & Lay, 1995), 낮은 성실성(Lay, 1997), 동기 문제(Senecal et al., 1995), 학습된 무기력(Covington, 1993; McKean, 1994), 그리고 비합리적 사고(Bridges & Roig, 1997; Ellis & Knaus, 2002)를 포함한다. 과제 특성과 학생 특성의 상호작용이 개인적 회피 패턴을 만들어 내는 것이 분명하다. 이런 요인들의 상호적인 특성은 한 개인이 학습을 성취하는 데 무력감을 느끼게 만든다.

미루기 패턴을 수정하도록 돕기 위해서 치료 개입은 그들이 경험하는 무력감을 초래하는 요인을 다루어야 한다. 미루는 사람의 무력감은 자기 가치에 대한 부정적인 시각(Beswick et al., 1988; Ferrari, 1991b; Flett, Blankstein, & Martin, 1995a), 비합리적 사고(Bridges & Roig, 1997; Ellis & Knaus, 2002; Solomon & Rothblum, 1984), 그리고 자기 효능감의 부재(Ferrari, Parker, & Ware, 1992; Tuckman & Sexton, 1990, 1992)에서 나타난다. 무력감을 가져오는 요인을 탐색한 연구자들은 미루는 사람들이 자신을 폄하하는 경향이 있고(Musznyski & Akamatsu, 1991), 다른 사람들의 시선을 의식하고(Ferrari, 1991b), 자신을 남들과 비교하여 부정적으로 생각하며(Ferrari, 1992a), 자기통제력이 낮다는 것(Milgram et al., 1988; Rothblum et al., 1986)을 보고하였다. 자기 존중과 자신감을 높여 주고, 개인적 효능감을 향상시키는 전략을 제공하는 치료 모델은 미루기 행동을 지속시키는 무력감을 줄여 줄 수 있다.

‖ 상담 모형 ‖

이 장에서는 임상 경험과 연구 결과를 통합하여 6주 구조화 집단 상담을 구성하였다. 이 치료적 접근의 목표는 대다수의 미루는 사람이 경험하는 무력감 반응을 줄여서 학습 환경에서의 미루기와 관련된 회피 행동을 수정하기 위한 발판을 제공하는 것이다. 집단 상담 회기의 초점은 참가자에게 더욱 높은 수준의 자기통제와 개인적 힘(personal power)을 제공하는 인지적 · 정서적 · 행동적 전략을 개발할 수 있도록 돕는 것이다. 개인적 힘이란 스스로 자신의 삶을 책임지고, 새로운 습관을 형성하고, 미루기 패턴을 끊을 수 있는 능력이 있다는 것에 대한 신념이다. 이 개인적 힘은 증진된 자기 가치(Covington, 1993), 자기통제(Perry, 1991) 그리고 자기 효능감(Bandura, 1977, 1986; Haycock, McCarthy, & Skay, 1998)으로 나타난다. 참가자들의 개인적 힘에 대한 느낌을 향상시켜 줄 때 그들이 자기 관리 능력을 발전시키고 미루기를 줄일 것을 기대한다.

미루기와 관련된 부정적인 정서를 줄이기 위해 치료 모형은 미루기를 성격 결함이 아닌 변화 가능한 대처 과정이나 습관화된 패턴으로 표현한다. 집단원들이 압박에 대처하고 기대를 감당하기 위해 어떤 식으로 미뤄 왔는지 명확히 하여 그들은 각각의 미루기 습관 패턴과 관련된 부정적, 그리고 긍정적 결과를 더욱 잘 탐색해 볼 수 있다. 이러한 통찰은 개인적 힘과 미루기의 복잡한 관계를 탐색해 볼 수 있는 기반을 마련해 준다. 이렇게 미루기를 대처 과정으로 설명하는 관점은 지금껏 참가자의 개인적 생산성과 학업 성공을 방해해 왔던 습관, 감정 혹은 사고에 대해 어느 정도의 개인적 통제를 발휘할 수 있는 능력을 확신하도록 돕는 전략을 발견할 수 있도록 촉진시킨다.

집단 상담이 진행되는 6주 동안 학생들은 개인의 미루기 패턴의 다양한 관점을 탐색하는 발견 과정에 참여하여 미루기와 관련된 개인적 무력감을 극복하는 전략을 개발할 수 있는 기반을 다진다. 이러한 치료적 접근은 학생들이 경험하는 미루기와 관련된 복잡한 반응을 인정한다(Burka & Yuen, 1983). 때때로 미루기는 그들이 높은 수준의 성취를 이룰 수 있을 것이라고 생각할 수 있게 한다. 어렵거나 혐오스러운 과제를 미루는 것은 그들의 자신감을 보호해 주고 즐길 수 있는 활동에 참여할 수 있도록 한다(Silver & Sabini, 1981). 하지만 또 다른 때에는 염려, 부정적 사고, 죄책감, 실망감, 우울, 불안, 무능함이 개인적으로 그리고 학업적으로 성공할 수 있는 능력에 영향을 준다(L. J. S. Walker, 1988; L. J. S. Walker & Stewart, 2000). 우리가 사용한 이 모형은 참가자들이 감정, 사고, 개인적 필요, 가치, 특성(특히 학업적 기대와 관련될 때), 무능감 그리고 미루기 간의 상호작용을 이해할 수 있도록 돕는다. 이 모형은 우리가 집단원들에게 미루기와 관련된 좌절스러운 생각과 반응을 없애는 전략을 지도할 때 안내 역할을 한다.

상담 회기는 참가자에게 변화할 수 있는 자신의 능력에 대한 관점과 관련된 자기 효능감 기대 인식 정도를 향상시킨다. 상담자는 집단원이 더 큰 개인 통제감을 경험할 수 있도록 생산적인 행동을 개발하게 하고, 성공을 이루기 위한 실질적이고, 달성 가능하고, 현실적인 계획을 고안해 낼 수 있도록 지도한다. 이 프로그램은 구체적인 전략을 연습하게 하고, 치료 회기 사이에 연습할 것을 격려하고, 회기 안과 밖에서 집단원 간의 지지 관계를 조성한다.

상담 모형은 긍정적인 자아 존중감과 더욱 큰 개인적 힘을 개발하기 위한 2단계 자각과 실천 접근을 사용한다. 초기 자각 단계에서는 참가자들이 자신의 개인적인 미루기 방식을 알아보는 것을 배운다. 과제 중심적인지 사람 중심적

인지 그리고 개인적 힘이 높은지 낮은지에 따라 미루는 사람들을 분류하는 체계를 사용하여 참가자들은 자신의 미루기 패턴을 분석해 보고 미루기에 대한 동기를 더욱 잘 자각할 수 있게 된다. 미루기 패턴을 구성하는 활동과 아무 활동도 하지 않도록 초래하는 어떠한 두려움, 공상, 가족이 보내는 메시지, 그리고 다른 요인들을 탐색한다. 참가자들은 자신의 미루기 방식을 발견하면서 자신의 미루기 패턴을 이루고 있는 생산적인 요소와 비생산적인 요소 또한 알아본다.

이 상담 모형은 완벽주의자, 정치인, 지연하는 사람 그리고 비관적 비판자로, 네 가지 미루기 방식을 포함한다. 이런 유형은 임상 면접을 통해 발견되었다(L. J. S. Walker, 1988). 이것은 미루기의 다양한 Myers-Briggs 유형을 각색한 것을 포함하고(Provost, 1988), 미루기를 힘에 대한 욕구의 차원(예: 높은 vs. 낮은)과 활동의 초점(예: 과제 vs. 사람)에서 본다. 이는 여러 심리학 연구자가 발견한 미루기 유형과 유사하다(Ferrari, 1992a; Lay, 1997; Milgram et al., 1988). 이런 방식들은 집단원이 미루기를 긍정적인 결과와 부정적인 결과를 가져오는 개인적인 패턴으로 볼 수 있도록 돕는다. 미루기 문제로 도움을 요청하는 대다수의 사람이 미루기 경향과 관련된 부정적인 정서를 경험하기 때문에 이 프로그램은 이러한 미루기 방식을 사용하여 참가자들이 스스로를 긍정적으로 볼 수 있는 관점을 제공하고, 생활 습관으로서의 미루기의 '실용적인' 기능을 알려 준다.

완벽주의자

완벽주의자는 힘에 대한 욕구가 강하고 과제 중심적이다. 미래의 성공을 위해 가능한 모든 것을 하는 것에 집중하는 이들에게는 시간이 매우 중요하다. 현재의 상황에 절대 만족하지 못하는 완벽주의자는 스스로 높은 목표를 설정하여 통제하는 몽상가다. 이들에게는 탁월함이 중요하기 때문에 특정 과제를 위해

쓰여야 하는 시간과 과제가 필요로 하는 시간 간의 차이를 구분하는 데 어려움을 겪을 수 있다. 각 과제를 위해 과도한 시간을 쓰는 경향은 결국 그들이 기대하는 수준에서 수행하는 데 충분한 시간이 없다는 것을 의미한다. 이들의 미래에 맞추어진 초점은 계속적으로 가능성을 상상하는 것을 수반한다. 이들은 자신에 대해 기대가 크고, 원대한 포부가 동기를 유발한다. 그러나 이들의 광범위한 목표와 그것들을 성취하기 위한 구체적인 계획의 부재는 완벽주의자에게 문제가 될 수 있다. 비록 이들의 공상 세계가 동기 부여도 해 주지만 이것은 이들의 성공을 방해하는 탈출 패턴이 될 수도 있다.

　완벽주의자는 일반적인 것을 싫어하고 평범한 사람이 되는 것을 두려워한다. 그들의 사고 패턴은 잘해 내는 것에 초점을 두는 '……해야 한다.'라는 메시지로 가득 차 있다. 이들의 생각은 더욱 책임감 있는 사람이 되고 싶은 욕구와 자신의 성취 능력에 대한 의심을 포함한다. 완벽주의자는 성공을 경험하더라도 불만족스럽게 느끼는 것과 자신이 도달할 수 있는 최선에 못 미치는 것에 대한 걱정이 공통적인 경향으로 나타난다.

지연하는 사람

　지연하는 사람은 지금 순간을 위해 사는 이들이다. 이들의 개인적 무능감은 무력감으로 이어진다. 어려운 과제를 피하는 것은 그들이 성취 욕구를 관리하는 가장 주요한 방식이다. 이들에게는 시간은 경험과 즐거움을 위해 존재한다. 미래는 지금 이들이 경험하는 삶의 연장선이라고 보고, 마치 내일은 없는 듯이 행동한다. 즐거움, 재미, 흥분을 경험하고자 하는 주요한 욕구로 끊임없이 색다른 것을 추구한다. 단조로움과 지루함을 두려워하기 때문에 이들의 생각은 흥분을 조성하고 책임을 미루는 방향으로 나간다. 이들은 부적당한 계획으로 인해 종종 시간이 부족하다. 이들은 일반적으로 '이건 그냥 작은 시험일뿐이야.

난 시간이 많아.' 혹은 '내가 제일 좋아하는 TV 프로그램을 다 보고 공부를 시작할 거야.'와 같은 생각을 한다.

지연하는 사람들은 쉽게 피곤해하고 좌절한다. 이들은 주의 집중하는 시간이 짧아 장시간 공부하고 집중할 수 있는 능력에 지장을 준다. 학업 성공을 높이기 위해서는 이들이 필요로 하는 다양성을 줄 수 있는 공부 전략으로 조정하는 방법을 배워야 한다. 자기 훈련 능력이 없고, 개인적 책임감 또한 없기 때문에 이들은 누군가가 안내해 주고 구조를 제시해 주고 감독할 때 성공할 가능성이 더 높다. 이들은 반응을 잘하고 당면한 일을 잘해 낼 수 있지만, 미래의 문제를 예상하거나 장기간 계획을 구상하는 것은 어려워한다. 기회가 주어진다면 공부 대신 재미를 택할 것이다.

정치인

정치인은 소속 욕구가 높고 개인적 힘에 대한 확신이 강하다. 친구, 가족 그리고 사회적 만남을 위한 시간을 확보하는 것은 이들에게 매우 중요한 우선순위다. 소속되고자 하는 욕구와 애정 욕구에 의해 동기가 유발된다. 가능하다면 이들은 다른 사람들과 어울리면서 시간을 보낸다. 다른 사람들에게 호감을 사려고 애를 쓰는 이들은 주로 자신이 해야 하거나 하고 싶은 것을 하기보다는 다른 사람들이 요구하는 것을 하면서 시간을 보낸다. 사회 상황에 매력을 느끼고 다른 사람들을 기쁘게 할 수 있는 것을 하느라 바쁜 이들은 일을 과도하게 하고 시간에 쫓기는 경험을 할 수 있다.

사회적 상호작용에 능숙한 정치인은 자신이 자신감 있고 능력 있다고 여긴다. 그러나 이들의 자신감은 다른 사람들의 의견에 좌우된다. 그들은 때로는 그것을 측정할 수 있는지 궁금해했기 때문에 중요한 사람들에게 받은 피드백은 특히 중요했다. 그들은 다른 사람들의 비판이나 거절을 두려워한다. 그들의 전형적인 생각은 '나는 다른 사람들을 실망시킬까 봐 걱정돼.' '계속 집중하기가 어려워. 특히 친구들이 함께 놀자고 할 때가 그래.'였다. 다른 사람들의 인정에 대한 요구 때문에 그들은 시간을 자기 마음대로 할 수 없다. 그들은 한계를 설정하고 우선순위를 선택하는 데 어려움을 겪는다.

비관적 비판자

'일어날 일은 일어나고야 만다.'는 비관적 비판자(Punisher)에 대한 운명론적인 접근이다. 비판자는 개인적인 힘에 대한 감각이 전혀 없으며 마치 그들이 다른 사람들의 기준에 맞추지 못하는 것처럼 느낀다. 이런 사람들은 자신의 삶에 대한 통제권이 거의 없다고 느낀다. 흔히 회의적이고, 확신이 없으며, 자기비판적이다. 그들은 특히 과거의 실패나 부적절함에 대하여 잘 인지하고 있다. 그들이 과거에 집중하면 앞으로도 달라질 것이 없을 것이라는 생각이 강해져서 미래에 대한 관점에 부정적으로 영향을 미친다.

비효율적이고 모순적인 그들은 다른 사람의 역량에 대해 예민하게 의식한다. 그들은 흔히 자신이 충분히 좋은 사람이 아니라고 결론을 내린다. 그들의 전형적인 생각은 '나는 다른 사람의 기준에 맞출 수 없어. 내가 아는 모든 사람은 나보다 낫고 나보다 더 성공적이야.' 그리고 '나는 뭔가를 제대로 한 적이 없어.'를 포함한다. 다른 사람의 성공에 대한 그들의 초점이 능력에 대한 평가절하로 이어지면, 부정과 위축에 쉽게 압도된다. 이러한 마음가짐은 수치심과 무능감으로 연결되고, 시간을 효율적으로 관리할 능력을 약화시킨다.

이러한 치료적 접근의 자각 단계의 일부로, 참가자들은 네 가지 방식 중 한 가지가 자신에게 더 해당되는 것을 알게 된다. 일부 참가자들은 상황을 통하여 이러한 미루기 방식의 공통 부분을 관찰한다. 만약 그들이 한 가지 혹은 두 가지 방식의 공통 부분을 발견하면, 그들은 무력함의 패턴에 기여하는 상황 요인을 확인하기 위해 이러한 부분을 더 찾아보도록 격려받는다. 이러한 자각 논의는 삶과 시간을 효과적으로 관리하는 능력과 함께 집단 참가자들이 욕구, 감정, 사고, 습관의 상호작용의 모습을 발달시키게 해 준다. 미루기 패턴과 관련된 한계뿐만 아니라 긍정적인 특성을 제시함으로써 참가자들은 그들이 소유하는 긍정적인 특성을 인정하게 되며, 그들이 상황에 대처하기 위해 사용한 전략을 인정하게 된다.

이 모델의 두 번째 회기인 행동 단계에서는 참가자들은 자신의 개인적 방식의 생산성을 최대화하고, 삶을 통제하며, 그들이 적응하지 못한다는 방식의 구성 요소를 변화시키고, 미루기와 연결된 무력감을 숙달했다는 느낌으로 대체하는 인지적 · 정의적 그리고 행동적 전략을 배운다. 행동 측면은 미루기 패턴의 구성 요소를 변화시키는 것과 관련된 현실적인 단기간 목표를 설계하도록 참가자들을 지지한다. 이 회기는 개인적인 힘이나 효능감을 증진하도록 구성되어 있다. 그러므로 참가자들은 처음에 파괴적이고 자기 좌절적인 생각을 없애도록 고안된 인지 접근을 배운다. 후반 회기에서는 자기통제를 방해하는 비생산적인 습관을 줄이는 것을 목표로 하는 정의적이고 행동적인 전략에 초점을 둔다.

‖ 참가자 ‖

이번 상담 회기의 주요 참가자들은 미루기가 학업 성공에 불리한 영향을 미치기 때문에 도움을 구한 대학생이었다. 총 인원은 12명(남자 5명과 여자 7명)이었고 20세에서 24세 사이의 연령에 속해 있는데, 그들은 자기 탓을 하고, 자신이 바라는 만큼 성공하지 못했다고 보고했다. 그들의 주요한 관심은 미루기 습관을 변화시켜서 학업 기능 수행을 향상시키는 것이었다.

학습 기술 프로그램에 등록한 학생들로 구성된 첫 번째 비교 집단은 18세에서 26세의 학생들로 구성되었다. 이들은 향상된 학업 능력(예: 학습 기술, 시간 관리, 교과서 이해, 노트 필기)을 발달시키는 데 초점을 두었다. 그들은 일주일에 한 번 90분의 회기에 참석했다. 두 번째 비교 집단은 18세에서 20세 사이의 대학 1학년 학생 19명으로 구성되었는데, 이들은 학생 간의 상호 격려 집단에 참여했다. 그들은 일주일에 한 번 2시간 회기에 만났는데, 1학년 학부생의 고민(예: 적응, 전환기, 기대, 대처, 관계)에 초점을 맞추었다.

‖ 회 기 ‖

이 구조화된 치료 프로그램은 정보 제공과 치료적인 내용의 6회기(1회기당 90분)로 구성되어 있다. 각각의 회기는 짧은 정보 제공 부분과 자각 활동, 자기 노출, 개인 분석, 집단 피드백, 과제 부과로 이루어져 있다. 각 회기의 형식은 집단 출석 확인, 주제 관련 교훈적인 정보 제공, 집단 토론, 자기 노출, 문제 분석, 과제 부과 그리고 돌아가면서 목표를 설정하는 약속을 포함한다.

1회기: 발견

1회기의 목표는 참가자들에게 미루기 패턴에 대하여 교육시키고, 개인의 미루기 방식에 대해 설명하고, 공통의 목적을 확인하는 것이다. 이 회기는 학생들에게 집단 진행의 목표에 대한 개요를 제공하고, 다양한 미루기의 종류를 명확히 하며, 미루기의 개인적인 패턴을 확인시키면서 시작된다. 학생들은 치료 프로그램에서 사용되는 두 가지 검사를 완성한다. 검사 도구는 Lay의 미루기 척도(Lay, 1986)와 MBTI다(Myers & McCaulley, 1985).

　이러한 회기의 틀에서 개인적인 미루기 패턴에 대해 논의할 때 구성원들을 돕기 위해 상담자는 참가자에게 네 종류의 미루기 서술을 제공하고, 자신을 가장 전형적으로 보여 주는 미루기 유형을 고르도록 초대한다. 모든 사람에게 동등한 시간을 보장하기 위해서 참가자들에게 개인적인 방식을 보여 주는 한 가지 최근 사례를 제공해 달라고 부탁한다. 면밀히 살펴보는 개방형 질문을 이용하여 집단 리더는 각 집단 구성원들이 자신의 상황과 방식의 적응적이고 부적응적인 측면을 확인하도록 돕는다. 집단 구성원들은 개인적 패턴에 대해 감정을 공유한다. 참가자들이 미루기 요소를 한층 더 이해하도록 돕기 위해서 상담자는 미루기와 관련된 정의적 · 행동적 · 인지적 요소에 대한 연구 결과를 공식적으로 제시한다. 그다음 상담자는 참가자들에게 자기통제를 발달시키기 위해 어떤 구성 요소가 자신의 목표와 가장 잘 부합하는지 확인하게 한다. 다음 주 과제는 미루기 일기를 작성하는 것이다. 일기 쓰기의 목표는 참가자의 미루기 방식에 대한 자각을 높이고 자기 감시 절차를 통해 그들이 미루는 상황을 더 명확히 하는 것이다.

2회기: 개인 패턴의 이해

　2회기는 미루기 일기에서의 글쓰기 연습을 통해 드러난 개인의 미루기 패턴에 대한 통찰을 돌아가면서 원형으로 토론하는 것으로 시작한다. 상담자는 참가자들이 자신의 무력함의 패턴을 분석하도록 돕기 위해 미루기 워크시트를 나눠 준다. 일련의 질문에 답을 함으로써 참가자들은 지난주 활동을 되돌아보고 검토한다. 이 개인적인 미루기 분석을 완료하는 절차는 미루기 일기를 완성하는 데 개인 차이를 보여 준다. 어떤 사람은 한 가지만 쓰고 어떤 사람은 세 가지 혹은 네 가지를 작성하는 것은 상당히 전형적이다. 상담자의 질문과 조사를 통해 개인은 활발하게 심사숙고하게 되고 이는 참가자 미루기 행동과 관련된 광범위한 동기와 반응을 확인하도록 유발한다. 워크시트는 그들이 미루기 유형을 더 확인하고, 문제 영역을 명확히 하며, 현재의 감정을 표현하고, 그들의 패턴의 행동적이고 인지적인 요소를 기술하는 데 도움을 준다. 대다수의 미루는 사람이 미루기에 대해 부정적인 감정을 가지고 있기 때문에, 이 회기의 초점은 참가자들이 문제와 함께 미루기와 관련된 이득을 보도록 돕는 것이다.

과거의 수행에 대한 신념은 개인의 과제 완성 능력에 영향을 미치기 때문에 (Bandura, 1986; Ferrari, 1992a; Tuckman & Sexton, 1990), 참가자에게 미루기 경향을 변화시키기 위한 노력의 일환으로 성공적일 수 있는 자신의 능력을 보는 새로운 틀을 제공하는 것이 이 회기의 주요한 목적이다. MBTI 점수의 피드백과 이후의 논의는 개인적 강점과 역량을 탐구할 때 학생들을 지지한다. 그러므로 그들의 역량에 대한 신념을 강화시킨다. MBTI 점수에 대한 논의와 네 가지 미루기 방식은 참가자들이 자기 개념을 고려하고 그들의 욕구, 가치, 활동, 전형적 사고, 일반적 감정과 동기를 분석하도록 촉진한다. 참가자들은 성격 양식과 미루기 패턴과의 관계를 토론하면서 그들이 통제력을 발휘할 수 있도록 하는 새로운 방식을 찾아본다.

이 회기의 핵심은 참가자들이 개인적 힘의 위대함을 알고, 이를 발달시키도록 돕는 것이다. 참가자들은 자신이 삶에서 통제력을 발휘하기 위해 취할 수 있는 행동에 대해 2명씩 짝을 지어 브레인스토밍을 한다. 상담자는 필요한 경우, 이러한 발견 과정(브레인스토밍)에서 어려움을 겪는 참가자에게 질문을 던져 도와준다. 각각의 참가자는 자아 존중감과 자기 가치감을 가져올 수 있는 행동 하나를 상세히 기술하도록 요구받는다. 예를 들어, 과업을 중시하는 완벽주의형에 직관적 사고자(intuitive thinker)인 한 여성은 자신의 문제 영역을 다음과 같이 규정한다. 좋다고 생각되는 확실한 아이디어가 떠오르기 전까지는 도서관 글쓰기 과제를 하지 않은 것이다. 그녀는 매번 그 과제에 대해 생각하고, 그럴수록 걱정은 점점 커져 간다. 걱정을 대체할 수 있는 행동을 만들기 위해 그녀

⟨표 6-1⟩ 개인적인 미루기 패턴 확인 워크시트

이름:

미루기 방식: 정치인____ 완벽주의자____ 지연하는 사람____ 비관적 비판자____

MBTI 유형:

자기 서술: 당신을 설명하는 특성을 적으시오. 이러한 특성이 당신이 미루는 상황을 이해하는 데 얼마나 중요한지도 기술하시오.

세 가지 문제 영역: 미루기 결과 당신이 경험한 세 가지 주요 문제를 기술하기 위해 지난주의 미루기 일기를 활용하세요.

1. _____

2. _____

3. _____

나의 미루기 패턴

정의적 영역: 당신이 미루기와 관련해서 느끼는 다양한 긍정적인 그리고 부정적인 감정을 찾아보시오(예: 안도, 공포, 불확실함, 죄의식, 희망).

행동적 영역: 당신이 하는 혹은 하지 않는 전형적인 미루기 행동이나 활동을 구체화하시오. (예: 최후의 순간에 공부하기, 지각하기, 한도 이상의 업무하기)

인지적 영역: 미루기와 관련된 전형적인 생각을 기술하시오. (예: 나는 절대 변하지 못할 거야. 만약 밤을 새워 공부하면 이걸 다 할 수 있을 거야.)

개인 분석

미루기의 긍정적인 결과: (예: 나는 마감 기한을 생각하면 동기가 부여된다, 나는 친구들과의 시간을 즐긴다.)

미루기의 부정적인 결과:

(예: 나는 원하는 것보다 점수가 낮다, 다른 사람들은 내가 신뢰할 수 없다고 생각할 것이다.)

무력함과 미루기에 대한 통찰:
(예: 나는 과제에 대해 이야기할 때 학업적 자신감을 느끼지만, 과제를 할 때는 두려움과 걱정이 생긴다.)

선택 사항: 당신이 변화하고 싶고 우선순위로 두고 싶은 패턴과 문제를 명시하라.
(예: 파트너와의 갈등을 줄이기 위해 자기 관리를 향상시킨다.)

통제 전략: 더 큰 개인적 힘을 얻기 위한 계획을 구체화하라.
(예: 나는 학업 일정에 대한 접근을 바꿀 것이고 그러면 나는 더 좋은 점수를 받을 수 있다.)

의 계획에는 써야 할 글과 찾아야 할 과제의 리스트를 만드는 활동이 포함되었다. 이러한 예는 다른 사람에게 '안 된다.'고 말하기 힘들어서 불편한 느낌을 받는 외향적 친교형(extraverted politician) 타입의 예와는 전혀 다른 것이다. 외향적 친교형 타입의 경우에는 다른 사람을 위한 시간을 줄이고 이 시간을 자신의 공부에 사용하는 것이 계획에 포함된다.

이후 상담자는 일반적인 토론을 이끄는데, 이 토론에서 참가자들은 그들의 통제감과 개인적 힘을 강화시키는 활동을 적어도 하나 이상 말한다. 과제 계획은 목표를 추진해 나가는 전략에 초점이 있다. 참가자들은 목표를 상세히 기술하는 데 도움이 되는 기본 정보에 대해 배운다. 연구 결과를 보면 성공적인 목표는 구체적이고, 시간 제한적이며, 이룰 수 있고, 현실적인 것이다(Locke, Shaw, Saari, & Latham, 1981; Stark, Shaw, & Lowther, 1989). 상담자는 참가자들에게 STAR 체제를 이용하여 매일의 목표와 일주일의 목표를 세우는 것을 알려 준다. STAR 체제란 개인 계획에 다음과 같은 기준을 포함시키는 것이다. 첫째, 더 많은 개인적 통제를 얻는 것, 둘째, 행동을 바꾸는 것, 셋째, 달성할 수 있는 능력에 대한 자신감을 증가시키는 것이다. 목표는 긍정적인 감정과 성공적 완수를 촉진하기 위해 만들어진다. 이 회기는 참가자들이 다음 주를 위해 그들의 특별하고 성공에 초점을 둔 목표를 돌아가면서 이야기해 보는 것으로 끝난다.

3회기: 생산적 사고와 또래 지지

세 번째 회기는 지난주에 있었던 성공에 대해 이야기하는 것으로 시작된다. 각 참가자는 지난주에 있었던 적어도 한 가지 이상의 긍정적인 성취와 개인적인 통제를 발전시킨 경험에 대한 생각과 감정을 확인하도록 격려받는다. 긍정적인 것들에 대한 검토가 끝나면 다음으로 그들이 지난 한 주간 경험했던 어려움이나 문제점 그리고 이러한 상황에 대한 생각과 감정에 대해 이야기한다. 이러한 검토 이후에는 미루는 사람의 특징을 보여 줄 수 있는 전형적인 생각이나 감정에 대한 브레인스토밍이 시작된다. 그룹 구성원들은 네 가지의 미루기 유형 중 하나의 유형으로 나뉜다. 이는 참가자들에게 계속 반복되는 유형과 생각의 패턴을 발견할 수 있도록 돕는다.

그룹 리더들은 합리정서행동치료(REBT)에 대한 개요가 서술된 유인물을 제공한다. 상담자는 다양한 생각의 유형을 설명하고 참가자들에게 비합리적 신념의 개념을 파악한 뒤, 비생산적인 사고를 생산적 사고로 대체할 수 있는 방법에 대해 생각해 보라고 한다. 참가자들은 짝을 지어 미루는 것에 대한 개인적인 예와 미루는 것과 관련된 전형적인 생각 등을 알아보는 활동을 한다. 각각의 파트너들은 문제를 해결하는 또래 상담자 혹은 전문가, 선생님 역할이 된다. 이러한 또래 멘토의 역할은 생산적인 사고 전략에 대해 가르칠 수 있는 자신의 능력에 대한 개인적 신뢰를 촉진할 수 있다는 점에서 중요하다. 또래 멘토링 과정 동안 또래 상담자는 파트너의 전형적인 생각과 비생산적인 사고를 대체할 수 있는 현재 가능한 다른 선택권에 초점을 맞춘다. 그 후 두 사람은 역할을 바꾸고 이 과정을 반복한다. 두 사람은 같이 다음 주에 연습해 볼 수 있는 생산적인 사고 패턴에 대해 확인하고, 이를 그들의 미루는 패턴을 바꾸기 위한 행동 변화 요소 계획에 덧붙인다. 참가자들은 일기에 한 주간 자신을 도울 수 있는 인지 전략의 목록을 적는다.

과제는 행동 목표와 함께 사고 전략을 강조한다. 참가자들은 적어도 하루에 하나씩 그들의 생산적 인지 전략 리스트를 검토하고 혼잣말을 녹음하며 비생산적인 사고를 재구성하는 연습을 한다. 이러한 과정은 행동적·인지적 측면에서 계속 기록된다. 또래 지지는 이 개입에 꼭 필요한 부분이다. 따라서 참가자들은 한주 동안 미팅이나 전화를 통해 서로 돕고 연락한다. 그룹 구성원들은 또래 상담자 역할을 통해 그들의 어려움을 탐색하고 생각을 확인하고 생산적인 사고를 강화하고 서로 격려하도록 지시받는다. 이 회기는 서로 돌아가면서 다음 주를 위한 개인적인 생각과 행동 계획에 대해 돌아가며 말하는 것으로 끝난다.

4회기: 두려움 다루기

네 번째 회기는 지난주에 있었던 긍정적이었던 인지적 성취나 행동적 성취 그리고 그들이 서로에게 제공한 또래 지지 활동에 대해 이야기하는 것으로 시작된다. 이번 회기는 직접적으로 참가자들이 미루기의 동력이 되는 두려움을 인식하고 이러한 두려움과 연관해서 생각하게 한다. 상담자는 참가자들에게 두려움, 가족 메시지, 필요, 개인적 회피 경향 사이의 연관성에 대해 탐색하도록 한다. 다른 감정 반응 또한 나뉜다. 이러한 자기 노출과 분석에 따라 참가자들은 자신의 미루기 행동에 영향력을 미친다고 인식하지 못했던 두려움에 대해 소개하고, 이전 회기에서 그들이 가진 두려움을 줄일 수 있는 방법으로 소개했던 인지적 재구조 모델을 사용한다.

두려움에 맞서고 그것들의 영향력을 극복하는 것은 더 큰 개인적 힘을 얻는 중요한 기반을 제공한다. 상담자는 "당신은 걱정되거나 불안할 때 무엇을 합니까?" "당신이 더 큰 통제감을 느끼기 위해서는 무엇을 다르게 해야 할지 상상할 수 있습니까?"와 같은 질문을 하여 두려움을 줄이기 위한 전략을 드러내는 것을 격려한다. 운동이나 불안을 줄이기 위한 호흡법, 다른 사람의 지지를 얻는 것 등 이 논의와 관련된 다른 실용적 전략에 대한 상담자의 보충 자료는 두려움을 줄이는 데 도움이 된다(C. E. Walker, 1975). 그 후 상담자는 불안을 줄이기 위한 이완 운동과 호흡법을 안내하며 그룹을 이끈다.

이번 회기의 과제는 이전 주의 행동을 강화하는 것이다. 학생들은 계속해서 생각의 재구조화와 행동 변화에 대한 기록을 계속한다. 참가자들은 일기에 자신의 의견 그리고 생각 패턴과 과제에 전념하는 정도와의 관계에 대해 기록한다. 참가자들은 자신이 가지고 있는 생각과 자신이 미루는 경향을 바꿀 수 있는 능력이 있다는 자신감을 가지는 것 사이에 어떤 관계가 있는지 평가한다. 다음 회기를 준비하기 위해 그들은 주중 하루를 골라 그날 그들이 했던 활동 전부를 기록하도록 요청받는다. 이 정보를 모은 뒤, 그들은 이러한 24시간 활동을 네 개의 범주—일상적 자기 관리 활동, 공부, 사회 활동, 휴식—로 나누고 그 정보를 다음 주에 가지고 온다. 이 회기는 더 큰 개인적 통제감과 개인적 힘을 얻을 수 있는 전략의 리스트를 참가자들이 상세하게 열거하는 것으로 끝난다.

5회기: 시간 사용 되돌아보기

참가자들은 지난 한 주간 그들에게 가장 도움이 되었던 인지 전략에 대해 나누며 5번째 회기를 시작한다. 그들의 시간 기록지에 기록한 정보를 이용하여 각 참가자들은 시간 사용 방식에 대한 도표를 만든다. 그룹 리더들은 다음과 같은 질문을 하여 참가자들이 자신의 우선순위와 시간 사용이 일치하는지에 대해 발견하도록 돕는다. "그림에서 당신이 어떻게 시간을 쓰고 있는지 드러납니까?

당신의 삶의 목표를 달성하기 위해서 당신의 도표는 어떻게 바뀌어야 할까요?" 나아가 세세한 질문을 통해 참가자들은 바로 자신이 선택을 한 주체이며 이러한 선택의 결과로 그들의 시간 사용 패턴이 만들어졌음을 분명히 깨닫게 된다.

이번 회기는 참가자들이 지난 회기의 자기 관리 계획을 통해 배운 정보를 통합하는 것에 주안점을 둔다. 각 개인은 그룹 논의를 통해 시간에 대한 더 큰 통제력을 가지기 위해 사용할 수 있는 전략을 확인한다. 그 후 다른 집단원들과 나눈 시간 사용법과 미루기 패턴에 대해 각 개인은 다시 그룹 활동으로 개인적 미루기 패턴의 문제 해결 과정에 대해 초점을 맞춘다. 각 참가자들은 각자 ① 문제를 확인하고, ② 해결책에 대해 자유롭게 떠올리고, ③ 현실적인 방법을 선택하고, ④ 행동을 위한 계획을 상세히 설명하는 4단계 문제 해결 핸드아웃을 완성한다. 소그룹 논의에서 그들은 대체 행동에 대한 의견을 나누는데, 이는 각 구성원들은 시간 관리 능력과 자기통제력을 향상시키기 위해 그들의 계획을 수정하게 한다. 이후 상담자는 그 계획을 다시 검토하는데, 이때 각 계획이 자기 관리를 향상시키기 위한 정서적·행동적·인지적 전략을 포함하고 있는지를 확인한다.

6회기: 달라진 자신 만나기

마지막 회기는 참가자들에게 집단 상담 과정에 대해 확인하고 정리하는 기회를 제공한다. 이번 회기는 평소처럼 한 주간 과제를 수행하면서 있었던 긍정적인 성취에 대해 나누는 것으로 시작한다. 그 후 시간과 자신에 대한 더 큰 개인적 통제력을 주제로 각자 자신의 이야기를 나눈다. 참가자들은 그들이 이룬 변화를 되돌아보며 그들이 발전했다는 것을 깨닫고, 자기 효능감, 긍정적인 자기 가치감을 강화하기 위해 사용한 방법들을 되새겨 본다. 상담자는 참가자들이 그들의 성취뿐 아니라 그들이 지각한 향상과 관련된 특정 생각과 감정에 대해 의식하는 것에 대해서도 초점을 맞추도록 돕는다. 참가자 각각은 자신이 향상된 영역을 되돌아보고 개인적으로 계획을 잘 세우기 위해 필수적으로 사용할 수 있는 선호 기술을 확인한다. 그 후 참가자들은 현재의 이런 성취를 강화하기 위해 한 달 정도의 간단한 계획을 세워 본다. 참가자들의 계획은 성공 정도, 동기를 촉진시키는 욕구, 통제 전략, 그들이 효율적으로 시간을 사용한다는 것을 보여 주는 적당한 자기 관리 전략의 선택 등을 포함한다.

　이러한 계획은 개인의 선호를 반영한다. 때문에 몇몇 사람은 행동을 강조하고, 다른 몇몇은 인지 전략을 강조하고, 또 다른 몇몇은 이 둘을 통합해서 계획을 세우기도 한다. 이러한 모든 계획은 성공을 측정하는 도구로써 명확한 기준을 세우는 구체적 목표 세우기 방법을 사용한다. 회기는 각 참가자들이 지속적으로 자기 효능감 일기를 꾸준히 쓰기 위한 계획을 나누는 것으로 끝난다.

‖ 결론 및 논의 ‖

　집단 상담을 하는 동안 12명의 참가자가 자신의 미루기 패턴이 변화되고 있다고 밝혔다. 회기가 진행됨에 따라 참가자들은 개인적 성공의 영역을 알아내고, 이러한 정보를 그들의 향상 과정 계획에 맞춰 사용하는 것에 더욱더 능숙해졌다. 각각의 개인은 자기 가치감과 미루기를 덜 할 수 있는 자신의 능력에 대한 더 많은 자신감을 경험하는 것으로 드러났다.

　이 집단 치료의 성공을 평가하기 위해서 참가자의 미루기 척도(Lay, 1986)를 치료의 시작과 끝에 측정하였다. 치료의 시작과 끝에 사정된 참가자들의 미루기 점수의 변화는 학습 전략 그룹과 통제 그룹 내의 다른 학생들의 비슷한 점수와 비교되었다. 〈표 6-2〉는 치료 상태에 따른 척도 점수의 평균과 표준편차를

〈표 6-2〉 치료 상태에 따른 미루기 척도 점수의 평균과 표준편차

집단	규준	치료 전		치료 후		
		평균	표준편차	평균	표준편차	변화량
미루기 집단	12	16.6	3.3	13.0	4.3	-3.6
학습 전략 집단	37	9.5	4.7	7.6	4.0	-1.9
통제 집단	19	6.8	3.4	6.5	3.8	-0.3

포함한다. Lay의 미루기 척도 점수에 기반하여 모든 집단에 대해 집단×시간의 반복 측정 분산 분석 ANOVA가 수행되었다. 유의하고 주요한 영향이 발견되었는데, 집단에게서 $F(2, 56) = 08.05$, $p < .01$ 그리고 시간 상호작용에서 $F(1, 65) = 17.49$, $p < .01$임이 발견되었다. 집단과 시간의 상호작용을 동시에 고려할 때에 $F(2, 65) = 3.39$, $p < .05$라는 유의한 결과가 또한 발견되었다. 사후 검증 결과 척도 점수에서 집계된 바에 따라 미루기가 가장 많이 감소한 집단은 미루기 집단의 개인 참가자들에게서 일어났다.

이 상담적 접근의 평가는 피하고 미루는 행동을 감소시켜 자아 효능감을 증진시키는 데 있다. 다차원적인 치료 회기에 참가한 개인은 자기 스스로 평가한 미루기에 대해 전통적인 프로그램이나 변화 지지 집단에 참가한 학생보다 더 큰 효과를 경험했다고 보고했다. 이러한 결과는 미루기 기질을 가진 사람에게 미루기에 따른 무력감을 느끼게 하는 순환 고리를 다루는 데 중요한 수단으로 개인의 자신감과 경쟁심을 높일 목적으로 효과적인 행동적·인지적 전략을 제공하는 것이 중요함을 보여 준다.

비록 미루기 행동을 감소시키는 데 이러한 프로그램 결과가 성공적이었지만 이 평가에는 몇 가지 제한점이 있다. 이 연구의 목적은 프로그램의 효과성을 평가하는 것이었으나 무선표집이 아닌 방법으로 모집된 표본이 사용되었다. 따라서 연구 결과가 일반적인 대학생을 대표하지 않을 수도 있다. 자료는 미루기 행동이 실제로 얼마나 줄었는지를 평가할 수 있는 것은 아니었다. Lay의 미루

기 척도는 기질 측정 도구이기 때문에 장기간 효과를 측정할 수 있다면 연구 결과는 강화될 수 있다. 또한 프로그램의 어떤 부분이 자아 효능감 증진에 영향을 주었는지 알 수 없다. 따라서 후속 연구에서는 삶에 책임을 지고, 새로운 습관을 개발하고, 미루기 패턴을 제거하는 능력을 높이기 위해 자신감, 자부심, 신념의 복합적 상호작용에 영향을 미치는 정교한 처치 효과가 무엇인지 밝혀낼 필요가 있다.

▶▶ BRUCE W. TUCKMAN AND HENRI C. SCHOUWENBURG

제7장

대학생의 미루기 감소를 위한 행동 중재

　이 장에서는 대학생들의 미루기, 지연하는 행동을 감소시키기 위한 행동 중재 프로그램 두 가지를 설명한다. 첫 번째 중재 프로그램인 '성취를 위한 전략'은 주요한 네 가지 심리학적 전략에 기반을 둔 학업 기술이다. 이 프로그램은 학생들에게 협력적인 배움의 환경을 제공하기 위해 전통적인 것과 함께 웹 기반 훈련과 연계된다. 이 프로그램은 미국에서 처음으로 개발되고 제1저자에 의해 사용되었다.

　'과제 관리 집단'이라고 불리는 두 번째 중재는 학생들이 공식적인 지지 그룹 안에서 효과적으로 그들의 시간을 조절하는 법을 배우게 된다. 프로그램은 구체적인 사실에 의거하고, 측정 가능하며 현실적인 행동에 초점을 맞춘다. 이 프로그램은 네덜란드에서 개발되었으며 제2저자에 의해 그곳에서 사용되었다.

　두 프로그램은 모두 선행 사건과 결과로 기능하는 환경 내 자극을 조정하여 부적절한 행동을 수정하는 행동 중재를 의미한다(Cullinan, 2002; Kavale, Forness, & Walker, 1999; Mathur, Quinn, & Rutherford, 1996). 행동적 접근은 본래 학교 상황에서 정서와 행동 장애가 있는 아동과 청소년의 역기능적인 행동을 바꾸는 것을 돕기 위해서 널리 사용되어 왔다. 기능 분석은 환경 내에서 자극을 통제하고 환경 변화가 행동을 수정하도록 할 수 있다(Gresham, Quinn, & Restori, 1999). 부적절하게 행동하는 학생들은 종종 이러한 자극의 통제를 생각(이런 생각이 변화하는 것이 중요하다는 이유로)으로 드러낸다.

미루기는 비난을 피하고 지연을 정당화하려는 변명, 나중에 하려는 마음, 회피하려는 욕구 등을 특징으로 하는 역기능적 행동이다(Ellis & Knaus, 2002). 이러한 특징으로 미루기 행동은 행동 중재를 통해서 변화할 수 있다. 미루기 행동이 시험 전 벼락치기의 성공으로 강화되었다면 이러한 신념은 강화되고, 선행 사건과 결과 간의 연합을 촉진한다. 미루기와 낮은 학업 수행과의 상관관계(B. L. Beck, Koons, & Milgram, 2000), 미루기 행동으로 인해 마감 기한이 대학생에게 스트레스가 될 수 있다는 연구 결과(Tice & Baumeister, 1997) 등은 미루기 행동의 변화가 어렵다는 것을 보여 준다.

두 중재 프로그램은 전형적인 다른 프로그램과 마찬가지로 선행 사건과 결과를 보여 준다. 선행 사건은 세 카테고리로 나뉜다. 첫째, 환경의 재구조화, 둘째, 사회적 영향의 사용, 셋째, 훈련의 제공이다(Cullinan, 2002). 환경의 재구조화와 관련하여 미루는 학생에게는 비교적 쉽게 조절할 수 있는 작은 단위의 과제와 마감 기한을 자주 제시하여 성공의 가능성을 높일 수 있다(Ferrari, 2001; Tice & Baumeister, 1997). 환경의 재구조화는 미루는 행동을 하는 사람이 적극적으로 행동할 수 있게 하는 외적 동기를 제공한다(Brownlow & Reasinger, 2000). Tuckman(1998)은 미루는 학생들의 중간고사와 기말고사 성취 수준은 그렇지 않은 학생들에 비해 숙제보다는 퀴즈에서 극적으로 높았다. 이것은 퀴즈가 바로 즉시 진지한 공부를 하도록 미루는 학생들을 '압박'했다는 것을 의미한다.

미루기에 대한 또 다른 환경적이고 구조적인 중재로는 자기 진단을 위한 척도(예: 규준이 포함된 자기 검사), 외부 모니터링(예: 교사의 검사) 등이 있다. 이러한 재구조화는 원고의 초안 제출, 동료들에 의한 성취 기준의 제출—두 번째 사회적 영향과 연계된— 등을 요구하는 방법으로 달성할 수 있다.

사회적 영향의 중재는 기대를 전하는 것(예: "나는 네가 금요일까지 30문제를 풀기를 기대해!")과 독려하는 것(예: "나는 네가 오늘 시작한다면 이 문제들을 제 시간에 끝낼 수 있다는 것을 알아!") 같은 측면을 포함한다. Bandura(1986, 1997)가 보고한 이러한 기술은 Ferrari(2000)가 미루는 사람의 낮은 자기 효능감(자아 개념과 흡사한 질의)을 증진하도록 이끈다. 공적인 약속(예: 누군가가 특정 과제를 다음 주까지 끝낼 거라고 여러 사람에게 말하는 것)은 Weight Watchers와 같은 잘 알려진 프로그램에서 사용되는 다른 사회적 기술이다. 다른 과정은 알코올 중독자 모임에서 사용되는 기술인 후원(예: 약속을 깰 것이라고 생각하는 사람에게 누군가가 전화하기로 약속하는 것)을 포함한다.

행동 중재의 세 번째 카테고리는 미루기 행동을 하는 사람에게 시간을 조절하고 과업을 계속 수행하도록 세부 기술을 가르치는 것이다. 매일의 일정, 해야 할 일의 리스트, 목표의 나열 그리고 매일의 수행 목표들을 예로 들 수 있다. 이러한 훈련은 종종 환경적인 구조적 개편과 행동 중재 프로그램의 영향을 최대화하는 사회적 영향과 연합된다.

여기에는 (행동 중재의 필수 요소인) 결과의 문제도 있다. 외부 모니터링과 수행 규준이 결과에 영향을 미치는 선행 사건으로서의 역할을 잘하고 있는지를 알 수 있어야 한다. 사회적인 모니터링은 당황스러움, 거부감 등의 역효과도 있기 때문에 부정적인 결과도 나타날 수 있기 때문이다. 결과는 어떤 이유에서든지 반드시 하도록 해야 한다. 만성적으로 미루는 사람은 결과를 피하거나 최소화하기 위해서 변명을 사용하는 것(심지어 사기를 치기도 한다.)에 익숙하기 때문이다(Ferrari et al., 1998).

비록 학업 행동을 증가시키는 효과적인 행동 접근법이 중재의 한 형태로 사용되지만, 프로그램화된 접근법―다양하고 많은 형태로 사용되는―이 더 효과적이다(Hattie, Biggs, & Purdie, 1996). 이 장에서 묘사한 두 가지 프로그램화된 접근은 환경적인 구조 개편, 사회적 영향 그리고 훈련과 연합되어 미루는 행동을 최소화하도록 돕는다.

‖ 성취 전략: 웹 기반 코스 ‖

성취 전략은 오하이오 주립 대학교에서 제공된 선택 코스였다. 이것은 내용과 형식의 모든 측면에서 행동 중재가 미루는 학생의 학업 기술과 동기를 강화하도록 디자인되어 있다. 학생들의 평균 학점(GPA)을 한 단계 올리고 이를 위해 10주간 매주 4시간 30분을 투자하도록 고안되었다.

배경 및 내용

이 과정의 목적은 학생들에게 대학에서의 성취도를 향상하도록 하는 배움 및 동기 전략의 세트를 가르치는 것이다.

프로그램에 참여하는 학생 중 3분의 1에서 2분의 1 정도는 심각한 학업적 어려움을 겪고 있고, 학습 상담가에게 프로그램에 참여하라는 조언을 받았다. 프로그램 초반부에 학생들은 Tuckman의 미루기 검사(Tuckman, 1991)를 받는다. 이 척도의 점수는 미루기 행동이 프로그램 참가자 대다수에게 심각한 문제라는 점을 알려 준다. 실제로 대학 전체의 샘플과 비교해 보았을 때, 프로그램 참가자들이 평균적으로 26% 높은 점수를 받는다는 사실을 발견했다. 우리는 프로그램 시간의 절반 정도를 동기화와 자기 조절에 집중하였고, 특정 유닛을 통해 미루기를 극복하고, 자존감을 세우고, 책임감을 기르며, 삶을 관리할 수 있도록 하였다. 4개의 유닛 모두가 미루기 극복에 직·간접적으로 적용되었다. 나머지 프로그램에서는 학습을 위한 인지 전략을 다룬다.

성취를 위한 전략은 학생들의 학습과 동기화 기술을 향상시키는 접근법이다. 이는 1960년대에 McClelland의 성취동기 모델에서 발전하였고, 사회-인지 이론(Bandura, 1977, 1997; Weiner, 1995)과 스키마 이론(Anderson, 1995)에서 확장되고 발전되었다. 이는 교육심리학적 접근이라고 여길 수도 있는데, 심리학 이론이 대학에서 학생의 성취 향상과 관련된 교육 문제를 해결하는 방향으로 적용되기 때문이다.

최근 사용되는 성취를 위한 학습 및 동기화의 기본 전략 네 가지는 다음과 같다(Tuckman, 2003; Tuckman, Abry, & Smith, 2002). 첫째, 어느 정도의 위험은 감수하라. 둘째, 결과에 대해 책임을 져라. 셋째, 환경을 탐색하라. 넷째, 피드백을 활용하라. 선행 연구에서는 이러한 전략의 사용이 학습자의 동기와 추후 이어지는 성취를 증가시킨다고 이야기하고 있다(McClelland, 1979). 교육을 목적으로 각 전략은 두 가지 하위 전략으로 세분화된다. 하위 전략과 각 전략에 수반되는 축약된 주의 사항은 〈표 7-1〉에 제시했다.

제안된 전략과 함께 최신 이론과 학교에서의 학생 성취 향상에 관련된 이슈를 직접 다루는 교육심리학 연구는 서로 관련성이 있다. Garcia와 Pintrich(1994)는 두 가지 구성 요소—동기와 인지—와 영향을 끼치는 두 가지 근원—첫째, 지식과 믿음, 둘째, 전략—을 포함하는 대학 수준에서의 자기 조절 구조를 제안했다. 구성 요소 중 동기에 대해서 말하자면, 이는 특히 미루기 이슈와 관련이 있다. Bandura(1997)는 사람은 각자 나름의 능력을 가지고 있다는 믿음을 기반으로 하여 그들 고유의 자기 조절과 성공을 거두는 동인을 규명하였다. Zimmerman(1998)은 학습 전략의 개념을 학생이 자기 조절을 할 수 있는 근본 영역이라고 보았고, Zimmerman, Bandura, Martinez-Pons(1992)는 자기 조절 능력에 대한 믿음과 최종 성적 목표 간의 연관 관계를 보여 주었다.

Tuckman(1991, 1996, 1998)은 공부하는 것과 같은 학업 과제에 참여하기 위해 그리고 학업 생산성에 도움을 주는 자기 조절 전략을 사용하기 위해 학생의 동기를 높이는 방법을 주장하였다. 명백하게 자기 조절은 학업 성취에 중요한 요인이고, 성취를 위해서는 네 가지 전략을 모두 사용해야 한다.

성취 전략 훈련에서는 Bandura(1977)의 상호결정주의, 즉 생각, 행동, 환경적 결과 사이에 상호적인 관계가 존재한다는 개념을 특히 강조한다. 이 개념은 네 가지 전략을 모두 포함하며, 학생들이 미루기를 극복하고, 자신감을 가지며, 그들의 삶을 관리할 수 있도록 훈련시키는 데 직접적으로 적용된다. 더불어 Graham(1997)은 다른 사람들의 행동의 지향성에 대한 학생들의 인식을 변화시키는 접근을 발전시켰다. 이 작업은 Bandura의 연구와 이 절에서 설명한 다른 연구가 합쳐진 것인데, 학생들로 하여금 자신감을 얻고 책임을 지며, 미루기를 극복하고, 삶을 관리할 수 있도록 훈련시키기 위해 보통 수준의 위험을 감수하기, 책임지기, 피드백 활용하기 등의 전략을 사용하는 것을 기본으로 한다. 이 접근에 대한 전체 내용은 『학습과 동기 전략(Learning and Motivation Strategies:

〈표 7-1〉 성취 전략 접근

전략	하위 전략	주의
어느 정도의 위험은 감수하라. (허용하는/권한을 주는 전략)	도전적이지만 달성할 수 있는 목표를 설정하라.	목표를 향해 가라.
	과업을 작게, 처리할 수 있을 만한 단계로 잘게 나누라.	아주 작은 조각으로 나누라.
네 결과에 대해 책임을 져라. (믿음 전략)	너의 노력과 능력을 믿으라.	긍정적으로 생각하라.
	계획을 세우라.	계획하라!
환경을 탐색하라. (행동 전략)	질문을 하라.	그냥 물어보라.
	모델을 설정하라.	시각화하라.
피드백을 활용하라. (반응 전략)	너의 행동을 모니터하라.	기록하라.
	스스로에게 가르침을 주라.	스스로에게 말하라.

Your Guide to Success)』(Tuckman et al., 2002)이라는 코스 교재에 있다.

　미루기 모듈에서 학생들은 먼저 미루기를 위한 합리화("나는 압박이 있을 때 일을 더 잘해." 등)와 진짜 이유(자기 회의 등)를 구분하는 것을 배운다. 두 번째로, 그들은 잠재적으로 어려운 상황에 의해 유발된 생각, 감정, 행동을 인지하는 것을 배운다. 예를 들어, 매우 임박한 수학 중간시험은 학생들로 하여금 수학은 혼란스럽고, 공포를 불러일으키고 수업에 가는 것을 회피하게 한다고 생각하게 만들 수 있다. 세 번째로, 그들은 성취를 위한 네 가지 주요 전략을 사용하여 미루려는 경향에 대응하는 법을 배운다. 마지막으로, 그들은 해야 할 일 체크리스트나 계획 짜기를 촉진하는 자기 조절 단계를 만듦으로써 어떻게 하면 시간을 효과적으로 관리할 수 있는지에 대해 배운다.

　자신감 형성에 대한 모듈에서 학생에게 가르쳐지는 네 가지 테크닉—감정 수준 조절하기, 지지 구하기, 적합한 모델 선택하기 그리고 일단 하기—은 Bandura(1977, 1986, 1997)의 자기 효능감의 네 가지 원천에 대한 정보를 기반으로 한다. 학생들이 책임감을 갖도록 가르치는 과정에서는 인과 관계에 대한 설명과 귀인 이론(Weiner, 1986, 1995)에 제시된 특성이 학생들의 성과에 대한 설명으로 '노력'에 초점을 맞추는 것이 중요하다는 것을 보여 준다.

교수 모델

　전통적인 교실 장면에서의 이 코스는 교수 대신에 하이브리드를 사용하여 가르치는데, 이는 '기술을 통한 적극적 발견과 참여(Active Discovery And Participation through Technology, ADAPT; Tuckman, 2002b)'라고 불리는 웹 기반 교수 모델이다. 캠퍼스 기반 컴퓨터 교실에서 웹 기반 코스를 가르치기 위한 이 모델은 전통적 교실 수업에서의 중요한 특성(즉, 필수적인 출석, 인쇄 교재, 교수자의 존재)과 컴퓨터 기반 수업에서의 중요한 특성을 겸비하고 있다. 이는 강의를 듣는 것보다는 컴퓨터 매개 활동을 하고, 2~3개의 시험을 보는 것보다는 많은 수행 활동을 하고, 모든 사람이 발맞추어 걷는 것처럼 융통성 없는 패턴보다는 이정표를 보고 스스로 걸음을 조절하는 방향으로 수업 시간을 활용한다.

이러한 웹 기반 구성 방식에서의 교육은 다음과 같은 카테고리에서 216개의 학업 수행 활동을 포함한다.

- **빠른** 실천(자동화된 피드백을 통한 연습)
- 과제(교사의 피드백을 통한 연습)
- 적용(짝과 함께하는 과제)
- 자기 조사(자기 보고식 설문지)
- 자기 평가(목표에 대한 능숙도의 자기 판단)
- 즉석 퀴즈(모듈 끝부분에 목표에 대한 테스트)
- 모듈 내용 및 도심 지역 학생들의 학업 경험에 대한 전기(傳記)적 보충 읽기 자료에서 어떤 전략을 어떻게 사용할지에 대해 온라인으로 논의한다.
- 포트폴리오(전략을 직접 적용해 볼 수 있는 과제를 다른 코스나 전반적인 삶에 전달)
- 전기문에 기반을 둔 페이퍼(제시된 인물의 삶에 대한 전략의 적용을 요구)

포트폴리오와 페이퍼를 제외한 모든 활동은 오직 컴퓨터로 제출하고(점수 채점과 피드백을 위해 데이터베이스로 제출) 수업이 행해지는 특별 연구실에서만 제출 가능하다. 수행 활동의 구체적인 예는 〈표 7-2〉에 제시했다.

다양한 학업 수행 활동을 하는 교수 목적은 두 가지다. 첫째, 행동을 변화시키는 데 꼭 필요한 실천 활동을 제공하기 위함, 둘째, 전이의 기회를 제공하기 위함이다. 실천은 학생들이 행동을 수행하는 데 능숙하고, 익숙해지는 데 필수적인 것으로 보인다(Ericsson, 1996). 전이는 목표로 하는 맥락에서 교육을 행하

〈표 7-2〉 216개의 학업 수행 활동 예시

활동 유형	내용
인생 관리 모듈에서의 '빠른 실천'	토요일 밤입니다. 당신은 친구와 한 잔 마시러 나왔습니다. 당신은 당신이 조절할 수 있는 만큼 이미 마셨다는 것을 알고 있고, 친구들에게 많이 마셨으니 집으로 갈 것이라고 말합니다. 그들은 당신에게 남아 있으라고 말하고, 당신의 이름을 부르기 시작합니다. 당신은 '저런 한심한 녀석들.'이라고 생각하고, 자리를 뜹니다. 사람, 행동, 환경의 예시를 밝히고 사건의 순서를 나타내는 방식으로 써 보세요.
'적용' (미루기): 시간 도둑 모듈	〈자기 조사 3-2〉에 제시된 미루기의 합리화 유형 중 하나를 고르고, 그것을 묘사하는 시나리오를 한 문단으로 써 보세요. 이때 ① 누가 포함되었는지, ② 어떤 상황인지, ③ 어떤 합리화가 사용되었는지를 포함해야 합니다.
'과제' (스스로를 믿기): 자신감 모듈	당신의 능력에 대해 회의를 품어 왔던 특정 기술에 대해 묘사해 보세요. 이 영역에서 스스로에 대해 가지는 부정적인 생각 중 다섯 가지 정도를 제시해 보세요. 각 부정적 생각마다 그것을 대체할 만한 지지적이고 긍정적 생각을 써보세요.
'포트폴리오' (미루기): 시간 도둑 모듈	이번 학기에 등록한 수업을 듣고 1주 분량의 할 일에 대해 포괄적인 체크리스트를 만들어 보세요. 오늘부터 시작하고, 다음 주까지 완수해야 할 과제 30개를 나열해 보세요. 각 과제를 30분 단위로 쪼개고, 휴식 시간도 포함하세요.

였을 때 훨씬 더 많이 발생할 가능성이 높다(Hattie et al., 1996). 포트폴리오와 페이퍼는 학생들에게 그들이 배우고 있는 전략을 다른 과목이나 외부 사람의 삶에 적용해 볼 수 있는 기회를 제공한다.

행동 중재의 특성

이 코스에서는 학생들의 미루기 극복을 돕기 위해 세 가지 행동 중재를 모두 사용한다. 이 코스에서 개인적 미루기 영역에 직접 적용할 수 있는 인생 관리와 테크닉을 위한 전략(예: 할 일 체크리스트, 자신감 형성)을 명백하게 가르치는 한,

이는 분명히 훈련을 포함하고 있다. 이 코스는 또한 학업 수행 활동을 통해 실제 연습과 전달을 위해 충분한 기회를 제공한다. 이는 학생들이 전략과 테크닉을 내면화하고, 미래의 행동으로 통합할 수 있게 하기 위해서다. 게다가 이 코스는 5학점에 수우미양가 평가 시스템을 따르는 매력적인 특성이 있기 때문에 학생들의 출석과 참여, 동기가 높을 가능성이 있다.

이 코스는 학생들이 미루기를 극복하는 것을 돕기 위한 행동 중재로 설계된 교수 접근에서 환경적 재구조화를 위해 많은 테크닉을 사용한다. 그중 핵심은 216개의 수행 과제이고, 그들의 사용을 관장하는 기한 혹은 컴퓨터의 '창(windows)'인데, 이 모든 것은 기술 기반의 교수 모델에 의해 가능해진다.

주어진 기간이 경과한 후에는 그 과제에 손을 댈 수 없게 설계되어 있다. 이러한 투명한 '창' 구조는 시간 관리 도구로 기능한다. 학생들은 정해진 시간이 시작되기 전에 과제를 시작하지 않을 것이며 단순히 과제를 완성하기 위해서 노력하지는 않을 것이다. 또한 주어진 시간이 끝난 후에 과제를 진행하지 않을 것이다. 따라서 미루지 않게 하는 기능을 가진다. 각각의 활동에 대해서는 성공적인 수행과 관련하여 점수를 부여받는다(전체 1,000점의 가능한 범위 내에서). 한 번의 기회가 주어지면 다른 기회를 잃는다(컴퓨터는 변명을 허용하지 않기 때문이다). 포트폴리오와 보고서는 마감 기한이 설정될 것이지만 기한을 넘겨 제출한 경우에 벌점이 부과된다는 조건하에 1주일의 시간이 더 주어질 수 있다.

교수 모델의 또 한 가지 주요한 특징은 내부 모니터링이 진행된다는 것이다. 모든 과제는 재검토되고 제출된 후 일주일 이내에 지도자들이 평가할 것이다. 등급(점수)은 학생들이 다시 살펴볼 수 있도록 데이터베이스에 저장될 것이다(학생들은 자신의 점수만 확인할 수 있다). 피드백 또한 동시에 기계적인 방식으로 제공될 것이다. 결과적으로, 학생들이 미룬다면 지도자들은 그 상황을 짧은 시간 안에 알아차릴 것이다. 이러한 방식은 이전의 전체 코스의 3분의 1 혹은 절반이 지나서야 학생들의 미루기 행동을 알게 되었던 전통적인 지도 방식과 차별화되는 것이다.

　마지막으로, 이 모델의 사회적인 영향력은 미루기 행동을 하는 사람을 참고 기다려줄 수 있게 된다는 것이다. 지도자들은 학생들과 평소 개인적인 만남을 통해서 학생들을 독려하고 시간 계획에 따라 작업하고 무의미하게 점수를 잃지 않도록 격려할 것이다. 이러한 작업이 가능한 것은 지도자들이 미루기 행동을 빨리 인식하고 미루기가 계속되는 것에 대해 영향력을 발휘할 수 있기 때문이다.

결과

　2001~2002년의 연구 기간 동안 252명의 학생이 이 과정에 참여했다. 이들은 대략적으로 성별이 비슷했고, 3분의 1은 소수민족이었고 3분의 2는 1~2학년 학생이었다. 대학원생을 대상으로 광범위하게 수집한 자료를 바탕으로 할 때, 이 학생들의 대다수가 학업 성취에 영향을 주는 강한 미루기 경향성이 있다고 가정하는 것은 비교적 안정적이다. 실제로, 252명의 학생 중 3분의 2는 GPA점수가 2.2보다 낮았다(0~4점까지 배점하는 상황에서). 2점이라는 점수가 학업 상황을 지속할 수 있는 최소한의 요구 점수다. 그런데 대다수의 학생은 74% 정도가 A 또는 A-라는 점수를 받고 이 과정을 마칠 수 있었다.

　평가의 목적을 위해 252명의 과정 참가자들은 이 과정에 참여하지 않은 사람들과 비교하기 위해 성별, 인종, 학년, 평점 평균(GPA) 누적 점수를 바탕으로 분류하였고 우리는 이 집단을 세 가지 행동 성취 기준으로 비교하였다. 첫째, 이 과정에 참가한 해당 학기의 GPA 점수, 둘째, 과정에서의 등급 기준이 적용되지 않고 단지 참가만 했던 학기의 GPA 점수, 셋째, 이 과정에 참가한 다음 학기의 GPA 점수. 세 가지 기준 모두에서 과정에 참가한 학생은 통제 집단에 비해 통계적으로 유의미한 수행 결과를 나타냈다(Tuckman, 2003). 이러한 결과를

〈표 7-3〉 성취 과정 전략 코스에 참가한 학생들과 통제 집단의 GPA 점수 평균 비교

학생 집단	같은 학기의 경우		과정에서 등급이 나뉘지 않은 같은 학기의 경우		후속 학기의 경우	
	GPA 평균	표준편차	GPA 평균	표준편차	GPA 평균	표준편차
과정 참여 집단	2.97	0.62	2.63	0.79	2.46	0.96
통제 집단	2.48	0.75	2.36	0.77	2.27	1.04
F값	68.69***		7.29**		3.78*	

*$p < .05$ **$p < .01$ ***$p < .001$.

〈표 7-3〉에 제시하였다.

이 결과는 적어도 일반적으로는 미루기 행동에 거꾸로 영향을 받는 학업 성취에서, 학생들이 미루기 행동을 탐색하는 것을 돕는 행동 중재가 효과적임을 간접적으로 시사한다. 그러나 선행 연구 결과에 비추어 시사점을 탐색해 볼 수 있다. 즉, Tuckman(2002a)은 첫 번째 학기에 이 과정에 참여하는 116명의 학생을 대상으로 Tuckman 미루기 척도를 실시하고 상, 중, 하 세 집단으로 집단을 분류하였다. 세 집단 모두는 '미루기 행동에 대처하는' 특성을 연습할 수 있는 내용이 없었던 훈련 과정에서의 수행을 기준으로 이전 학기 누적 GPA 점수가 2.4점으로 동일한 상태로 배치되었다. 그러나 이번 연구의 훈련 과정에서는 미루기 특성이 낮은 학생들이 3.6점을 받았고 중간 수준의 특성을 보이는 학생들이 3.4점, 높은 특성을 보이는 학생들이 2.9점으로 유의 수준 .01에서 통계적으로 유의미한 결과를 나타내었다. 이러한 결과는 미루기 특성을 보이는 세 집단 모두가 이 과정을 통해 향상을 이루었음을 나타내고, 미루기 행동을 가장 많이 보였던 학생들이 향상도가 가장 낮았다는 것을 알 수 있다.

이러한 결과는 '도전적인' 미루기 성향을 나타낸다는 것은 완벽한 상태에 비해 상대적으로 민감하게 수용된다는 것을 나타낸다. 이것은 특별히 학업 상

황에서 강화 이력이 복잡하기 때문에 미루기 특성을 없애는 것보다 미루기 성향을 줄여 나가는 것이 더 문제될 수 있다는 것이다.

‖ 과제 관리 집단 ‖

이 장에 기술된 두 번째 체계적인 행동 중재 접근인 '과제 관리 집단'은 네덜란드의 많은 대학교의 상담자들이 제안한 것이다. 이 프로그램은 시험을 준비하거나 기말 과제를 끝내는 것과 같은 연구 과제에서 스스로 미루게 되는 학생을 위해 제안되었다. 그로닝겐 대학교에서 이러한 집단들은 지난 12년 동안 조직되어 왔다. 평균 12명으로 구성된 학생 집단은 주당 1시간 30분 동안 만났다. 학생들은 집단의 규칙을 준수하는 한 1년 동안 집단에 참여할 수 있었다. 빈 자리가 생기는 경우에 한해 집단 내에 참여하는 것이 허용되었고 규칙 준수에 관련된 내용에 대해 공식 계약서에 사인을 하였다. 이 집단은 학생 상담자에 의해 점검을 받았고 학생 상담자들은 선수들이 규칙을 엄격하게 지키는 범위 내에서만 운영되는 게임으로 과정을 표현하였다. 상담자들은 게임의 진행자처럼 행동하였다.

배경 정보와 주요 내용

이 집단의 목적은 학생들이 학업에 대한 일반적인 패턴을 따라가는 것을 학습하도록 하는 것이다. 학생들은 장기간의 개인 학업 목표를 실행 가능한 주별 학업 과제로 나누고 과제 완성도를 모니터하는 것을 배웠다. 주별 학업 과제에 대한 초안과 과제 완성을 모니터하는 것은 복합적인 일정을 따라가는 것과 함께 과제 완성과 집단 참여에 관련하여 엄격한 규칙을 따라가는 집단원들에 의해 수행되었다. 이러한 규칙들은 개인의 주별 과제를 완성하는 것과 매주 집단에 참여하는 것, 집단 회기에 정시에 참여하는 것 그리고 주별 과제를 완성하는 것을 독려하기 위해 다른 집단원에게 서로 전화를 걸도록 하는 것을 포함한다.

각 회기 내에서 상담자들은 각 규칙의 수행 정도를 명확하게 모니터하고 모든 집단원의 개인 그래프 결과를 기록하였다. 각각의 규칙을 훌륭하게 수행하는 것에 대해서는 상징적인 방법으로 수행 그래프에서 가점이 부여되었고 규칙을 어기는 행동에는 감점을 주었다. 3주 동안 감점을 두 번 받은 집단원은 경고를 받았고, 다음의 세 번째 실행 회기에서 제시된 규칙에 대해서 가점을 받을 것에 대한 내용이 의무 사항으로 제시되었다. 만약 경고 기간 내에 관련 규칙에 대해서 다시 한 번 감점이 발생하는 경우에는 그 집단원이 집단에서 퇴출을 당한다.

구조적 모델

집단 회기 동안 참가자들은 그들의 주간 학업 과제를 SMART라는 용어에 맞게 정리하도록 가르침을 받았다. 구체적(specific)이고 몇 쪽 또는 몇 시간과 같이 측정 가능한(measurable) 명확한 것이어야 한다. 스스로 수용 가능한(acceptable) 것이어야 하고 현실적인(realistic) 또는 주관적으로 실행 가능해야 한다. 그리고 그들의 작업이 수행될 명확한 시간(timed) 계획 내에서 조정되어야 한다. 집단원들은 초안에 대해 서로 도움을 받고, 토의하고, 정확히 15분 동안 세 번 이상의 과제 계획을 평가받았다. 이러한 순환 집단 내에서 구성원들은 짝을 이루어 작업하였고 각각의 구성원들은 '촉진적인' 역할을 하도록 역할을 지정받았다. 짝을 이룬 학생들은 주간 계획과 이전 계획에 대한 수행 정도를 평가하는 보고서에 대해 초안을 작성하였다. 촉진하는 역할을 하는 사람들은 SMART 기법에 따라 계획의 초안을 작성하는 일과 학생들의 이전 계획에 대한 완성도를 평가하는 것에 도움을 주었다. 과제를 계획하는 것의 적절한 분량에 대한 지침은 없었고, 학생들은 자신의 성장에 책임을 갖게 되었다. 모든 집단의 구성원은 15분의 단위 시간 동안 돌아가면서 촉진적인 역할을 하는 학생들이었다.

두 번의 계획된 회기가 지난 후에 상담자들은 10분의 효율적인 모니터링 회기를 실시하였고, 그 기간 동안의 규칙 준수 결과는 과정을 진행하는 교실 복도에 게시된 개인 그래프에 기록되었다. 이러한 모니터링 회기 동안의 추가 규칙은 변명이 수용되지 않는다는 것이다. 평가는 오직 행동에 기초해서만 이루어졌다.

후속 모니터링 회기에서는 보다 더 집중적으로 35분의 효율적 계획 회기가 이루어졌고, 이것 또한 상담자들에 의해 수행되었다. 모든 집단 구성원이 참여하고 그들의 주간 학업 계획을 집단에게 소개하였다. 집단의 구성원들은 공식적으로 지지하기에 앞서 개인적인 계획을 논의하였다. 이러한 계획 회기가 지난 후에 커피와 케이크가 제공되었고 마지막 15분 동안 이완과 집단 참여에 대한 보상이 제공되는 좀 더 편안한 분위기가 제공되었다.

행동 중재의 특징

과제 관리 집단은 행동 중재의 세 가지 모든 특성을 효과적으로 포함하였다. 그들은 학생의 의욕을 꺾을 수 있는 커다란 최종 목표를 한 주 동안 다룰 수 있는 과제로 나누고 주간 마감 시간과 과제 완성에 대해 피드백을 주는 것을 통해 개인 연구 환경을 재구조화하였다. 이것은 6주 또는 3개월이라는 한 학기의 마지막에 한 번으로 정해진 마감 시간과 결과물을 대신하는 것이었다. 목표로 하는 과제의 완성은 만족감과 성공 경험을 제공한다. 반복적인 성공 경험은 이전보다 학업 과정을 더 즐거운 것으로 만들어 주고 본질적인 동기를 높인다.

집단의 구성원으로 있다는 것은 사회적인 영향력을 받는다는 것을 의미한다. 집단은 집단의 기대를 각 구성원에게 전달한다. 즉, 집단원들은 집단의 규칙을 지킬 것이고 특별히 주간 학업 과제를 완성하는 것을 준수할 것을 의미한다. 더욱이 촉진자들은 동료 학생들이 해당 주에 그들의 과제를 완성하도록 전화를 통해 격려한다. 서로 짝을 이룬 학생과 촉진자는 스폰서십에 비교할 수 있는데, 집단의 지지와 학생 행동에 대한 영향력의 근원을 모두 제공하는 역할을 한다. 마지막으로, 새로운 개인의 주간 학업 계획을 공식적으로 설명하는 것과 그에 대해 공식적으로 승인하는 것은 계획을 위반할 경우에 집단 내에서 심각한 체면 손상을 가져올 수 있게 되는 것이다.

정보를 제공하는 것, 즉 훈련은 두 번의 격려 회기를 통해 주로 이루어진다. 학생들은 촉진자로서의 역할 안에서 보다 경험이 많은 학생이 제공하는 효과적인 학습 계획에 대해 비공식적인 가르침을 받게 된다. 게다가 게임 진행자들은 스케줄 표와 할 일의 목록 양식 같은 계획적인 자료를 제공한다. 집단 구성원들의 지속 기간은 정보를 전달하고 피드백하는 반복되는 장면 내에서 경험을 매우 효과적인 훈련의 형식으로 만들어 준다.

결국 집단의 누군가가 지지하는 한 집단 규칙의 결과는 피할 수 없다. 모든 집단원이 참여하여 공부 계획에 대한 결과를 보고하고 평가받는 그리고 나아가 다가오는 주의 새로운 계획을 발표하는 회기가 1년간 매주 정해진 시간에 진행되었다. 이러한 방법으로 학습 과정은 관찰 가능하게 되었다. 예를 들면, 기말 과제를 쓰는 경우 그 장이 완성되었을 때의 형태를 맞춘 깨끗한 수행 결과가 있었다. 이런 견고한 결과는 자신감과 함께 현실적인 긍정주의에 대한 감정의 결과를 가져왔다. 게다가 실패하는 경우의 집단 수용이나 거절에 대한 두려움은 경쟁의 자각을 지속하도록 했다.

결 과

가장 질적인 결과 중 하나는 과제 관리 집단이 그로닝겐 대학교 학생들 사이에서 유명해졌다는 사실이다. 12년간 천 명 이상의 학생이 참가하였고, 몇몇은 정기적으로 대학 신문에 호의적인 추천서를 써 주기도 했다. 체계적인 질적 평가 과정은 1990년대 중반에 3년 연속 전 집단원이었던 학생들($n=134$)에 의해서 전체 코스 결과에 관한 세부 사항을 제공하도록 수행되었다.

학생들은 학업 수행 과제를 미루기 때문에 과제 관리 집단에 참가하기 시작했다(5점이 가장 높은 수준의 미루기를 뜻하는 1에서 5점짜리 미루기 행동 척도의 평균은 4.3이었다). 대부분의 참가자가 만족할 만한 수준의 공부 리듬과 충분한 자기 만족감을 얻었기 때문에 최대 참여 기간인 1년이 끝나기 전에 집단을 떠났다(미루기 행동 척도의 평균 점수는 3.0으로 현저하게 감소되는 양상을 보였다). 20%의 참가자만이 집단 약속을 불이행해서 집단을 떠났고, 10%의 참가자는 최대 기간인 1년을 달성했기 때문에 떠났다. 나머지 10%의 참가자는 집단 규칙에 불만이 있었기 때문에 떠났다.

1에서 5점 사이에 걸쳐 있는 척도로 조사했을 때에 만족도 평균은 4.0이었다. 90% 이상의 참가자가 과제 관리 집단이 과제가 총체적으로 곤란에 처했을 때에 해결할 수 있는 좋은 처치를 한다고 판단했다. 집단을 떠난 뒤에 학생들은 주간 과제에서 과목 문제를 나누는 능력(5점 척도로 이루어진 차의 신뢰도는 1.3)에, 장기 과제 계획을 수행하는 능력(차의 신뢰도=1.0), 공부 과정을 관찰하는 능력(차의 신뢰도=0.9), 시험 전에 몰아서가 아니라 정기적으로 공부하는 능력(차의 신뢰도=1.0) 그리고 공부하기로 계획되어 있는 시간에 다른 것을 하지 않는 것(차의 신뢰도=0.9)에서 현저한 변화를 보고했다. 이러한 변화는 모두 유의했다($p<.01$).

행동 중재 프로그램으로 미루기 행동을 완전히 제거할 수 있다고 기대하는 것은 여전히 무리다. 최근에 수행된 과제 관리 집단 내의 집단원 간 학업 미루기의 성과 평가는 이를 확인해 준다. 학업 미루기 상태 검사(Schouwenburg, 1995)에서 보면, 7주 연속해서 미루기 점수 평균은 5등급(9등급에서) 수준으로 변화가 없었다. 즉, 훈련을 받지 않은 일반 학생들과 별 차이가 없다는 것이다. 과제 관리 집단의 학생들이 프로그램에 대한 높은 만족도를 보였음에도 불구하고, 학업 미루기를 완전히 극복하지 못하고, 어느 정도는 미루는 행동을 계속하고 있다는 것이다. 그럼에도 전체적으로 보면, 이런 행동 중재 프로그램이 학교 상담자가 미루기 행동을 보이는 학생을 돕고 지지하는 가치 있는 중재라는 데에는 의심할 여지가 없다.

‖ 결 론 ‖

우리는 학업 상황에서의 미루기 행동과 환경 재구조화, 사회적 영향, 긴 시간 동안 적절히 수행된 훈련에 기반을 둔 행동 중재 프로그램의 결과물—감소, 또는 제거되는—을 논증하고자 했다. 이 프로그램의 참가자에게서는 미루기 행동이 유의하게 감소했으며, 거의 매 프로그램마다 지지를 제공하는 기능이 이루어졌다. 미루기 행동의 감소 결과 참가 학생들은 수행이 더 잘 이루어지고 더 나은 학업 결과를 받을 수 있었다. 지지 체계는 경험한 학생들에 의해서 계속되거나 전체적으로 내재화되었으며, 미루기 행동의 장기 감소가 기대된다는 주장이 설득력 있었다. 불행하게도 이 시점에 행동 변화가 얼마나 지속되고 유지되는지에 관한 자료는 없으며, 우리는 질문에서 예전의 미루기 수행 정도로 돌아갈 수 있다는 사실을 인식하고 있어야 한다.

미루기를 억제하는 프로그램의 강도와 지속성은 성공의 중요한 변수다. 이 장에서 설명한 두 프로그램은 상당한 기간 동안 지속적으로 운영되었다. 여기서 소개한 두 가지 프로그램은 정규 강좌나 정기적인 학생 지원 활동의 형태로 진행될 수 있다. 또한 이 프로그램을 진행할 수 있는 후보지로는 학생 기숙사를 들 수 있다.

마지막으로, 이러한 프로그램이 자발적인 것이라는 것과 미루기를 감소시키거나 조절하는 동시에 불미스러운 결과를 최소화하고자 하는 경향에 대한 사전 동기 수준이 중요하다는 것을 명심해야 한다. 이러한 프로그램에 비자발적으로 참가할 경우의 효과나 프로그램의 장기적 효과는 여전히 확실히 알 수 없다.

제8장

▶▶ WALTER VAN HOREBEEK, SOFIE MICHIELSEN, ANNE NEYSKENS AND ERIC DEPREEUW

학업 상황 내 미루기 집단 치료의 인지행동적 접근

이 장은 극단적인 미루기 문제를 가진 학생을 위한 집단 훈련 회기를 조직화하는 과정에 대한 우리의 임상 경험을 요약한다. 이 회기는 벨기에의 루뱅 카톨릭 대학교의 학생상담센터(Psychotherapeutic Student Center: PSC)에서 조직화되었으며, 서로 다른 심리치료 규율에 따라 넓은 심리치료의 범위에서 제공되었다. PSC는 대학의 학생이라면 누구나 접근할 수 있으며, 몇 년 간 루뱅 지역 대학생에게도 열려 있었다.

미루기 훈련 집단은 PSC의 행동 치료자들에게 추천되었다. 네덜란드어를 말하지 못하는 학생이나 개인적인 성향(예: 임상 문제 혹은 나이가 많은 직장인 학생) 때문에 이 그룹에서 명백하게 제외되는 학생을 제외하고는 집단 훈련을 넘어서 미루기에 대한 다른 개인적인 프로그램은 전무했다. 다른 내담자를 위해서는 개인적인 코칭 프로그램이 존재했다. 여름 동안 미루기에 대한 개인적인 코칭이 가능했다.

‖ 미루기 훈련의 목표 집단 ‖

미루기 훈련의 목표 집단은 극단적인 학업 지연을 보이는 학생들로 구성되었다. 우리는 의도와 행동 간의 큰 차이를 보이는 학생들에 초점을 맞추었다. 이러한 개인은 공부 과업에 많은 기대와 의욕을 가지고 접근하는 것처럼 보이지만, 그들은 필요한 때에 적합하고 관련 있는 행동으로 의도에 반응하지 못하고 의도만 가지고 긴 시간 동안 지속한다. 그들은 '다른 학생과 같이 모든 시험에 통과하자.' 혹은 '적어도 졸업은 하자.'의 식으로 목표를 가지고 있지만 필요한 노력을 기울이거나 목표에 도착하는 데에 커다란 어려움을 겪는다.

학생들에게 공부에 열의가 없는 학생이나 동기가 없는 학생은 이 목표 집단에 속하지 않는다는 것을 언급하는 것은 중요하다. 사실 앞서 언급된 학생들은 미루기 문제가 없는 학생 집단이다. 다른 말로, 의도와 행동 사이의 차이가 나타나지 않는 집단이다. 이 학생들의 가족이나 친구들은 왜 이 학생들이 미루기 목표 집단에 속하지 않는지에 대해서 이해하지 못하고 그 프로그램에 왜 그 학생이 들어올 수 없는지 아는 것을 어려워한다.

Depreeuw, Dejonghe와 Horebeek(1996)이 제시한 여섯 가지 준거는 훈련 회기에 들어올 수 있는 학생 유형에 대한 좋은 그림을 그리게 해 준다.

- 학생은 더 혹은 덜 자발적으로 이 학업 프로젝트에 등록하고, 기본적으로 목표, 규준 그리고 시간 제한에 대해서 기대되는 바를 안다.
- 어떤 특정한 시간에 학생은 목표를 성취하고 부정적인 무언가를 피하기 위해 의도를 형성해야만 한다.
- 이러한 의도를 참을 수 없는 경우, 특정한 과업 행동은 만성적으로 연기되거나 지연될 수 있다. 과업 관련 행동은 다른 행동 과업과 연

관이 없는 행동으로 대체할 수 있다.

- 가끔 또는 자주 미루기 행동은 직·간접적으로 심각한 부정적 결과를 보인다.
- 학습자의 관점에서 우리는 미루기 전략이 이점이 있다는 것을 가정한다(중독 행동과 유사성; 단기 vs. 장기 관점에서의 이득).
- 부정할 수 없는 미루기 문제에서 떨어져서 학생들은 자주 다른 심리 사회적 문제를 보인다(예: 성격장애, 사회경제 문제). 게다가 학업 문제가 미루기 결과에서 온 것인지에 대한 질문은 항상 명백하지 않다.

‖ 학생상담센터 이용 ‖

학생들은 다양한 이유로 학생상담센터를 이용한다. 센터를 이용한 학생들은 최소한 50분의 상담을 받는다. 그들은 센터를 방문한 이유와 기대, 일반적인 정보를 남긴다.

심리 진단 위주로 진행되는 첫 회기에 연구자들은 주된 문제와 학생들의 기대가 무엇인지를 파악한다. 임상 관점에서 정신병리성장애(DSM-4; APA, 1994)를 선별한다. 때때로 이러한 절차를 위해 한 번 이상의 면접 상담을 요할 때도 있다. 이러한 과정을 거친 후 팀 내부의 논의를 거쳐 치료를 위한 제안을 하게 된다.

다른 문제들과 별개로 학생들이 잠재적 미루기 문제를 보일 때, 그 학생이 미루기 프로그램에 적절할 것인지를 상의한다. 적절하다고 판단되면 미루기 척도 검사를 시행해서 그 정도를 알아본다. 우리는 VaSEV 또는 TASTE(Test Concerning Abilities for Srudy and Examination; Depreeuw, 1989; Depreeuw, Eelen, &

Stroobants, 1996)로 불리는 검사를 활용한다. 78문항으로 구성된 척도의 하위 척
도는 다음과 같다. ① 학업 가치(14문항), ② 낙관적 자기 평가 또는 과업 완수
자신감(19문항), ③ 시험 불안(30문항), ④ 미루기 또는 노력 회피(15문항). 매뉴
얼에 따르면 이 척도는 다양한 요인에서의 학생 간 차이를 민감하게 반영하는
척도다. 미루기 하위 척도에서 80% 이상의 점수를 받은 학생만이 프로그램에
참여할 수 있다. 이것은 프로그램 참여 그룹의 미루기 점수가 매우 높다는 것
을 의미한다. 이러한 철저한 선발 과정을 통해 학생들은 프로그램에 참여할 수
있다.

프로그램은 공개적으로 홍보하지는 않는다. 프로그램은 미루기 학생을 위한
특별한 조처라기보다는 이들이 선택적으로 참여할 수 있는 것이다. 더 많은 그
룹에 제안하는 것은 적절치 않고 프로그램은 늘 만원이므로 굳이 홍보를 할 이
유는 없다. 물론 이 프로그램은 몇 해 동안 진행되었고, 꽤 평판이 좋으며 많은
사례를 의뢰받고 있다.

대부분의 학생은 스스로 상담에 찾아오나 몇몇 학생은 친구, 코치, 선배, 부
모 등의 조언을 듣고 찾아온다. 예외로 대학 측의 공식 요구로 의무적으로 참여
하는 학생도 있다(예: 일 년 동안 서너 차례의 동일한 시험을 반복해서 치른 학생). 프
로그램에 참여하는 것이 의무는 아니나 일부 참여자는 어쩔 수 없이 참여에 강
제성을 느끼는 것으로 보였다. 우리는 사전 인터뷰 과정에서 이러한 사례를 제
한하려고 애썼는데, 이는 자발적이고 자기 동기로 참여할 경우에만 프로그램
이 효과가 있을 것이라 믿는 연구진의 믿음 때문이다.

‖ 개입 목적 ‖

개입 목적은 의도와 행동 사이의 불일치를 줄이기 위한 것이다. 이러한 불일치는 두 가지 방법으로 줄일 수 있는데, 두 가지 모두 중요한 의미를 갖는다. 한편에서 의도는 바라는 행동으로 표현될 수 있다(행동은 의도에 따라 움직인다). 다른 한편에서는 의도가 언급되지 않은 행동으로 나타난다(의도는 행동에 따라 움직인다). 많은 사람이 첫 번째 언급한 방향성을 선호할 것은 분명하다. 다시 말하면 반복되는 미루기, 무시, 낙심, 의욕 상실의 사이클을 노력, 지식, 동기화, 자기 확신의 사이클로 바꾸려고 시도하는 것이다.

의도하는 결과는 미적거리는 행동을 감소시키고, 미루기와 실패에서 기인한 부차적인 결과인 낮은 자존감, 부정적 자아상, 가족 갈등, 또래 집단에서의 소외, 건강 문제 등을 직면하는 것이다(DeWitte & Lens, 2000).

전체적으로 프로그램의 목표는 미루기를 일으키는 요인과 과정에 대한 통찰을 제공하는 것이다. 이를 위해 미루기 행동을 하는 자기 내면의 이유와 동기 등을 탐색하도록 돕는다. 우리는 문제 행동에 대한 이해를 끝낸 후에야 행동적인 접근을 취한다.

‖ 이론적 배경 ‖

언급한 대로 이 프로그램은 동기와 응용 행동 분석을 포함한다. 다음에서는 프로그램의 적용과 동기의 이론적 개념을 다룬다. 우리는 프로그램의 면접 단계와 후기 회기 동안의 태도, 원칙, 기법 등에서 행동 치료적 접근을 논하게 된다. 이러한 접근법의 원천으로 밀러(Miller, 1983; Miller & Rollnick, 2002)와

Prochaska, DiClemente(1984) 등을 들 수 있다.

그다음으로 우리는 응용 행동 분석과 행동 수정을 탐색한다. 학생들은 자신의 미루기 행동을 관찰하도록 자극받는다. 학습심리학을 바탕으로 우리는 그들이 미루기 행동을 조절하도록 가르친다.

미루는 학생의 동기 자극하기

Miller와 Rollnick(2002)에 따라 우리는 동기가 있거나 없거나를 구분하는 방식이 아닌, 어느 한 사람이 변화 과정에 참여하고 그것을 진정으로 지속하고자 하는 비율로 보았다. 동기는 치료와 학생 간 상호작용의 결과로 인식되기 때문에 얼마든지 상호작용의 영향을 받는다.

프로그램 초기에 우리는 미루기 행동을 다루는 두 가지 방식을 구체화한다. 필요한 노력을 통해 행동을 고쳐 가거나 문제와 함께 그냥 지내는 것이다. 둘다 중요한 의미를 지닌다. 미루기 행동을 바꾸는 것은 매우 어렵고 노력이 많이 들어 학생에게는 유쾌하지 못한 경험이 된다. 미루기 행동을 바꾸는 것은 자신을 괴롭히는 경험이다. 이것은 친구들과 노는 시간이 줄어들고, 때로 깨끗하지 않은 기숙사를 보고도 참고 넘어가는 것을 의미한다. 이 과정에서 경우에 따라서는 더 큰 불안을 느끼고, 책상에 더 오래 앉아 있게 되며, 좋은 결과가 예상되지 않더라도 더 오랜 시간 공부하게 된다는 걸 의미한다. 따라서 전자보다는 후자가 더 편한 대안이 될 수 있다.

모든 회기 동안 우리는 변화와 무 변화의 두 가지 선택이 있다는 것을 강조한다. 포기하는 학생을 포함한 대부분의 사례에서 우리는 전에 없었던 새로운 방안을 제시한다.

미루는 학생은 미루기 행동의 파괴적 결과를 종종 자각한다(Baumeister & Scher, 1988). 그러나 몇 가지 이유로 미루기 행동을 싫어하는데도 그 행동을 강력하게 고수한다. 이것은 수년 동안 그들 안에서 발달해 온 접근 및 회피 경향성 사이의 갈등이다. 이러한 양가감정은 충분히 이해되는 것이고, 표면적으로 이러한 갈등은 동기가 충분치 않은 것으로 비치곤 한다. 이러한 점에서 우리는 학생들이 미루기 행동의 부정적 결과를 인식하고 이제야말로 미루기 행동에 대한 대책을 실행해야 할 적절한 때가 되었음을 설득한다. 우리는 그들에게 '시간이 되었어요.'라고 말한다. 우리가 설득하면 할수록 그들은 이런저런 핑계를 댈 수도 있다. '맞아요, 하지만……' 이런 상황에서 그들은 미루기 행동이 주는 장점을 상기하고 치료자에게 자신은 아직 동기가 없다고 설득하게 된다. 우리의 개입은 변화의 아주 작은 단서를 제시하는 데 중점을 둔다. 따라서 그들을 설득하기보다는 새로운 관점을 제안한다.

변화의 과정은 종종 느리게 진행된다. 우리는 '본인의 속도대로 하세요.'라고 종종 말해 준다. 변화의 과정은 총 6단계로 진행되는데(Prochaska & DiClemente, 1984; Prochaska, DiClemente, & Norcross, 1992), 숙고 전, 숙고, 의사결정, 적극적 변화, 공고화, 재발의 순서다. 동기를 유발한다는 것은 학생의 자발성의 수준을 고려한다는 것을 의미한다. 그러므로 현재 학생이 6단계 중 어디에 속해 있는지 아는 것이 중요하다. 가령, 학생이 숙고 전 단계라면 학습 시간을 올리려는 노력은 무효할 것이다.

학생이 프로그램에 참여했다는 이유만으로 저절로 변화를 결심하지는 않을 것이다. 첫 번째 회기 동안 우리는 변화나 시간 관리 등에 대해서는 말하지 않는다. 대신에 "무엇을 의도하고 있나요? 당신의 계획은 무엇인가요?"라고 묻는다. 이러한 관점에서 우리는 학생이 답할 세 가지 질문을 추가로 던진다.

- 올해는 성공하기를 진심으로 원하는가? 그렇다면 이 과정을 통해서 무엇을 얻고 싶은가?
- 나는 대학에서 요구하는 모든 사항을 만족시킬 준비가 되었는가?

• 내가 충분히 열심히 공부한다면 어떤 장점과 단점이 있을까?

응용 행동 분석

미루기 행동을 교정하는 이론적 배경으로 우리는 Depreeuw의 과업행동과 정모델을 사용하였다(Lens & Depreeuw, 1998; Vanden Auweele, Depreeuw, Rzewnicki, & Ballon, 1999). 학생들은 자신의 미루기 행동을 이 모델에 맞춰 시도해 본다. 과업 행동과 과정 중심으로 변환함으로써 미루기 행동은 어떤 고정된 특성을 벗어난다. 결과적으로 학생들은 미루기 행동을 고정된 것이 아닌 다른 것으로 보게 되는 통찰을 경험한다. 그렇게 되면 미루기 행동은 다루기 쉬워지고 학생들은 변화 불가능하게 보이는 것에 대한 통제권을 회복하게 된다.

학생들은 자신의 미루기 행동 패턴과 아울러 장차 가능한 결과도 분석하게 된다. 집단 내에서 섬세한 자기 관찰을 논하게 된다. 이를 통해 우리는 미루기 행동의 내외적 선행 요인, 긍정적 및 부정적 결과에 대해 추론한다.

각각의 학생과 함께 우리는 수집한 정보를 SORC 도표에 입력한다(〈표 8-1〉 참조). S는 상황과 자극을 포함해 미루기 행동 전에 가능한 모든 선행 인자를 의미한다. R은 실제로 이루어지거나 그렇지 않은 반응이나 행동의 패턴을 의미한다. C는 미루기와 다른 행동으로 인한 가능한 모든 긍정적·부정적 결과를 포함한다. O(조직)는 미루기의 내적 심리 과정(이른바 블랙박스)에서 일어나는 모든 과정을 의미한다.

지난 몇 년 동안 O요소에 많이 주목해 왔는데, 특히 인지행동치료 관점에서 관심을 보였다. 기본 과정은 감정과 행동은 특정 상황에서 개인이 하는 의미 해석의 결과라는 것이다. 따라서 미루기 행동을 하게 하는 것은 어떤 상황 요인이 아니라 상황에 대한 해석이라는 점이다. 따라서 우리는 미룰 때의 학생들의 인지에 관심이 있다.

〈표 8-1〉 일반적인 미루기 행동 분석의 예

과제 관련 행동 SORC 도표				
S(상황)	R(응답)	C(결과)		미루기 결과
		단기(-)	장기(-)	
		+S-	-S-	
공부하는 책상 교재	읽기 공부	회피 느낌 피로 외로움	실패 성적 저하	과업 관련 행동이 없어짐

주: +S-=부정적 자극의 추가 -S-=부정적 자극이 사라짐.

과제 비관련 행동 SORC 도표				
S(상황)	R(응답)	C(결과)		미루기 결과
		단기(+)	장기(-)	
		+S+	+S-	
친구들 인터넷 지저분한 방	만나기 인터넷 서핑 청소	혼자가 아님 재미있음 깨끗한 방	실패 성적 저하 내적 갈등	과업 비관련 행동 이 자동화됨

주: +S+=긍정적 자극의 추가 +S-=부정적 자극의 추가.

SORC 도표에서 시작하여 우리는 학생들에게 구체적인 기술을 전달한다. 계속해서 우리는 참가자의 학업 계획(R), 자극 통제(S), 결과에 대한 자기 관리(C), 미루기의 인지 측면(O)을 다룰 것이다.

집단 프로그램에서 다루는 주요한 기술 중 하나가 시간 관리나 학업 계획이다. 세 번째 회기부터 우리는 학생들이 시간과 관련하여 현실적이고, 명확하고, 구체적인 목표를 세우도록 지도한다. 장기 계획의 관점을 바탕으로 하여 주별 스케줄에서 얼마나 많은 시간을 공부하는 데 보낼 것인지, 얼마나 많은 시간을 쉴 것인지에 대해 기술해야 한다. 이렇게 하는 것은 R요소(행동)에 해당하는 것이다.

초기에 학생들은 의도를 공식화하여 통제하는 방식으로 스스로의 목표를 결정하도록 한다. 물론 이러한 목표는 다른 집단원들과 상담자에게 조언을 들은 후에 변화할 수 있다. 매주 학생들은 지난 주의 결과에 대해서 보고한다. 학생들은 매주 공부에 보낸 시간이나 점수를 그래프로 표시하고 집단원들에게 제시한다. 시간이 지나면서 이 그래프들은 해당 학생의 행동의 변화와 유지를 나타낼 것이다. 이러한 접근 방식으로 미루기 때문에 허비한 시간의 양(C 요소)이 모든 참가자에게 명확하게 시각적으로 보이게 된다. 이러한 맥락에서 학생들은 현실을 직면할 수밖에 없다. 긍정적 변화를 통하여 학생들은 점점 희망적이 되어 갈 것인데, 어떤 경우에는 아쉽게도 다음 주에 공부를 적게 한 것을 변명할 수도 있을 것이다.

우리는 S요소와 C요소와 관련하여 자기통제 절차에 따라서 작업한다(Kanfer, 1975; Thoresen & Mahoney, 1974 참조). 미루는 사람의 공부 자극의 조절은 S요소에 대한 명확한 인지에서 시작한다. 공부 장소로 선택된 장소는? 누구와 함께 공부하는지? 얼마나 장소가 정돈되었는지? 공부하기에 적당한 장소가 중요하다. 스스로 공부를 하는 것이 쉬워 보이지 않으면 미루기 행동을 하지 않는 친구와 공부할 수도 있다. 미루지 않은 사람과 공부하는 것은 현실적인 기대를 조절하는 전략이 될 수 있다. S요소의 변화는 개인에 따라 다르다. 어떤 학생은 집에서 자신의 책상에서 공부하는 것이 특정 환경적 요소, 예를 들어 컴퓨터나 인터넷 접속을 할 수 없을 때 성공적으로 이루어질 수 있을 것이다. 다른 학생들에게는 반대로 이상적인 환경이 컴퓨터가 옆에 있고 인터넷 접속이 가능한 곳이 될 수 있다.

학생들은 C요소 또는 현재 행동의 긍정적·부정적 결과에 대해 그려 볼 수도 있다. 미루는 사람은 공부하는 것을 방해하고 유혹하는 많은 활동에 관여한다. 우리는 공부에 관심을 갖기 어려운 학생에게는 원하는 목표를 이루었을 때 긍정적 보상을 주는 것을 선호한다. 우리는 처벌(바람직하지 않은 행동 뒤에 오는 부정적 결과)보다는 보상(바람직한 행동 뒤에 오는 긍정적 결과)을 가지고 작업하는 것을 선호한다. 하지만 필요하다면 처벌 방식을 적용할 수도 있는데, 공부 시간이 목표에 이르지 못했을 때 파티에 가는 것을 금하는 방법이 있을 수 있다.

앞서 언급한대로 O요소는 미루기 전체의 심리 과정을 의미한다. 우리가 O요소가 미루기의 과정만을 강조한다고 생각하기 때문에 전체적인 영향을 상세하게 고려하지는 않는다. 훈련 회기에서 우리는 인지적 회복을 다룬다. Ellis와 Knaus(2002)는 비합리적 · 억제적 인지가 미루기에 주요한 영향을 미친다고 언급하였다(이 책의 5장 참조). Ellis의 합리정서치료(RET)는 특정 감정이나 생각과 관련된 상황 자체가 아니라 그 상황에 대해 어떻게 생각하는지를 기반으로 하고 있다. RET의 목적은 비합리적 인지 구조가 논리적이고 실제적인 인지 구조로 변화하고 실현 가능하고 타당한 목표를 세우도록 하는 데 있다.

우리는 RET 매뉴얼에 나오는 ABC 구조를 사용한다. 모든 학생은 ABC 도표에서 구체적인 학습 관련 상황을 적는다. A에서는 현실적이고 객관적인 상황을 기입한다. C에는 정서적 · 행동적 결과를 적는다. 그리고 나서 자신이 가지고 있는 합리적 · 비합리적인 신념을 기술한다. 이러한 작업의 목적은 학생들이 C는 A의 결과가 아니라 B, 즉 특정 상황에서 생각하는 방식에 기인하는 것이라는 점을 알게 하는 것이다. B에 대해서 생각한 이후에 이러한 생각에 도전하도록 한다. 이러한 생각이 현실에 합당한지 또는 적합한 목적을 가지는지 탐색한다. 최종 목적은 새로운 인지 구조를 형성하고 원하는 행동, 감정이 일어날 수 있는 가능성을 증가시키는 것이다.

∥ 프로그램 절차 ∥

기본 프로그램은 10주간, 1시간씩의 모임으로 진행된다(〈표 8-2〉 참조). 참가자 수는 7명으로 제한한다. 나이와 훈련과 미루기 타입이 서로 다른 학생들을 섞는다. 훈련하는 사람은 심리학자나 행동 치료자여야 한다. 기본 프로그램을 완료한 후에 학생들은 5회기를 더 등록할 수 있다.

훈련 과정으로 가기 위한 디딤돌로 우리는 과업 행동과 관련한 Depreeuw의 과정 모델을 활용한다(Vanden, Auweele et al., 1999). 이 모델은 학생들에게 자신의 기능을 통찰하게 하는데, 이것은 아마 변화의 첫 단계가 될 것이다. 이 모델에서는 8단계가 수행과 과업 행동에서 중요한 역할을 한다. 흥미를 평가하고, 성공에 대한 기회를 평가하고, 목표를 형성하고, 준비하고, 수행하고, 그 수행을 자가 평가하고, 귀인을 만들고, 세 가지 수준의 학습 과정을 습득하는 것이다.

미루기 행동을 위한 집단 프로그램은 학생상담센터가 아니라 심리치료센터의 서비스에 포함되어 있기 때문에 정신병리 측면까지 확장하여 살펴보았다. 이러한 심리치료센터와 학생상담센터의 구분은 루뱅 대학교의 특수한 상황이다. 성격장애(DSM-IV의 2축에 해당)를 가진 학생조차 집단 프로그램에 참여하고 때로는 다른 치료와 약물 지원이 함께 이루어지기도 한다.

〈표 8-2〉개입 프로그램 내용

회기	내용
면접 절차	TASTE 검사
1	소개
	집단 규정 논의(예: 집단 비밀 규정, 적극적 협력, 보증금 내기 등) 미루기 동기 탐색 과업 행동의 과정 모델 설명 숙제하기: • 세 가지 동기 질문에 응답하기 • 9장 Lens와 Depreeuw(1998)의 과정 모델에 대한 교재 읽기 • 공부를 잘했을 때와 반대 경우의 예시 기입하기
2	지난주 숙제에 대한 논의
	행동 변화의 서클 소개(Prochask & DiClemente, 1984); 각 학생들은 이 서클 안에 자신을 위치시켜 본다. SORC 도표 소개 숙제하기: • 행동 변화 서클에서 자신이 어디에 위치해 있는지 생각해 보기 • 등록할 때를 기초로 하여 SORC 도표를 기입해 보기
3	지난주 숙제에 대한 논의
	주당 공부 시간 그래프와 성취도를 포함하여 시간 관리(공부 계획)에 대한 소개 숙제하기: • 공부 계획 자료를 읽고 계획 발전시키기
4	지난주 숙제에 대한 논의
	인지재구조화 소개(ABC 도표) 숙제하기: • 공부 계획 실행하기 • 만일 계획대로 되지 않으면 ABC 도표로 적어도 하나 이상 작업해 보기
5-9	지속적인 자기 모니터링, 평가, 적응
10	자가 집단 평가-발전? 고착? 재발? 미래를 위한 규정 논의(예: 위험 피하기, 어려움 예측하기) 재발 방지 지침 교육

‖ 프로그램 평가 ‖

수년에 걸쳐 우리가 수집한 자료는 실험 방법보다는 진단과 임상 평가를 바탕으로 하였다. 이렇게 수집한 데이터의 주요 목적은 프로그램 자체를 평가하기 위한 것이 아니라 개인 수준에서 학생들의 변화를 평가하기 위한 것이다. 이러한 작업을 위해 다음과 같이 실행하였다.

- 마지막 회기에서 학생은 TASTE 설문지를 두 번째로 완성한다.
- 몇몇 학생에게 그들의 학업 결과를 얻는 것도 가능하다.

프로그램이 몇 년 동안 운영되었는데도 우리는 오직 최근 3년 동안의 믿을 만한 자료만 가지고 있다. 예를 들어, 한 프로그램에서 학생들이 마지막 회기에 TASTE를 완성하지 않았고, 프로그램이 끝난 후 우리는 학생들의 학업 결과를 얻지 못했다. 그 자료는 다음 회기에서 요약되어 제시된다.

‖ 참여 집단의 특징 ‖

1998~1999년, 1999~2000년과 2000~2001년의 학년기 동안에 9개의 지연 훈련 프로그램이 구성되었고, 32명의 남학생과 16명의 여학생이 참가했다. 훈련 전에 이 48명의 학생들은 평균적으로 1.8년의 교육과정 연도가 늦은 상태다 (최소 0년, 최대 5년). 벨기에에서는 학업 프로그램 종류에 따라 프로그램 기간이 4년에서 5년 정도 걸린다. 고등 교육 프로그램은 3년에서 4년이 걸린다. 매 학년기 동안 학생들이 시험을 치르기 위한 고정된 교육과정 패키지가 있다. 일반

〈표 8-3〉 미루는 사람들(n=48)과 검사 매뉴얼에 제시되어 있는 참고 점수의 TASTE 척도 평균과 표준편차 비교

집단	VaSEV(TASTE)			
	미루기	학업 평가	자존감	시험 불안
미루는 집단(n=48)				
평균	51	55	90	56
표준편차	8.3	12.3	13.7	8.4
대학생(규준; n=865)				
평균	49	61	70	40
표준편차	7.5	10.2	16.7	8.8
높은 시험 불안 집단(n=126)				
평균	55	48	106	40
표준편차	6.9	11.1	15.2	9.4

적으로 학생들은 이전 학년도의 모든 시험을 통과하는 경우에만 다음 학년으로 올라갈 수 있다. 만약 학생들이 패키지에 포함된 시험을 성공적으로 통과하지 못한다면, 그들은 그다음 학년으로 올라가는 것이 허용되지 않는다. 이것은 실패한 과정을 다시 들어야 하고 그 시험을 다시 봐야 하며, 진급이 일 년이 늦춰지는 것을 의미한다.

〈표 8-3〉에 언급했던 것처럼 우리는 참가자가 우리의 목표 집단에 부합하는지 결정할 수 있다. 미루는 사람은 평균 대학생 집단에 비해 미루기 척도와 시험 불안에서 점수가 높다(그러나 여전히 시험 불안 학생보다는 점수가 낮다).

‖ 훈련 프로그램 평가 ‖

참가자 의견

48명의 학생 중 33명이 프로그램을 수료하였다. 이 33명의 참가자들은 대체로 이 과정을 긍정적인 경험으로 언급하였다. 그들은 자신의 행동에 대해서 약간의 통찰을 얻었고, 그것은 그들의 문제 행동을 막는다는 것을 의미한다. 그들 중 대다수는 그 집단의 형식이 도움이 되었다고 하였다(그들이 얻었던 인식과 지지 때문에). 많은 이들은 그것을 놀랍게 보았지만, 또 한편으로는 안심했으며 고무적으로도 보았다. 바뀔 것인지, 바뀌지 않을 것인지에 대한 자신의 선택을 계속 지켜 나가는 것에 초점이 맞추어져 있고, 시작부터 시간 관리에 초점을 맞추는 것이 아니다. 행동 그래프는 몇몇 학생에게는 고무적이었고, 몇몇 학생에게는 직면적이었다.

심지어 변하고자 하는 노력을 거의 보여 주지 않았지만 훈련 프로그램 전 과정에 참석한 학생은 종종 훈련 프로그램이 그들에게 매우 중요했다고 언급한다. 일부는 5회기로 구성된 추후 프로그램에 등록했다.

TASTE 점수

〈표 8-4〉는 학생들의 TASTE 점수가 긍정적인 방향으로 향상되었음을 보여 준다. 평균적으로 미루기 척도는 규준 집단의 점수만큼 낮아졌다. 부수적으로 우리는 시험 불안 척도가 낮아졌음을 확인할 수 있었다. 다른 두 척도의 평균 점수는 변하지 않았다.

〈표 8-4〉 프로그램 전과 후 TASTE 척도의 평균과 표준편차(n=26)

집단	VaSEV(TASTE)			
	미루기	학업 평가	자존감	시험 불안
프로그램 전				
평균	52	54	91	57
표준편차	9.6	14.9	15.1	10.0
프로그램 후				
평균	49	59	82	45
표준편차	9.5	11.6	19.0	9.6
대학생 집단(규준; n=865)				
평균	49	61	70	40
표준편차	7.5	10.2	16.7	8.8

훈련 프로그램 후 학업 성취도

우리는 프로그램을 수료한 33명의 학생 중 29명의 학업 결과를 얻을 수 있었다. 이들 29명 중 17명은 그들이 치러야 할 시험에 통과했다.

‖ 개입 프로그램의 문제점 ‖

학생들은 첫 접수 면접 전, 접수 면접 이후, 집단 프로그램 시작 전, 프로그램 도중을 포함한 많은 시점에서 떨어져 나갔다. 이것은 확실히 동기의 문제를 반영한다(미룰 만한 충분한 이유가 있지만 오직 소수의 사람만이 미루지 않았다). 행동 변화의 순환 고리를 보면(Prochaska & DiClemente, 1984), 모든 학생이 프로그램을 시작하기에 적절한 단계에 있었던 것은 아니며 혹은 조금 오래 기다리기도 했다. 몇몇 학생에게는 훈련 프로그램을 바로 시작하는 것이 더 좋을 수도 있지만, 어떤 학생에게는 약간은 더 기다리는 것이 좋을 수도 있다. 실제로 진단적 관점에서 볼 때 적절한 시기를 깨닫기란 쉽지 않다.

다른 일반적인 문제는 다른 심리사회적 문제와 미루기 행동이 함께 있을 경우다. 정신병리 때문에 힘들어하지만 집단 훈련 프로그램은 감당할 수 있는 학생은 개인 치료나 코칭 프로그램도 제공받는다. 이것은 두 가지 이점이 있다. 첫째, 심각한 병리적 문제의 다른 형태는 훈련에서 드러나지 않고, 이런 방식으로 프로그램에서의 병리적 단계는 심각하게 올라가지 않을 것이다. 둘째, 개인 치료는 학년기 도중에 더 복잡해지지는 않는다. 반면에 중요한 불이익이 존재한다. 학생들과 학생상담센터 모두 요구되는 시간 투자가 늘어난다. 또한 미루기 집단 내에서의 경험이 개인 치료에 부정적인 영향을 주거나 개인 치료가 집단 내에서 부정적인 영향을 미칠 가능성이 있다.

‖ 재발 방지 ‖

프로그램을 마친 후에 우리는 집단 내 학생 각각의 변화를 논의한다. 소집단으로 작업하는 것은 치료자들이 각 학생 학생의 진전과 어려움에 대해서 꽤 광범위한 통찰을 얻는 데 도움이 된다. 집단 평가가 끝난 후에는 학생들에게 우리와 개별적으로 몇 가지 사항에 대해 좀 더 깊이 이야기할 것을 권한다. 훈련 후, 학생들은 집단에 남아 다음 다섯 회기를 진행할 것인지 스스로 결정할 수 있다.

학생들은 10회기 동안 재발 방지를 어떻게 다룰 것인지 배운다. 프로그램을 진행하는 동안 재발을 보고하는 학생에게는 앞으로도 발생 가능한 재발을 다룰 수 있는 기술을 배울 수 있도록 돕는다.

‖ 결 론 ‖

수업 결과 중 가장 눈에 띄는 특징은 형식적인 절차와 보증금에도 불구하고 훈련 시작 전과 훈련 과정 중 상대적으로 많은 중퇴자가 있었다는 것이다. 프로그램에 등록하는 3명 중 2명이 훈련 과정 전체를 마치고(3년 동안 48명 중 33명) 10명 중 1명은 5회기 전에 중퇴한다.

하지만 전반적으로는 훈련이 미루는 사람에게 유용할 수 있다는 결과를 보여 준다. TASTE 점수와 학생들의 학업 수행 결과는 훈련의 성공적인 결과를 반영해 주었다. 적어도 우리의 관점에서는 이런 방식을 지속하는 것이 좋을 것 같다. 우리가 현재 진행하는 추가 연구는 좀 더 경험적인 (덜 임상적인) 관점에서 이 프로그램의 영향력을 명확히 해 줄 것이다.

2001~2002학년도 초반에 우리는 프로그램을 몇 가지 수정했다. 예를 들어, 추가로 진행했던 다섯 회기는 개방된 '전문가' 혹은 과거에 미루기 훈련을 이수한 학생들의 후속 집단으로 대체되었다. 2001~2002학년도부터 시작된 6개월간의 시험 체제 도입으로 10번의 1시간짜리 회기들이 7번의 1시간 반 회기로 바뀌었다.

미루기 유형이 여럿이라는 경험을 토대로 우리는 R요소 대신 미루기 유형에 따라 더욱 동질적으로 구성된 집단들로 다음 학년도를 시작하는 것을 검토하고 있다. 회기 시작 전이나 프로그램 참여 인원 충원 과정 중에 더욱 구체화된 성격 검사를 제공하면 대단히 흥미로울 것으로 예상된다. 이런 식으로 우리의 중재 프로그램의 효과성을 최대한 높일 수 있는 요소가 있는지 평가적인 관점에서 검토해 볼 수 있다.

▶▶ HARVEY P. MANDEL

건설적 직면: 미루기 부진 학생에 대한 인지행동치료

고등학생과 대학생의 대략 15%에서 20%는 잠재력과 수행 수준 사이에 현저한 차이를 보인다(Mandel & Marcus, 1988; McCall, Evahn, & Kratzer, 1992). 게다가 이러한 부진 학생들은 거의 대부분 학업 수준이 낮은 핵심 요인이 미루기라고 말한다(Mandel, 1997; Mandel & Marcus, 1988).

이 장에서는 미루기 유형 중 하나인 학업 문제(Academic Problem: AP) 부진 학생을 위한 상담적 접근에 대해 다룰 것이다(American Psychiatric Association, 2000). 이 장에서는 학업 문제 부진 학생과 인지행동치료(CBT)의 한 부분인 건설적 직면을 사용하는 것에 대해서 기술하고자 한다. 또한 치료 결과에 대한 논의와 추수 연구를 위한 제언을 요약하며 결론을 내릴 것이다.

여기서 살펴볼 직면적인 CBT 접근은 1960년에서 1980년에 걸쳐 시카고에 있는 일리노이 과학 기술대학교(Illinois Institute of Technologgy: IIT) 학생들을 대상으로 한 미루기와 낙제를 다루는 연구 프로그램에서 사용된 자료에 기반을 둔다(Mandel & Marcus, 1988; Roth, 1970). 개념적으로 미루기는 증상으로 보이며, 학생들의 낙제를 부추기는 다양한 유형 중 하나로 역할을 한다(Mandel, Friedland, & Marcus, 1996a, 1996b; Mandel & Marcus, 1988).

IIT 연구팀은 대학교 수준에서 가장 보편적인 미루기 부진 학생 유형은 심각하지 않은 내면적 또는 대인 관계적 어려움, 학습 장애 또는 주의 집중 문제를 보이지 않았고, 일반적으로 잘 적응하고 원만한 사람이었다. 토론토에 있는 요크 대학교의 성취와 동기 연구소에서 실시한 최근 연구에서는 고등학생을 대상으로 위 사실을 재확인하였다(Glanz, 1988; Mahy, 1995; McKay, 1985; Mitchell, 2003).

‖ 학업을 미루는 사람의 특징 ‖

학업을 미루는 사람의 특징은 Lay(1988), Lay와 Burns(1991)가 언급한 낙관적 미루기를 하는 사람과 매우 유사하다. 이러한 학생들은 그들의 낙관주의를 좋은 의도와 변화 가능성에 대한 강력한 신념으로 표현한다. 그러나 그들은 변화를 위한 구체적인 계획을 만드는 것에 저항하며, 모호한 상태로 있는 것을 선호한다. 그러한 것들에 직면했을 때, 많은 이들은 효과적인 문제 해결 전략에 대해 말로 얘기할 수 있다. 그들은 몇 가지 행동을 시작할 수도 있으나, 외적 영향(예: 전화벨이 울리거나 친구가 놀자고 부를 때)이 나타나면 곧 포기해 버린다. 그들은 그러한 방해물을 왜 그들이 원래 계획을 따르지 못했는지를 합리화하는 데 사용한다. 학업을 미루는 사람은 스스로를 '게으르고 동기가 없는' 사람으로 묘사한다. 이는 외적 영향이 그들의 통제를 넘어섰고, 그들 역시 그들이 가진 기질의 피해자라는 것을 함의하고 있다. 그들은 시험 직전 그리고 과제 제출 기간이 임박했을 때, 실망스런 성적표가 도착했을 때 약간의 긴장을 느낀다고 보고한다. 그러나 그들은 중요한 시기에 지속되는 미루기 패턴에 대해서는 화를 내지 않는다. 매 학기가 시작할 때 그들은 낙관주의를 새롭게 하고 의도는 더 좋아질 것이라 선언하는데, 이는 그들이 미루기를 통해 가치 있는 교훈을 얻어 왔다고 생각한다는 것을 의미한다.

고등학교 학업 지연 학생들의 남녀 비율은 대략 1 : 1이다(Mitchell, 2003). 대조적으로 전체 부진 학생의 남녀 비율은 2 : 1 정도로 꾸준히 보고되어 왔다(McCall et al., 1992). 대학생을 대상으로 한 학업을 미루는 사람들의 남녀 비율에 대한 데이터는 없다.

많은 연구자가 학업을 미루는 사람이 게으르거나 동기가 없는 것이 아니라는 것을 밝혀 왔다(Mandel & Marcus, 1988; Roth, 1970). 학업을 미루는 사람은 낙제를 원하는 것은 아니다. 사실 그들은 최소한의 양의 과업 수행을 통해 결과를 얻는 것에 대한 동기가 있다. 그들은 더 큰 개인적 책임을 떠맡기를 원치 않으며 더 높은 점수를 얻거나 미래에 더 많은 기회를 가지기 위해 일을 더하기를 원치 않는다. 요약하자면, 그들은 미래와 변화에 대해 모호한 감정을 가지고 있다.

학업을 미루는 사람에게 미루기는 미래에 대한 양가적 표현이자 이러한 딜레마에 대한 임시 해결책이다. 학생들이 스스로 진정 변화하기를 원한다고 믿으면, 미루는 동안 학생들은 의존과 독립 사이에 대한 고민을 하지 않을 수 있다. 성적 하락은 인과적으로 접근하기보다 학생 개인이 가진 목적이나 의도에 비추어 해석되어야 한다. 학업을 미루는 사람은 미루기를 자신의 문제로 생각하지 않고, 그들이 처한 환경이 심각하게 괴롭다고 생각하지 않는다. 미루기에 대하여 정작 자신보다 부모나 선생님들이 훨씬 더 많이 걱정한다.

‖ 정확한 평가: 상담으로의 연계 ‖

많은 부진 학생 유형 중 미루기는 흔하기 때문에 심리 평가가 권장된다. 요크 대학교의 성취와 동기 연구소에서는 학생들의 학업발달사항, 현재 학습 장애가 있는지에 대한 인지 검사, 학업 기술과 공부 습관 평가, 주의 집중 문제 스크리닝, 성취 동기와 성격 검사 등에 대한 검토 자료(Mandel et al., 1996a)와 학교, 가족, 친구 관계, 자기 인식, 기분, 미래에 대한 포부 등에 대한 반구조화된 진단적 심층 인터뷰를 포함하였다(Mandel & Marcus, 1988). 평가 결과로 미루기 부진 학생의 유형을 분명하게 구분해야 한다. 이 장에 나오는 직면적 인지행동치료는 다른 유형의 미루기 행동에 사용해서는 안 된다.

‖ 건설적 직면과 학업을 미루는 사람 ‖

모형, 기술 그리고 구조

학업을 미루는 사람에게 효과적인 상담은 자동적 사고(예: 변명)를 확인하고 역기능적 행동(예: 미루기)을 연결하는 것부터 시작된다. 학생들은 이러한 부적응적 사고를 확인하는 생각을 할 수 있고, 부적응적 사고를 확인하는 것은 그들의 변화에 대한 양가감정에 노출시켜 부적응적 신념을 검증하고 변화의 기회를 제공한다. 이 접근은 인지행동치료 원리(J. Beck, 1995; McMullin, 2000; Salkovskis, 1996), 건설적 직면의 원리(Egan, 1976) 그리고 양가감정과 저항이 있는 내담자를 다루는 방법(Leahy, 2001; Miller & Rollnick, 2002)을 통합한 것이다.

직면은 상담자가 요구하거나 학생에게 즉각적인 반응으로 유도하는 코멘트라 정의할 수 있다. 왜냐하면 코멘트는 학생들의 사고, 감정, 행동에 있는 모순에 초점을 맞추기 때문이다. 직면의 목적은 학생 마음속의 부조화와 분열을 촉진하는 것이다. 만약 건설적으로 직면시키면, 이것은 상담자와 학생 사이에 연대를 증가시킨다. 만약 비건설적이었거나 효과가 없었다면, 결과적으로 방어적인 학생이 주제를 회피하거나 직면의 내용을 왜곡하고, 주제의 중요성을 평가절하한다거나 말로는 동의하나 이후 회기에 결석하는 반응을 보일 수 있다.

건설적인 직면을 위해서 상담자가 확실히 해야 하는 것이 몇 가지 있다. 그것은 직면이 초점화되어 있되 점진적 양식으로 진행되어야 하고, 지속되어 온 미루기 패턴에 대해 논의할 때를 제외하곤 초점이 먼 과거보다는 현재 상황에 더 머물러 있어야 한다는 것이다. 직면은 학생의 변화에 대한 양가감정을 함께 탐색하기 위한 명확한 초대를 포함해야 한다. 상담자의 동기는 이런 탐험을 돕는 데 있다. 단지 양가감정을 드러내는 것에 그쳐서는 안 된다.

사실적 직면은 행위의 의도에 대한 진술과 뒤따르는 행동의 결핍과 같이 진술된 사실에 대한 불일치에 노출시키는 형태로 디자인되어 있다. 경험적 직면은 경험적 불일치, 즉 학생들의 걱정하는 소리와 맡은 부분에 대해 그다지 염려하지 않는 것으로 관찰된 모습 간의 불일치에 노출시키는 형태로 디자인되어 있다.

학업을 미루는 사람과의 상담은 개인적으로 이루어질 수도 있고, 5명의 작은 집단 형태로 이루어질 수 있다. 집단이 일단 형성되면 인원은 그만 받고 정기적인 출석이 요구된다. 집단 구성은 거의 같은 나이대의 학업을 미루는 사람들로 동일해야 한다. 이 장에서 언급된 상담 접근은 남성과 여성 모두에게 적절하다. 학업을 미루는 사람은 남성이든 여성이든 생각과 행동이 눈에 띄게 비슷하기 때문이다. 집단 회기는 대략 한 시간 동안 진행되고 주에 두 번 열린다.

집단들은 적어도 한 학기 동안 지속적으로 만나거나 대략 20~25회기 정도 만나게 된다.

‖ 직면적 인지행동치료의 단계 ‖

계약 수립

언급했듯이 집단 멤버십은 학습 문제 진단에 기반을 둔다. 첫 회기에서 상담자는 비밀 보장과 회기의 수 그리고 출석에 대한 기대를 말한다. 더불어 학생들에게 학업 상황 전반과 상담에 대한 기대를 말하도록 격려한다. 첫 회기가 끝날 무렵 집단원들은 그들의 의도와 행동 사이의 차이와 미루기를 포함한 중요한 특징을 나누는 것이 서로에게 명확해져야 한다. 특징이 공유되면 집단 응집력이 향상된다.

고등학교 상담자들은 높은 출석률을 관찰하고 보장하는 부모님들과 학교 담당자들을 팀 구성원으로 포함하여 학업을 미루는 사람들의 출석률을 높일 수 있다. 또한 IAM에서 미루기 부진 고등학생 학부모를 위한 세미나를 열어 그들이 좀 더 건설적인 방법으로 자녀들을 대하는 것을 배울 수 있도록 한다(Mandel & Marcus, 1995).

대학교에서 미루기 부진 학생을 다루는 상담자의 상황은 다소 다른데, 이는 대학생의 부모를 개입시키는 것이 부적절하기 때문이다. 학업적 위험에 처한 학생이나 학사경고를 받은 학생을 위한 특별한 프로그램이 있는 대학교에서는 출석률을 높일 수 있는 어느 정도의 장치가 있는 셈이다.

미루기 패턴의 탐색

미루기 행동에 대한 탐색은 여러 회기를 통해 진행된다. 처음에는 학생들이 각 수업에서 받고 있는 성적을 상세히 설명하도록 권유받는다. 학생들이 서로 얼마나 비슷한 미루기 패턴을 가지고 있는지 깨달을 때, 상담자는 미루기 부진 학생들이 그들의 수업 요건과 학업 문제를 모호하게 설명한다는 것에 직면하기 시작한다. 다수의 미루기 부진 학생은 수업에서 요구하는 것이 무엇인지 확실하게 알지 못한다. 다가오는 최종 기한을 미루는 것과 마감 시간이나 채점 방식 혹은 시험의 개수, 유형, 평가에서의 중요도나 날짜에 무지한 것은 매우 다른 것이다.

학생들은 수업 요건, 과제 마감 시간, 지금까지의 진전도, 해야 할 것, 발생 가능한 문제, 의도했던 공부 시간과 실제로 한 공부 시간 등에 초점을 둔 주간 수업 정보 기입표를 완성하도록 요청된다. 상담자는 학생들에게 각 회기에 완성된 기입표를 가져오도록 한다. 이 기입표의 내용 혹은 아무 내용도 적지 않은 빈칸들은 미루기 행동에 대한 상담의 출발점을 제공한다. 미루기 부진 학생들은 예상대로 상담 회기를 몇 차례 빠지거나 주간 기입표를 완성하는 것을 잊을 것이다. 상담자는 학생이 불참석한 회기나 미완성된 기입표에 대해 다루면서 학생의 미루기 패턴이 일상생활과 상담에서도 일관되게 여기저기서 나타나는 것을 강조해 언급할 수 있다. 많은 경우, 상담에서의 중요한 사건과 상담 밖에서의 중요한 사건을 연관 짓는 것이야말로 상담 회기의 중요점을 부각하고 변화의 가능성을 높여 준다.

학생들에게 매주 자신이 듣는 수업에 대한 정보를 적게 하는 것은 두 가지 목적을 달성하기 위해서다. 첫째, 이런 행동은 자신의 학업을 정리하고 모니터하는 방법에 대한 모형을 제공해 준다. 둘째, 상담자나 다른 집단원들이 개인의 문제를 빠르게 발견할 수 있도록 돕는다. 이런 탐색을 할 때 상담자는 학생들이 모호한 진술을 넘어서서 각 수업에서의 실제 상황을 좀 더 정확히 볼 수 있도록 도와야 한다. 다음 14세 AP 학생과 상담자의 대화는 이에 대한 좋은 예다.

> 상담자: 그래, 요즘 불어 수업에서는 어떻게 하고 있니?
>
> 학생: 아, 그 수업에서 제가 진짜 열 받는 건 그 수업을 위해 정말 노력을 많이
> 한다는 거예요. 그런데 다른 학생들은 잘 배우고 저는 그렇지 않아요.
>
> 상담자: 그 수업에서 네 현재 점수는 어때?
>
> 학생: 52점이요. 저번 시험 전까지는 57점이었어요.

이 학생은 상담자의 질문에 직접적으로 답하지 않았고 대단한 노력에도 불구하고 잘하지 못했다는 인상을 남겼다. 상담자가 좀 더 깊이 있는 탐색을 하자 매우 다른 사실이 드러났다.

> 상담자: 그래, 학기 초에는 이 수업에 태도가 좋았던 것 같고 노력을 한 것으
> 로 들리는구나.
>
> 학생: (머뭇거리며) 음. 뭐 그런 셈이죠.
>
> 상담자: 그렇지만 정확히는 아닌가보다?
>
> 학생: (잠시 멈칫하다가) 휴~. 처음에는 제가 다른 수업 때 하던 것처럼 했어
> 요. 잘못했던 거죠. 과제를 제대로 하지도 않았고요. 그런데 첫 시험에
> 서 C까지는 받았어요. 그래서 좀 괜찮은가보다 했죠. 사실 C 때문에 그
> 렇게 힘이 나지는 않았어요. 통과했다는 사실은 기뻤지만 다른 애들에
> 비해서는 그렇게 좋은 점수는 아니었으니까요. 더 잘했으면 했죠. 그
> 래서 그런 식으로 계속했고…… 흠, 생각해 보니 시험 하나는 완전 망
> 했었네요. 또 다른 시험에서는 40점 후반대 점수를 받았고…… 잘하진
> 못했네요. 그런데 갑자기 불어 공부를 좀 하기 시작했어요. 불어 숙제

가 그렇게 많지는 않거든요. 그래서 숙제가 있을 때마다 해 갔어요. 제가 무슨 말을 하는지도 몰랐지만 그래도 수업에 참여하기 시작했어요. 그런데 선생님이 수업에 참여하면 추가 점수를 주셨어요. 그러면서 개념을 조금씩 이해하게 되었죠. 그런 후에 선생님이 집으로 중간평가 보고서를 보내셨는데, 57점을 받았지만 제 노력은 칭찬하신다는 내용이었어요. 그러니까 다른 면에서는 잘하고 있지만 시험은 잘 못 봤다는 거죠.

상담자: 네가 망했다는 시험이 두 번째 시험이었지? 그전 시험에는 40점 후반대 점수를 받았고?

학생: 네.

상담자: 40점대 점수를 받았을 때에는 뭘 했었니? 시험지를 돌려받고 망했다는 걸 알았을 때 뭘 했어?

학생: (오랫동안 가만히 있다가 가라앉은 목소리로) 뭐…… 사실 아무것도 안 했어요.

상담자가 상세히 질문하는 동안 미루기 부진 학생들은 주로 분명하게는 드러나지 않는 은근히 성급한 태도로 반응한다. 이것은 그들이 부모님이나 선생님의 잔소리에 반응하는 방식과 매우 유사하다. 이러한 부정적인 반응은 다음 예시처럼 상담 장면에서 반드시 다루어야 한다.

상담자: 저번에 지리 수업에 좀 더 노력할 거라고 했었지?

학생: (약간 짜증난 듯이) 뭐…… 그런데 그렇게 못했어요.

상담자: 그래? 그럼 무엇을 했니?

학생: (비꼬는 투로) 아무것도 안 한 거죠, 뭐.

상담자: 그렇구나. 그런데 지금 나한테 좀 화난 것 같네.

학생: 그런 거 아니에요. (멈칫하다가) 음, 약간은 그런 것 같기도 해요.

상담자: 내 말 중에 무엇이 널 화나게 했을까?

학생: 저 그렇게 화난 건 아니에요. 그냥 선생님이 말씀하실 때 저희 부모님이 숙제 가지고 계속 잔소리하실 때랑 비슷해서요.

상담자: 그래, 그럴 수도 있겠다. 그런데 네가 이 점은 좀 알았으면 좋겠어. 내가 지리 수업에 대해서 물었던 것은 네가 그 수업에서 좀 더 잘해 보고 싶다고 얘기했었기 때문이야.

학생: (마지못해) 네.

상담자: 나는 사실 네가 지리를 좀 더 공부하든 안 하든 상관없어. 부모님은 다르시겠지. 하지만 나는 네 부모님이 아니잖니? 네가 가장 싫어할 것 중 하나가 또 다른 부모 같은 어른이겠지.

학생: (씩 웃으면서) 네, 네, 알겠어요.

상담자: 그래, 그럼 다시 한 번 물을게. 너 정말 지리를 좀 더 열심히 하고 싶니? 만약 그렇지 않다면 그렇게 말하면 돼.

학생: 그러고 싶어요.

상담자: 알겠다. 그럼 그 목표를 달성하는 데 방해가 되는 것들에 대해 좀 더 얘기해 보자.

집단 상담이 개인 상담에 비해 좋은 점 중 하나는 미루기 부진 학생이 자신이 합리화하는 것을 알아차리기는 힘들어 해도 또래 친구들의 의도와 행동 간에 있는 차이는 간파하고 직면하는 데 꽤 능숙하다는 것이다. 게다가 미루기 부진 학생은 어른의 직면보다 친구들의 말에 저항을 덜 하는 편이다.

선택에 대한 직면

앞서 언급한 대로 학업 미루기를 직면하는 것은 학생이 변화에 대해서 가지고 있는 양가감정을 드러내는 것이다. 이것은 학생이 이미 선택한 것과 선택하지 않은 대안을 탐색하는 것을 포함한다.

집단 상담 7주차 때 발췌한 다음 대화 내용은 이러한 문제에 대한 훌륭한 예를 제공해 준다. 이 집단은 미루는 16세 중산층 백인 고등학생 4명으로 이루어졌다. 한 학생은 이혼 가정에서 왔고, 다른 3명은 일반 가정에서 자랐다. 4명 모두 학교에서 우수 학생인 형제자매가 있었다.

이전 회기에서는 학생 1이 역사 시험을 위해 공부할 것을 다짐했었다. 본 회기에서 그 학생은 지난 토요일 이른 밤에 여동생을 파티에 데려다 주고 집으로 돌아와 공부하려고 했다고 보고하였다. 그는 여동생을 파티 장소에 데려다 주면서 여동생의 친구에게 매우 매력적인 언니가 있다는 것을 알게 되었다. 집단원들이 환호성을 지르며 반응하자 그는 그날 밤 새로운 여자 친구와 어울리며 시간을 보낸 것을 시인하였다.

> 상담자: 그랬구나. 토요일에 일어난 일을 떠올려 볼 때 그 상황에서 다른 선택을 할 수 있었니?
>
> 학생 3: 그럴리가요! 호르몬이 난리를 쳤을 텐데요. 학생 1의 운명은 결정되었던 거죠!
>
> 학생 1: 그러니까…… 모든 게 너무 빨리 일어났어요. 저는 공부를 하려고 했었죠.
>
> 상담자: 그래, 공부할 계획이었지. 하지만 그 계획은 순식간에 완전히 바뀐 것 같이 들리네. 그럼 어느 누구라도 너와 같은 상황에서 집으로 돌아가 공부하지 않을 거라고 가정해 보자.

학생 2: 그렇죠!

학생 3: 절대 집에 갈 수 없죠!

상담자: 그렇다면 토요일 밤에 다시 공부하는 경우는 애당초 불가능했다고 치자. 그럼 너의 대안은 무엇이 있었니?

학생 1: 아예 처음부터 가지 않는 것을 말씀하시는 건가요?

상담자: 아니, 아니. 그냥 네가 밤을 거기에서 보낼 작정을 하고 갔다고 가정하자는 거지. 그럼 토요일 밤 말고 다른 계획은 뭐가 있을까?

학생 1: (확신에 찬 목소리로) 아, 일요일에 공부하는 거요.

상담자: 아, 그렇구나. 일요일은 어땠니?

학생 1: 공부했죠!

상담자: 얼마나?

학생 1: 음, 많이는 못했어요.

학생 4: (웃으며) 그게 우리의 문제네!

학생 3: 맞아, '많이는 못한 게' 얼마만큼이야? 한 5분?

학생 4: 제 생각에는 학생 1이 일요일에 한 시간 반 동안이나 책상 앞에 앉아 있으면서 왜 아무것도 하지 않았는지 이야기해 봐야 할 것 같아요.

학생 1: 음, 저는 앉아서 공책을 폈어요. 공책을 읽기 시작했는데 범위가 일곱 장이었고, 그건 우리가 제일 처음 시험을 보는 부분이었어요.

학생 4: 제가 일곱 장에 대해 얘기해 볼게요. 한 장만 보면, 그게 어마어마해 보이지는 않아요. 그런데 일곱 장을 보면 위축되고 압도되는 느낌을 받아요. 학생 1이 시험이 일곱 장에 걸쳐 나온다는 걸 안 순간 암울해졌을 거예요.

학생 2: 시험 범위가 일곱 장이나 된다면 선생님이 중간고사(exam)라고 불렀어야 해요. 선생님께 시험(test)을 더 자주 봐야 하고 매번 시험을 볼 때 너무 많은 범위를 다루지 말아야 한다고 말씀드려야 해요. 일곱 장에 대한 문제가 일반적인 문제가 아니라면 그건 정말 말도 안 돼요.

학생 1: 근데 문제는 선택지가 있는 일반적인 것들이었어.

상담자: 내 얘기를 잘 들어 봐. 우리가 원래 이야기하려던 게 뭐였지? 지금 우리는 시험의 구성 요소에 대해 말하고 있구나. 그렇지 않니? 다들 알다시피 지금 우리는 구조적인 것에 대한 이야기를 하고 있어. 바로 시험 문제의 구성 요소는 불공평하다고 말이야!

학생 2: 아! 그렇다면 그게 더 이상 불공평했다고 느껴지지는 않네요. 그건 많이 외우지 않고, 읽고 이해만 하면 바로 풀 수 있는 문제였나 보네.

상담자: 좋아. 일요일로 다시 돌아가 보자. 학생 1이 앉았을 때 무슨 일이 일어난 거지?

학생 4: 너는 앉지도 않고 '제길'이라고 말했잖아.

학생 1: 아니. 나는 공부하려고 앉았던 거야. 그래서 저는 전부 읽었어요.

상담자: 어떻게 읽었니?

학생 1: (짜증나는 것처럼 보이게) 눈으로요.

학생 3: 아주 빠르게.

학생 1: 네, 나는 빨리 읽었어요.

상담자: 좋아. 네가 빨리 읽은 게 뭐야?

학생 1: 제 공책을 읽었어요.

상담자: 좋아. 공책을 읽는 데 시간이 얼마나 걸렸어? (학생 2, 3, 4가 갑자기 조용해지고 더 심각해 보인다.)

학생 1: (낮아진 목소리로) 10분 걸렸어요.

상담자: 공책에는 총 몇 장에 대해 써 있니?

학생 1: 일곱 장이요.

상담자: 일곱 장인데 모든 필기를 읽는 데 10분 걸렸다는 말이지?

학생 1: (짜증난 목소리로) 읽었다고 말씀드렸잖아요. 복습하는 중이었다고요.

상담자: 좋아. 10분 만에 네가 읽은 방식으로 필기를 복습하는 게 최선이었고, 가장 효과적인 복습 방법이었다는 거지?

학생 1: (마지못해) 네.

상담자: 좋아. 그런데 왜 그 방법을 선택한 거야?

학생 3: 제일 쉽잖아요.

학생 4: 물론이죠.

상담자: 맞니?(학생 1이 확실히 끄덕인다.) 그러니 네 의도는 복습하는 거였구나. 네가 선택한 방식이 네가 얼마나 배우는 것에 열의를 다했는지, 얼마나 깊이 있게 준비했는지를 알려 준단다. 거기서 내가 얻는 메시지는 아주 명확하구나. (학생 1의 목소리를 흉내 내며) "나는 복습하고 싶다고 스스로에게 말했어요. 10분도 안 걸렸어요. 하지만 우리끼리 말인데, 그게 최선의 방법은 아니었어요. 하지만 내가 그렇게 했으니까 앞으로도 그렇게 할 거고 나는 괜찮아요."

학생 1: (몰린 것 같이) 음……..

상담자: 너는 하나로 두 가지를 한꺼번에 하려고 하는 거야. 네 자신에게 복습을 다 했다고 안심시키고 부모님께도 다 했다고 말씀드릴 수 있으니, 부모님은 그 얘기를 더는 할 수 없었던 거야. 하지만 네가 했던 것은 자신을 속이는 일이었어. 너는 자신에게 거짓말을 한 거야.

학생 3: 우린 그런 거 엄청 잘해요.

상담자: 정말 그래. 모든 학생이 공부하는 방법과 시험을 준비하는 방법과 자신을 안심시키는 방법에 대해 돌아가면서 이야기해 보면, 학생 1만 그런 게 아닐 거예요. 여러분이 역사 시험을 친다면 여러분도 비슷한 사람이 될 걸요. (다른 학생들이 동의해서 끄덕인다.)

학생 2: 네. 우리가 할 수 있었다면 학생 1을 위해 거기 있었을 거예요. (웃음)

상담자: 자, 그게 여러분 모두가 공부하는 방식이라면 결론은 명확해요. 여러

분은 모두 바보같이 하고 있는 거예요. 그게 만약 여러분이 원하는 거라면 나도 괜찮아요. 반대로 하면서 딴소리는 하지 말아요. 여러분 자신을 속이지는 마세요.

집단 구성원들과 상담자는 보다 심각한 분위기에서 15분 정도 뒤에 회기를 마쳤다. 상담이 끝난 뒤 6개월 뒤 추수 지도 인터뷰에서 학생 1은 이 상담의 한 부분이 인생의 전환점이 되었다고 인정했다. 그는 상담자뿐만 아니라 심지어 다른 학생들에게도 불편감을 느꼈고 이따금씩 화가 났다고 보고했다. 그러나 그는 이전에는 직면해 본 적이 없는 것에 직면하고 있었음을 알아차렸다.

학생 1은 고등학교 졸업 이후 대학을 졸업했고, 지금은 큰 글로벌 기업에서 홍보 업무를 하고 있다고 했다. 그는 감독관이 그가 다른 사람과 더불어 일을 얼마나 잘하고 있고, 또 모두가 그를 얼마나 많이 좋아하고 있는지를 감독관의 말을 빌려 언급했다. 학생 1은 그가 여전히 미루는 것들이 있지만, 그것을 스스로 선택하여 미룬다고 한다. 그는 미루는 경향이 확연히 줄었다고도 말하였다. 다른 모든 참가자도 고등학교를 마쳤다. 학생 1은 학사 학위 프로그램에 등록했다. 학생 3은 2개의 학사 학위를 마치고 현재 작은 음악 가게 체인점을 관리하고 있다. 학생 4는 대학을 마치고 자영업을 하고 있다. 그는 이제 아내가 프러포즈를 했는지 그가 했는지조차 기억하지 못한다고 농담을 했으나, 어찌되었든 결혼을 한 상태였다.

‖ 학생과 상담자의 변화 ‖

학업을 미루는 학생이 양가감정을 드러내고 잘못된 인지적 가정에 직면하는 데는 여러 회기가 필요했다. 언제나 그렇듯 학업을 미루는 학생이 회피해 왔던 것을 점차 직면하게 되었을 때, 집단에서 정서적 분위기가 바뀌었다. 미래에 대한 불확실성이 초점이 되면서 자기를 의심하고 강화된 내적 긴장이 나타난다 (Mandel & Uebner, 1971). 상담자는 이러한 변화를 감지해야 한다. 상담자는 학생의 미래에 대한 일상적 책임감과 의사결정에 적극적으로 개입하는 것에 감정이입을 하고 민감해야 한다.

그러나 예전에 미루던 이들이 보다 일관성 있게 일할 때, 그들의 노력에 대한 결실은 많은 사람이 상상했던 것보다 더 오래간다. 느린 변화에 대한 실망과 자기 의심은 이 과정의 일부이며, 상담자는 이 문제를 제대로 기능하지 않는 행동 패턴으로 퇴행하지 못하도록 다루어야 한다.

종 결

학기가 마치면 자연스럽게 상담이 종결된다. 그러나 학업 지연자를 다룰 때는 학생의 상태를 검토하고 이후 상담이 필요한지 탐색하며, 상담 이외의 방법으로 해결할 수 있는 문제가 있는지 확인하도록 돕기 위하여 몇 번의 추수 지도 일정을 정하는 것이 중요하다.

상담 성공을 정의하기

학습 부진 학생을 위한 상담 성공의 명백한 기준은 미루기의 유의미한 감소와 학업 수행의 증가를 포함한다. 또 중요한 다른 기준은 개인의 책임감이 높아지는 것이다.

‖ 연구 결과 ‖

미루기 유형의 정확한 식별과 직면적 인지행동치료의 효과적인 준비는 학업 지연자의 상담이 얼마나 성공적일지 예측한다. 대학생에 대한 연구에서는 반 구조화된 진단 인터뷰를 통해 학업 지연자와 다른 유형의 미루기 낙제생이 신뢰롭게 구별됨을 보여 준다. 이러한 연구에서 평가자 간 신뢰도는 .80에서 .90 범위에 이른다(Mandel & Marcus, 1988; Mandel, Roth, & Berenbaum, 1968; Noy, 1969; Roth, 1970; Roth, Mauksch, & Peiser, 1967).

성취동기 프로파일의 발달은(AMP; Mandel, Friedland, & Marcus, 1996; Mandel, Friedland, Marcus, & Mandel, 1996) 임상가들에게 고등학교와 대학교에서 학업 지연자의 식별을 돕는 객관적인 성격 측정 도구를 제공해 왔다. 게다가 고등학생에 대한 연구에서는 저성취 시작 연령과 가족 상호작용을 기반으로 학업 지연자의 학습 부진과 다른 유형인 미루기 부진 학생(procrastinating underachievers)을 구별할 수 있다고 보고하였다(Glanz, 1988; Mckay, 1985; Ben-Knaz, 2002).

몇몇 상담 연구에서는 대학 학업 지연자의 성격 변화와 학습 변화를 연구했다. Noy(1969)는 학업 지연자들이 직면적인 인지행동치료를 경험하면, 그들이 인간 중심 상담이나 사이코드라마 치료를 받는 것에 비해 가장 큰 성격의 변화가 나타난다고 보고하였다. Noy의 표본은 단지 학생 14명으로만 구성되어 있지만, 이 연구는 치료 효과를 보기에 충분하였다. 서로 다른 상담의 효과 차이는 컸다.

서로 다르게 진단받은 학습 부진아 67명에 대한 치료 연구에서 Mandel 등(1968)은 학업 지연자에게서 성격 변화와 성취 변화 사이에 유의미한 통계적 상관 관계가 있었다는 것을 발견했다. 이는 자기 인식과 정체성을 위한 탐구에 열심히 관여한 것으로 묘사되는 불안감이 높은 미루기 부진 학생이나 학습 부진

아에게는 해당되지 않았다.

Roth와 동료들(1967)은 상담을 받지 않는 통제 집단에서 52명의 학업 문제 대학생의 평균 성적 변화와 직면적인 인지행동치료를 수행한 52명의 대학생의 평균 성적 변화를 비교하였다. 처치 그룹의 학기 말 학점(GPA)은 통계적으로 유의미하게 증가했지만, 통제 그룹은 그렇지 못했다. 추수 조사에서 학점은 상담이 끝난 지 한 학기 후에도 유지됨을 확인할 수 있었다.

아직 학업 미루기 연구에는 제한점이 많다. 지금까지의 연구는 치료 성과를 확인하기보다는 학업 미루기에 대한 진단의 신뢰도와 타당도를 증명하는 데 치중해 왔다. 몇 안 되는 성과 연구는 중요한 결과를 보고하였지만, 여전히 치료에 대한 대부분의 연구는 30년 전 남자 대학생을 중심으로 수행되었다. 게다가 학업 미루기에 대한 다문화적 연구는 거의 없는 실정이다. 이러한 제한점은 추수 연구의 기반이 될 것이다.

제10장

▶▶ ROBERT M. TOPMAN, DIETA KRUISE, AND SABINA BEIJNE

학업 장면에서 미루는 사람에 대한 디지털 코칭

　학업 장면에서 미루는 사람의 비율이 상당히 크다는 점, 그리고 현재 존재하는 치료가 큰 성과가 없었다는 것을 고려한다면 새로운 접근이 필요하다. 이 장은 학업 미루기에 대한 하나의 새로운 접근의 발달과 평가에 대한 개괄적 내용을 담고 있다.

　네덜란드 라이덴 대학교의 학생 상담자들은 학업을 미루는 사람을 도울 수 있는 새로운 상담 방법을 모색하였다. 미루기는 종종 불안, 우울 혹은 더 심각한 형태의 정신 병리와 연관된다(Ferrari, Johnson, & McCown, 1995). 새로운 접근은 이러한 요소들에 초점을 맞추는 것이 아니라 '학업을 제대로 수행하고 만족할 만한 결과를 얻기 위해 학생들에게 필요한 것은 무엇일까?'라는 질문에 관심을 가진다. 이 접근에서 치료의 목표는 미루는 것을 극복하는 것뿐만 아니라 효과적인 학업 수행 기능과 기술을 획득하는 것을 포함한다. 이를 위해서 우리는 현대의 정보통신기술(Information Communication Technology: ICT)을 활용한 몇 가지 혁신적인 도구를 개발하여 상담에 적용하였다.

이 장은 두 파트로 구성된다. 첫 번째로 'Study Support'라 이름 붙인 우리의 웹사이트에 대한 설명과 이것을 누가 어떻게 사용할 수 있는지에 대한 내용을 다룬다. 특히 미루기와 관련하여 웹사이트가 어떻게 개발되었는지에 대해 초점을 맞춰 설명할 것이다. 두 번째 부분에서는 웹사이트에 대한 긍정적인 평가를 기반으로 시작한 '디지털 코칭'이라는 웹 기반 프로젝트에 대해 소개한다. 이에 대한 이론적 배경과 효과적인 학업 수행을 촉진하기 위해 사용한 도구에 대해 논의하고, 예비 연구(pilot study) 결과를 보고한다.

‖ Study Support 웹사이트: 용도와 사용자 ‖

학업 사이트는 단체, 학습 프로그램, 비용 등의 정보를 전달해 줄 뿐만 아니라 학생들이 학업을 성공적으로 수행하고 문제를 해결하는 것을 돕는 것도 목표로 한다. 고등학교나 대학교의 '스스로 학습' 웹사이트에 대한 개관은 Student Counseling Virtual Pamphlet Collection(http://counseling.uchicago.edu/vpc/cirtulets.html)에서 찾아볼 수 있다. 이 웹사이트의 주제는 알코올, 물질 남용에서 글쓰기에 이르기까지 무척 다양하다. 이 웹사이트를 대충 훑어보더라도 웹사이트가 많은 교육 장면에서 사용되며, 다양한 문제에 대해 스스로 학습을 제공함을 알 수 있다. 미루기는 이 웹사이트에서 별도의 주제로 언급되지는 않았지만 시간 관리(2002년 9월 기준 45개의 링크)나 학업 기술(미루는 사람을 위한 최소 6개의 유용한 링크 포함; 예를 들면 '집중과 집중을 방해하는 것' '계획하기' 등)과 같은 관련 주제들을 찾아볼 수 있다.

Procrastination Research Group의 웹사이트(http://www.carleton.ca/~tpychyl/prg/self_help/selfhelpsites.html)에는 2002년 3월 21일 기준으로 9개의 스스로 학습 웹사이트가 링크되어 있다. 이 웹사이트와 링크 사이트는 미루기에 대

한 정보(증후, 원인, 이론적 배경, 미루기의 형태)와 행동과 인지 수준에서의 관리 기술을 제공한다.

Procrastination Support Center 웹사이트(http://all.successcenter.ohio-state. edu/dontdelay)도 언급되어야 한다. 이 웹사이트는 다양한 영역의 정보를 제공하고, 웹사이트와 이용자 그리고 이용자 간의 상호작용 기회를 추가로 제공한다. 학생들은 개인적인 생각이나 경험을 게시판을 통해 다른 사람들과 나눌 수 있다. 사용자들은 Tuckman 미루기 척도(Tuckman, 1991)를 해 볼 수 있으며, 결과를 제출하면 점수와 해석을 볼 수 있다.

안타깝게도 Procrastination Support Center를 제외한 대부분의 웹사이트는 인터넷이라는 매체가 가지고 있는 다양한 가능성을 충분히 활용하지 못하고 있다. 대부분의 웹사이트는 학생들에게 디지털화된 소책자를 제공하는 것과 다를 바 없었으며, 단순한 정보 저장소로 기능하는 것으로 보였다.

Study Support 웹사이트의 장점

라이덴 대학교에 있는 Study Support(http://www.leidenuniv.nl/ics/sz/so/ index.html)는 단순히 정보를 제공할 뿐만 아니라 상호작용 활동, 체크리스트, 질문지 등을 통해 미루는 학생을 돕기 위해 만들어졌다. 1997년에 개발을 시작하여 교육 소프트웨어 모델의 발달 3단계를 거쳐 발전해 왔다(Mirande, 1999).

발달의 첫 번째 단계에서 웹사이트는 일방적이고 고정된 정보만을 제공한다. 예를 들면, 학생들은 어떻게 시험을 보는지, 어떻게 하면 좀 더 시간 관리를 잘할 수 있는지 등에 대한 정보를 얻는다. 내용은 단지 디지털화된 소책자 기능을 갖는다. 가령, '할 것과 하지 말아야 할 것 열 가지'와 같이 조언과 비결을 제공하는 것은 도움의 간단한 형태다. 이러한 것들은 그 한계에도 불구하고 매우 유용하다. 왜냐하면 임상 경험을 통해 우리는 몇몇 학생, 특히 미루는 학생들이 공부에 대해 막연한 생각과 오해를 가지고 있다는 것을 확인할 수 있기 때문이다.

발달의 두 번째 단계에서는 사용자와 웹사이트 사이의 상호작용에 초점을 맞춘다. 즉, 학생들은 수동적인 방법으로 정보를 모으는 대신 학업이나 시간 관리에 대한 웹 기반 체크리스트를 사용하는 등 적극적인 행동을 취한다. 학생들이 4점 척도 검사에 응하면 사이트는 즉각적인 피드백을 제공한다. 상호작용성을 적용한 또 다른 예로는 'Speaking in Groups'라는 웹 기반 질문지가 있다. 질문지에 다 응답하면 사이트는 자동으로 결과와 점수를 보여 준다. 이러한 웹사이트에서는 학생들이 직접 무언가를 수행하고 피드백이 즉시 제시되기 때문에 단순히 내용을 대충 훑어보고 나가는 경우는 거의 없다. 적극적으로 참여할 수 있는 활동을 포함하는 이유는 학생의 책임감을 높이기 위함인데, 이것은 미루는 사람의 행동을 바꾸기 위해 매우 중요하다.

발달의 세 번째 단계에서 학생과 웹사이트 간의 상호작용은 상호 교환으로 묘사될 수 있다. 시스템은 질문지와 점수, 응답 결과를 제시할 뿐 아니라 심리학자의 개입 없이 문제를 해결할 수 있는 방법을 조언한다. 예를 들어, 학업 관리와 학업 성과 검사(Kleijn et al., 1994; Topman, Kleijn, van der ploeg, & Masset, 1992)를 이용하면, 학생들은 15분 안에 공부법에 대한 강점과 약점을 개괄적으로 살펴볼 수 있다. 개인의 점수에 따라 학업과 시험 수행, 시간 관리, 공부 전략, 효율적인 공부 시간 등에 대해 전문적인 조언이 제공된다.

이러한 인터넷 프로그램은 특히 미루는 사람에게 유용한 것으로 보인다. 임상 장면에서 미루는 사람들은 종종 도움을 청하는 것을 꺼려 한다는 것을 볼 수 있다. 대부분 도움을 요청하는 것을 오랜 시간 동안 미뤄 왔다. 이러한 사람들을 위해 정보를 제공하고, 개인적 피드백과 조언을 주는 즉시 접속 가능한 웹사이트는 상담 과정에서 상당한 장점이 된다. 예약을 위해 상담센터에 전화하는 절차는 필요하지 않다. 게다가 그들이 익명으로 남는다는 점에서 행동에 대한 부끄러움 또한 문제가 되지 않는다. 종합하면, 웹사이트는 도움받고자 하는 이들을 쉽게 충족시켜 주기 때문에 매우 유용하다.

웹사이트는 학생들이 카운슬러에게 이메일을 통해 직접 질문할 수 있는 기회를 제공한다. 이전에 학생들이 익명으로 올린 질문을 검색하고, 이에 대한 카운슬러의 답변을 확인해 볼 수도 있다. 이러한 질문과 답변은 미루는 사람이 자신의 문제를 논의하게 하고 가능한 해결책을 얻을 수 있게 하여 상담에 대한 장벽을 낮춘다.

Study Support 웹사이트의 활용

네덜란드에 있는 모든 대학교와 많은 고등교육 기관이 Study Support를 링크하고 있다는 사실은 Study Support는 학생들을 돕기 위해 인터넷을 사용하는 긍정적인 예로 보인다. 하지만 단순한 인기를 넘어 우리는 이 웹사이트가 미루기 수준이 높은 학생에게 실제로 유용할지에 대해 궁금해졌다. 이 궁금증을 풀기 위해 우리는 웹사이트 이용에 대한 예비 연구를 수행했다. 우리의 질문은 다음 네 가지다. 첫째, 학생들이 웹사이트를 쉽게 발견하고 이용하는가? 둘째, 특정 주제가 다른 주제에 비해 좀 더 관심을 끄는가? 만약 그렇다면 어떤 주제가 사용자에게 가장 중요해 보이는가? 셋째, 웹사이트 사용자의 특색은 무엇인가? 넷째, 웹사이트를 방문하는 사람은 진지하게 내용에 대해 살피는가, 아니면 대충 훑어만 보는가?

이런 질문에 대한 답을 얻기 위해 우리는 대학 컴퓨터 시스템에서 제공된 정보를 분석했다. 이 시스템은 모든 웹사이트 방문자 숫자와 같은 기록을 저장하며 월별로 개관을 보여 준다. 그러므로 전체 방문자 숫자를 확인하고, 특정 기간이나 특정 주제로 방문한 사람의 숫자를 확인할 수 있다. 이용자들의 특성을 확인하기 위한 지표로는 세 종류의 웹 기반 질문지 결과가 이용되었다.

미루기의 특성은 Lay의 미루기 척도(Lay, 1986)의 Dutch adaption(네덜란드 판, Lay의 미루기 척도를 네덜란드에 맞게 번역한 것; Schouwenburg, 1994)이 사용되었다. 학업과 시험 능력, 시간 관리, 공부 전략 그리고 주당 공부 시간은 학업 관리와 학업 성과 검사(Kleijn et al., 1994; Topman et al., 1992)에 의해 측정되었다.

시험 관련 사고의 빈도를 측정하기 위해서는 생각을 나열해 보는 과정인(Cacioppo & Petty, 1981) State of Mind(SOM, Topman et al., 1992) 검사를 두 단계로 나누어 사용하였다. 우선 참가자들은 시험과 관련된 생각을 가능한 많이 적어 내려간다. 그다음 참가자들은 이러한 생각에 긍정적·부정적·중립적 의미를 부여한다. Schwartz와 Garamoni(1986)가 개발한 인지의 SOM 모델에 따라 SOM 비율(긍정적 사고/긍정적 사고＋부정적 사고)이 컴퓨터 알고리듬에 따라 계산된다.

SOM 모델은 긍정적 사고와 부정적 사고 간의 최적의 균형과 심리학적 건강이 서로 연관이 있다고 가정한다(Schwartz & Garamoni, 1986). SOM 비율이 0.6일 때 긍정적 사고와 부정적 사고 간에 최적의 균형이 있다고 본다. 부정적 사고와 비교해서 긍정적 사고가 너무 많다면 '긍정적 독백'과 '비현실적 낙관주의'로 빠질 수 있다. 반대로 긍정적 사고에 비해 부정적 사고가 너무 많다면 '부정적인 갈등 대화'에 빠져 '비현실적 비관주의'로 갈 수 있다.

이 검사가 포함된 이유는 미루는 사람의 긍정적 사고와 부정적 사고 간의 비율이 불균형적일 수도 있다는 가능성을 확인하기 위해서이다. 또한 참가자가 검사를 하면서 어떤 특이한 사고를 적었다면 상담자가 그것을 다룰 수 있게 된다. SOM 검사를 마치면 웹사이트는 자동으로 학생의 점수와 함께 그의 학업 문제를 조언한다.

이 웹사이트가 개설된 이래로 사이트 방문자 수에 대한 자료가 수집되었다. 우리는 2001년 3월, 4월, 5월의 사이트 방문자 수에 대한 자료를 상세하게 분석했다. 2001년 9월에는 학업 관리와 학업 성과 검사를 위한 추가 장치가 설치되었다. 게다가 2002년 4월, 5월, 6월에는 Lay의 미루기 척도, 학업 관리와 학업 성과 검사 그리고 SOM 검사에 대한 점수들이 교신 저자(Topman)의 이메일 주소로 자동적으로 송부되었다. 우리는 예비 연구를 위해 이러한 세 종류의 자료를 분석하였다.

웹사이트 개발은 1997년부터 시작되었으며, 초창기에는 1개월당 75명이 방문했다. 1개월당 방문자는 2001년 3월, 4월, 5월에 평균 2,035명으로 증가하였고 2002년 5월, 6월, 7월에는 3,500명 이상으로 더욱 증가하였다. 이러한 통계치를 보아 우리는 학생들이 이 웹사이트를 잘 발견하여 사용하고 있다고 결론을 내렸다.

우리의 두 번째 질문은 다른 주제들보다 더 많은 관심을 받는 특정 주제가 있는지에 관한 것이었다. 우리는 웹사이트의 특정한 요소들을 찾는 방문자 수에 대한 자료를 수집했다. 그중 하나는 여섯 가지 문제 영역에 대한 짧은 조언을 포함하고 있다. 방문자가 그중 한 영역에 관심이 있다면, 조언을 얻기 위해 제목을 클릭할 수 있다.

1개월당 클릭 횟수의 평균은 234에서 395의 범위에 걸쳐 있었다. '학업 과제 미루기' 규칙이 가장 인기가 많았고(1개월당 395히트), 그 뒤로는 '시험 치르기'(1개월당 281히트), '학업 문제'(1개월당 279히트), '집중'(1개월당 263히트), '보고서 쓰기'(1개월당 246히트) 그리고 '공부 스트레스'(1개월당 234히트)가 뒤를 이었다.

그 외에도 '과제를 미루기 위한 좋은 변명'(1개월당 266히트), '시간 계획하고 사용하기'(1개월당 229히트), '효과적인 계획 세우기'(1개월당 226히트) 같은 주제의 인기를 통해 미루기를 극복하고자 하는 사람이 많다는 것을 확인할 수 있었다. 그러므로 학업 상황에서의 미루기 주제에 대해 사람들이 상대적으로 자주 방문한다고 결론을 내릴 수 있었다.

이것으로 미루기라는 주제가 웹사이트 방문자들에게 흥미로운 주제라는 것은 확인되었지만, 주로 어떤 특성을 가진 미루는 사람이 이러한 주제에 관심을 가지는지에 대해서는 알지 못한다. 여기에 대해서는 방문자들이 하게 되는 세 가지 온라인 검사(Lay의 미루기 척도, 학업 관리와 학업 성과 검사, SOM 검사)를 통해 유추해 볼 수 있었다. 총 135명의 대학생이 네덜란드형 Lay의 미루기 척도와 학업 관리와 학업 성과 검사를 완성해 주었다. 네덜란드의 Schouwenburg (1994) 규준을 사용하여 우리는 이 그룹의 40%가 미루기 경향이 강한 것을 발견했다(cut-off 72점). 학업 관리와 학업 성과 검사에서의 시간 관리 평균 점수는 20분위수 안에 있어 이들이 시간 관리 기술에 취약하다는 것을 알게 되었다. SOM 비율의 평균은 .45으로 부정적인 사고 경향성이 상대적으로 높은 불균형한 비율을 가지는 것으로 나타났다. 이러한 자료에서 우리는 이 웹사이트를 방문하는 대부분의 학생의 특징은 미루는 것이라 결론을 내릴 수 있었다.

마지막 질문은 방문자들이 이 사이트를 단지 훑어보기만 하냐는 것이었다. Study Support에서는 세 가지 자료에서 이용자의 노력과 영향에 대한 정보를 유추하는 것이 가능했다. 초기 질문에 응답을 해야만 다음 페이지로 넘어갈 수 있는 선다형 검사가 있어서 다음 페이지로 넘어간 방문자를 살펴보았다. 첫 번째 페이지에서 이용자의 반이 그만두었으나 나머지 사용자들은 10페이지를 모두 완성했다. 이런 통계치는 많은 사용자가 진지하게 활동에 참여하였다는 것을 보여 준다.

세 번째 정보의 원천은 학업 관리와 학업 성과 검사 질문지의 이용자 결과였다. 질문지의 시작점($n=724$, 2001년 9월)에서 컴퓨터에 기록된 히트와 학업 관리와 학업 성과 검사 마지막 파트의 두 번째 영역 히트를 비교하는 것을 이용자의 포함 정도에 대한 정보를 제공했다. 질문지를 시작한 사람 중에서 42%는 전체 질문지를 끝내고 결과 검사를 받았다.

요약하면, 웹 기반 활동과 질문지에 포함된 거의 50%의 이용자가 활동적인 이용자로 고려될 수 있다. 이러한 결과가 미루기 기질을 가진 특정 그룹(40%의 이용자)에 대해 사실로 적용될 수 있는지는 명확하지 않다. 이 페이지의 내용은 세부적으로 미루기 주제와 관련되어 있지 않기 때문이다. 미루기 기질을 가진 이용자의 레벨 차이와 그들의 웹사이트 이용 간 관계는 새로운 연구에서 진행할 예정이다. 그럼에도 웹사이트는 미루기를 극복하기 위한 조언을 찾는 많은 학생이 방문했고, 따라서 우리는 미루기 기질을 가진 사람이 동등하게 포함되어 있을 것이라고 가정할 수 있었다.

네덜란드뿐 아니라 다른 지역에서도 꾸준히 '특별한 방문자'와 영역의 신뢰도, 히트의 횟수 간 차이에 대한 논의가 진행되고 있다. 우리는 대학교 컴퓨터 시스템에서 측정된 히트 횟수와 다른 영역에서 측정된 체계 간 비교를 통해 10%의 차이를 찾았다. 비록 이것이 현저하지 않은 차이로 고려될지라도 신뢰도를 감소시킬 수 있기 때문에 결과물을 내어 놓을 때 망설일 수밖에 없었다.

대학교 컴퓨터 시스템에서 제공된 히트 수로 도출한 결과에는 몇 가지 심각한 한계가 있다. 더 정확한 카운터는 이용자의 행동을 더 정확하게 모니터할 수 있어 효과적일 것이다. 이러한 카운터는 웹 기반 질문지와 함께 연합되어 미루기 기질을 가진 사람의 웹 이용 태도를 분석할 수 있다. 이러한 분석은 미루기 기질을 가진 사람의 요구에서 그들 자신을 적응하도록 하는 '지적(intellignet) 웹 도구'를 위한 기본이 될 것이다.

전반적으로 학습 지원 웹사이트는 미루기 기질을 가진 사람에게 정보를 제공하고, 그들과 상호작용하고, 개인화된 피드백과 조언을 줄 가능성을 제공한다. 전통적인 방법을 찾지 않는 미루기 기질이 있는 사람은 이러한 낮은 문턱을 통해 자기 스스로 돕는 도구와 정보, 아이디어를 제공받는다. 이러한 방법으로 심리학자의 지식과 전문성은 큰 그룹의 사람들에게서 가능하게 된다. 게다가 이 웹사이트와 소통하는 미루기 기질을 가진 사람은 도움을 찾는 경향과 함께 한 걸음 더 나아가 변화를 위한 현실적인 아이디어의 형태에 대한 정식 카운슬링 요구가 있을 것이다.

우리는 ICT가 미루기 기질을 가진 사람에게 제공하는 기회를 탐색하는 것이 중요하다고 믿는다. 학습 지원 웹사이트에서 얻은 긍정적인 경험과 높은 방문자 수에서 받은 영감과 함께 학생 상담자로서 훈련 과정에서 미루기 기질을 가진 사람을 많이 만난 경험은 우리를 새로운 ICT 프로젝트, '디지털 코칭'을 시작하도록 이끌었다.

‖ 디지털(웹 기반) 코칭 모델 ‖

이론적 고려점

'골든 트라이앵글(Golden Triangle)'이라고 불리는 삼위일체 모델은 학습 과정 동안의 학습 상황, 성공 그리고 실패를 분석하는 틀을 제공하며, 미루기 기질을 가진 사람의 향상 방법을 찾는다. 이 모델에서의 세 가지 요인은 자기 효능감 기대, 학업 수행 그리고 목표 설정이다. 그들은 삼각형 형태의 관계를 구성한다. 14개 연구의 메타분석에서 Locke와 Latham(1990)은 자기 효능감 평균이 수행($r = .39$)과 목표 설정($r = .42$)과 관련이 있다는 것을 발견했다. 우리는 이러한 요인에 대해 묘사하고 이어지는 장에서 미루기 기질을 치료하기 위한 그들의 함의에 대해 논의했다.

자기 효능감 기대

자기 효능감 기대는 일반적으로 학업 수행(Bandura & Schunk, 1981; McMillan, Simonetta, & Singh, 1994), 미루기(Ferrari et al., 1992) 그리고 예를 들어, 학습 목

표 수준과 같은 공부에서 특정한 영역(Graham, MacArthur, & Schwartz, 1995), 보고서 작성(Zimmerman & Bandura, 1994), 시험 치르기(Lass et al., 1995; Topman & Jansen, 1984)와 관련되어 발견된다. 게다가 자기 효능감 기대는 학습 기술 훈련 프로그램 출석률과 훈련 프로그램이 끝난 후에 학업 수행 향상과 관련이 있다 (Topman & Stoutjesdijk, 1995, 1998). 따라서 자기 효능감 기대는 다양한 영역에서의 수행 능력을 높게 예측할 수 있다는 것이 발견되었다.

훈련 집단과 웹사이트 방문을 통해서 우리는 학생들이 표현하는 자신을 쇠약하게 하는 신념의 리스트를 구성하였고, 임기응변적인 세 가지 세트의 신념의 카테고리를 구별하였다. 하나는 학습 행동의 통제 불가능성, 하나는 학습재진행의 불가능성, 마지막 하나는 시험을 치는 동안 획득한 지식을 사용하는 것의 불가능성이었다. 특정한 미루기 기질을 가진 학생은 종종 자신을 잘 준비하는 사람이 아니거나 혹은 좋은 학업 결과를 얻기 불가능하다고 인지했다.

그러므로 미루기 치료에서 자기 효능감 기대의 발달(예: "공부 스케줄이 잘 짜여 있으면 제게 도움이 되어요!" "저는 공부 계획을 운동 프로그램처럼 짤 수 있어요!" "저는 항상 좋은 점수를 받아서 시험에 통과할 수 있어요.")과 미루기를 지속하게 하는 허위와 자기 패배적 신념을 버리도록 해야 한다.

학업 수행

학업 수행은 자기 효능감을 증가시키고, 자기 효능감도 수행과 관련이 있다 (Bandura, 1997). 학업 수행의 중요성은 명백하다. 그러나 수행에 대한 인식도 그만큼 중요해야 할지 모른다. 일반적으로 수행이나 수행 부족 그리고 학업 문제를 극복하는 방법에 대해서 학생들은 순진한 생각을 가진 것처럼 보인다. '공부하는 데 시간을 더 쓰면 되겠지.'가 이러한 생각의 가장 흔한 예다 (Topman, Kleijn, & van der Ploeg, 1990). 미루기 기질을 가진 학생은 과제를 완수하기 위해서 필요한 시간을 과소평가하기 때문에 간단해 보인다(Ferrari, Johnson, & McCown, 1995). 그러나 대부분 상황은 그리 간단하지 않다.

특히 미루기 경향성이 높은 학생들의 귀인(이유)이 잘못된 경우가 흔하다. 미루기 경향성이 낮은 학생들과 비교해서 이 학생들은 불안정한 외부 요인에 성취를 귀인하는 경향이 있다(Rothblum, Solomon, & Murakami, 1986). 게다가 미루기는 넓은 범위에 걸쳐 그들의 행동을 정당화할 비현실적인 변명에 대한 믿음을 가지고 있는 것처럼 보인다(Ferrari, Johnson, & McCown, 1995). 이러한 많은 생각 패턴은 패턴을 무력하게 이끄는 성공적인 수행에 관한 인지적인 오개념으로 특징화될 수 있다(6장 참조).

이렇게 계속 반복되는 무기력을 극복하기 위해서는 '스스로 학습' 웹사이트가 유용해 보인다. 이는 학생들이 상대적인 익명성 아래에서 그들 나름의 속도로 현재 마주하고 있는 일들을 처리할 수 있기 때문이다. 동시에 이러한 스스로 학습 웹사이트는 학생들의 관심과 개입을 이끌어 낼 수 있으며 인지 오류를 수정하고 긍정적인 결과에 대한 기대감을 높일 수 있다.

목표 설정

세 번째로 중요한 요소는 목표 설정이다. 자기 효능감이 부족한 사람은 부적절한 목표를 세우고, 이는 성취 수준이 낮아지도록 만든다. 이것은 목표의 수준이 높고 낮음의 문제가 아니라 도전적이면서도 동시에 닿을 수 있는 현실적인 목표를 세우는 것과 관련된 문제다.

미루는 사람에 대한 개입에서 가장 중요한 목표는 성취 가능한 하위 목표를 형성할 수 있도록 도움을 주는 것이다. 이렇게 하는 데에는 두 가지 주요한 이유가 있다. 먼저 대다수의 미루는 사람은 목표 설정의 중요성을 인식하지 못한다. 그들은 스스로 이미 많은 목표를 세웠고, 그 목표들을 이루었다는 것—예를 들어, 대학 입학 이전의 교육, 대학 과정 수료, 유급 일자리 그리고 스포츠 활동 등—에 대해 인식하고 있지 않다. 이러한 성공 경험에 대한 인식은 미루는 학생으로 하여금 목표를 설정하는 것이 유용할 수 있다는 것을 확신하는 데 도움을 준다. 둘째, 미루는 사람은 종종 모호하고, 성취 불가능하고 혹은 비현실적으로 낙관적인 목표를 세운다. 많은 경우, 적절한 목표 설정의 부족은 계획이 실패하는 주요 원인이다. 이러한 실패는 미루는 사람에게 목표 설정, 계획, 시간 관리 등이 그들에게는 효과가 없다고 생각하는 믿음을 강화시킨다.

따라서 미루는 사람은 현실적인 목표를 세우는 방법과 그것을 이루기 위해 어떻게 노력해야 하는지에 대해 배울 필요가 있다. 이러한 과정에서 미루기에 대해 가지고 있는 옳지 못한 논리와 자기 패배적 사고가 논의되고 극복되어야 하며, 이러한 점에서 자기 조력 도구가 유용할 수 있다.

예비 연구

예비 연구의 목표는 라이덴 대학교 학생들을 대상으로 한 디지털 코칭 프로젝트를 평가하는 것이었다. 참가자는 평균 연령 23세(범위: 19세부터 31세까지)인 남성 12명과 여성 11명이었다. 학생들은 평균 3년 6개월(범위: 1년에서 9년까지) 동안 대학에서 각각 다른 분야의 공부를 해 오고 있었다. 총 13명의 참가자가 프로젝트를 마쳤고 사전 검사와 사후 검사를 모두 작성하였다.

10명의 학생은 디지털 코칭을 완수하지 않았고 사후 검사를 작성하지도 않았다. 이 중 2명은 면대면 인터뷰 후 그만두었다. 인터뷰 자체가 그들의 문제를 명확하게 만들었고, 그들은 스스로 해결할 수 있을 것이라고 생각했다. 2명의 학생은 심각한 정신병을 보였고, 개인 심리치료를 받아야만 했다. 나머지 6명의 중도 하차 원인은 불분명한데, 이는 이 학생들이 답변하는 것을 중간에 그만두었기 때문이다.

절 차

미루기 문제를 지닌 학생들에게 디지털 코칭 프로젝트에 지원하도록 초대하는 광고는 라이덴 대학교 홈페이지에 게시되었다. 학생들은 버튼을 클릭하여 관심을 표현하는 이메일을 보낼 수 있고, 이에 대한 답장으로 절차를 설명하는 이메일을 받았다. 첫 번째 연구에서 학생들은 Lay의 미루기 척도(네덜란드 번역본), 학업 관리와 학업 성과 검사 그리고 SOM 검사를 치렀다.

질문지에 대한 결과를 받은 후, 우리는 참가자들에게 무작위로 코치를 배정하였다. 우리는 이 예비 연구에서 코치이자 경험 있는 학생 상담자 그리고 훈련된 인지행동 심리학자로서 기능하였다.

반구조화된 면대면 인터뷰에서 코치와 학생은 작성한 질문지와 학생의 학습 상황에 대해 이야기를 나누었다. 이 면접을 하는 주된 이유는 연대를 형성하고 이 프로젝트의 절차를 논의하기 위해서다.

그다음 주에 학생과 코치는 이메일을 통해 소통하였다. 학생들은 웹 기반 시간 및 계획 양식을 일주일 내내 완성하도록 요구받았고(〈표 10-1〉 참조), 이는 코치가 모니터하고 즉각적인 피드백을 제공할 수 있게끔 하였다. 참여 기간은 사전에 정해지지 않았다. 이 연구에서의 참여 종료는 학생과 코치가 발전에 만족했을 때 스스로 결정했다. 학생들의 경험은 종료 시에 반구조화된 인터뷰를 통해 평가되었고, 학생들은 다시 세 종류의 질문지를 완성하였다.

디지털 코칭은 일반적인 요소들로 이루어져 있다. 이는 효과성과 더 구체화된 특성을 증가시키고, 미루기와 관련된 특정 문제에 맞춤 조언을 제공할 수 있게 하였다. 일곱 가지 주된 요소는 이 프로젝트를 위해 특별히 개발된 페이지들과 마찬가지로 다음에 제시했다.

학생들의 문제점과 원인 밝히기

코칭 과정을 시작하면서 학생들의 문제점과 원인을 밝히기 위해 질문지와

〈표 10-1〉 웹 기반 계획 양식

아침 8시부터 자정 12시까지 각 시간대마다 참여하고자 하는 활동을 채워 넣고, 그 활동을 공부, 여가 활동 혹은 기타로 분류하세요.

시각	활동	특성		
8:00		○ 공부	○ 여가 활동	○ 기타
9:00		○ 공부	○ 여가 활동	○ 기타
10:00		○ 공부	○ 여가 활동	○ 기타
11:00		○ 공부	○ 여가 활동	○ 기타
12:00		○ 공부	○ 여가 활동	○ 기타
13:00		○ 공부	○ 여가 활동	○ 기타
14:00		○ 공부	○ 여가 활동	○ 기타
15:00		○ 공부	○ 여가 활동	○ 기타
16:00		○ 공부	○ 여가 활동	○ 기타
17:00		○ 공부	○ 여가 활동	○ 기타
18:00		○ 공부	○ 여가 활동	○ 기타
19:00		○ 공부	○ 여가 활동	○ 기타
20:00		○ 공부	○ 여가 활동	○ 기타
21:00		○ 공부	○ 여가 활동	○ 기타
22:00		○ 공부	○ 여가 활동	○ 기타
23:00		○ 공부	○ 여가 활동	○ 기타
24:00		○ 공부	○ 여가 활동	○ 기타

- OK: 일일 점검 및 저장: 이 양식을 확인하고 버튼을 누르세요. 데이터가 당신의 주간 점검을 위해 저장됩니다.
- Delete: 모든 데이터가 0으로 설정됩니다. 당신은 이 양식을 다시 채울 수 있습니다.
- 일일 점검 및 데이터 저장 없음.
- Print: 이 양식을 인쇄하기 위해서는 브라우저에 있는 프린트 버튼을 사용하세요.

당신의 코치에게 연락하기 위해 다음 양식을 꼭 채워 주세요.

성		이름	
이메일 주소		날짜	

해당 일(day)에 대한 코멘트와 의견

면대면 인터뷰가 사용되었다. 개인의 필요에 따라 학생들은 추후에 시간 관리, 공부 환경 그리고 시험 준비 등과 관련된 웹 버전 체크리스트를 채우도록 조언받았다. 이러한 체크리스트는 즉각적인 피드백을 제공하였다. 필요한 경우, 우리는 미루기와 관련된 행동, 인지 그리고 공부 환경의 측면을 강조하기 위해 이메일을 활용하였다.

생산적인 공부 기술에 대한 정보 제공하기

우리는 학생들에게 학업 문제와 어떻게 하면 더 생산적인 환경으로 변화시킬 수 있는지에 대한 정보를 제공하였다. 이러한 한방향·쌍방향 웹페이지의 예시에는 공부와 시험 준비 정보(Studying for Dummies), 집중력 문제와 관련된 열 가지 규칙, 집중력 있게 공부하고 주의 산만에 대처하는 것과 관련된 상호적 수업과 체크리스트 등이 있다.

시간 관리 전략에 대한 교수

시간 관리 전략을 가르치는 것은 디지털 코칭의 중요한 부분이다. 학생들은 매일 웹 기반 시간 모니터링 양식을 작성하고, 작성한 양식을 코치에게 이메일로 보내야 한다. 추가로 우리는 학생들에게 웹 페이지 중 하나(예: 계획과 시간 관리에 대한 정보)를 찾아보고, 상호 체크리스트인 '시간 사용하기'를 완성하며, '계획 세우는 법'이라는 상호 선다형 테스트를 치르도록 요구했다. 우리는 조언을 제공하였고, 구체적이고 명백하며 현실적인 목표와 기한을 세워야 하는 학생들의 과제를 지원하였으며, 비현실적인 목표로 인한 부정적인 경험을 나누었다.

즉각적인 피드백 제공하기

매일 매일의 시간 모니터링 양식은 학생들에게 제공할 수 있는 가장 중요하고, 가장 빈번한 피드백의 원천이다. 이러한 상호적인 양식은 간단하면서도 즉 각적인 피드백을 자동으로 제공한다. 게다가 학생들은 코치가 그들의 시간 사용에 대해 살펴볼 것이라는 것을 알고 있다. 코치는 학생들이 작성한 양식과 다른 숙제들에 대해서 가능한 빨리 그리고 자주, 일주일에 최소 하나 정도의 피드백을 제공한다. 코치가 맞춤형으로 만든 피드백과 더불어 웹페이지와 체크리스트 또한 자동으로 피드백을 제공한다.

사고 패턴과 행동 변화시키기

디지털 코칭에서 또 다른 중요한 목표는 비생산적인 사고 패턴과 행동을 변화시키는 것이다. 예를 들어, '어쨌든 난 할 수 없어.'와 같은 비현실적이고 비관적인 사고와 '내일부터 시작하면 쉽게 처리할 수 있을 거야.'와 같은 비현실적이고 낙관적인 사고는 자주 맞닥뜨린다. 이러한 생각은 계획된 과제를 미루거나 아예 포기하게 하고 좌절에 이르게 한다. '학생 상담자의 조언'과 더불어 '잘 알려진 미루기 변명'을 제시하고 있는 웹페이지는 비생산적인 사고 패턴과 행동에 대처하는 데 유용한 것으로 드러났다. 다른 페이지들은 학생들에게 과제에 대한 새롭고 건설적인 접근 방식을 제공한다. 'Start'라고 불리는 일련의 상호적인 웹 기반 워크시트는 학생들이 네 가지 질문에 대한 답을 찾을 수 있도록 돕는다.

- 당신이 염두에 두고 있는 학습 목표는 무엇입니까?
- 이러한 학습 목표는 얼마나 중요합니까? 그리고 당신이 그만두어야만 하는 다른 활동에는 무엇이 있습니까?
- 당신은 이러한 목표에 도달할 수 있겠습니까?
- 공부를 시작하고 목표를 달성할 수 있다고 믿고 있습니까?

결론적으로 이 네 가지 질문은 해야 할 공부와 도달 가능한 목표 그리고 무엇을 해야 할지에 대한 이해를 돕는다. 학생은 이러한 질문을 통해 비생산적인 사고 패턴을 수정하는 법을 배운다. Start 질문 기법은 미루는 것을 예방해 준다.

학생 참여 높이기

학습 코치들은 학생들의 학업과 수행에 대한 참여를 격려하였다. 학생들이 성공 경험에 대한 현실적으로 접근하도록 도와주었다. 목표는 실패 경험의 반복을 예방하고 자기 행동에 대한 개인적 책임을 증진시키는 데 있었다. 적절한 목표 설정, 성공과 실패 귀인에 대한 피드백, 이메일 등은 무력감에 따른 자기 패배적 패턴을 개선(6장 참조)하고 유능감을 증진하는 전략으로 사용되었다.

불안, 수치심, 소외의 극복

연구진은 학생들이 불안, 수치심과 개인적 고립을 극복하고 미래를 위한 전망을 개발하도록 도왔다. 인터넷과 이메일 등을 통해 격려하고 지지하는 방식으로 이러한 목표를 달성하고자 하였다. 맞춤형 이메일은 미루기 문제를 가진 학생에게 적절한 도움을 줄 수 있도록 하였다. 불안, 수치심을 유발하는 내면대화 대신에 좀 더 건설적이고, 수용적이면서도 사무적인 대화가 사용되었다.

현실적이고 이룰 수 있는 목표를 설정하는 것은 시간 관리 기술뿐 아니라 압도되는 느낌 같이 학업 장면에서 나타날 수 있는 개인적인 감정(주관적 평가, subjective appraisal)을 예방하는 데도 도움이 되었다. 목표 설정은 불안 극복에 도움이 된다. 또한 즉각적인 피드백은 좌절 상황에서 지지를 제공한다. 학생과 학습 코치는 함께 상황을 분석하고 문제에 대한 해결책을 찾는다. 결과적으로 전에는 좌절감과 수치심을 안겨 주어서 회피 행동을 하게 했던 실패 상황이 학습 기회로 전환되었다.

연구진은 디지털 코칭 프로젝트에 참가한 다른 학생들의 사례를 통해 미루기 문제가 결코 개인만의 문제가 아님을 보여 주었다. 이것은 학생들로 하여금 미루기를 자신만의 문제라고 생각하여 느낄 수 있는 소외를 극복하도록 도와주었다.

결 과

디지털 코칭 프로그램에 참여한 23명의 학생은 학습 관리, 학업 유능감, 시험 유능감, 시간 관리, 주중 개인 공부 시간 등에서 점수가 매우 낮았다. 전략적 학업 점수는 평균이었다. Lay의 미루기 척도 검사 결과 참가자들의 점수는 매우 높았다. 평균 SOM 비율은 .41을 보였는데, 이것은 시험 불안이 높은 학생들의 낮은 점수와 비교했을 때 갈등에 대한 자기 대화(Schwartz & Garamoni, 1986)를 가리키는 것이다(Topman et al., 1997).

13명의 학생이 프로그램을 완료했고 사전, 사후 검사를 실시하였다. 13명의 사전 검사 점수는 23명의 검사 점수와 통계적으로 다르지 않았다.

단순 차이 검증과 사전 사후 점수를 비교하였다. 학업 관리 변인과 학업 성과 점수에서의 변화는 없었으나 주당 공부 시간은 19시간에서 23시간으로 변화되었고, 이것은 통계적으로 유의하다고 볼 수 있다($t = -2.12, p < .055$). 미루기 척도 점수는 유의하게 낮아졌다($t = 4.00, p < .002$). SOM 비율은 .38에서 .52로 증가하였다. 이것은 부정적 사고와 긍정적 사고 간에 좀 더 균형을 갖게 되었음을 말하는 것이고, 이 차이 값 역시 통계적으로 유의하다고 볼 수 있었다($t = -2.15, p < .054$).

반구조화된 인터뷰를 통해서 가장 도움이 되었다고 보고된 것으로는 '누군가 당신을 지켜보고 있다.'는 문구와 코치 앞에서의 자기 변호, 시간 관리 일지 기록하기, 통찰, 목표 설정, 이메일 등이 있었다. 학생들의 전반적인 평가는 긍정적이었다. '누군가 당신을 지켜보고 있다.'는 문구가 가장 많이 도움이 되었다고 보고되었다.

함의점과 제한점 그리고 제안점

사람에 따라 차이가 있지만 전반적으로 디지털 코칭 프로그램은 효과적인 것으로 나타났다. 상담 현장에서 이러한 프로그램은 유용하고 실행 가능한 것으로 증명되었다. 다음 몇 가지 사항은 이 프로그램의 함의점을 보여 준다.

개발 과정에서 디지털 코칭 프로그램은 전통적 상담에 비해 더 효율적이지는 않았다. 문구를 정하고, 기술 문제를 해결하며, 이메일에 대한 답장 기술을 개발하는 것과 더불어 미루기에 대한 내담자들의 기발한 변명에 대응하는 전략을 알아가는 것은 많은 시간을 소요하는 일이었다. 한 명의 학생을 코치하는 데 대개 주당 1시간이 소요되었다. 그러나 이 방법은 전통적인 상담과 다르게 학생들을 지지할 방법을 제공하였다. 또한 상담실에 오지 않을 학생들이 프로그램에 참여할 수 있게 되었다.

참가하는 학생들의 문제 수준은 다양했다. 진입 장벽이 낮은 인터넷의 특성으로 다양한 문제 수준을 가진 학생들이 참여하였다. 미루기 문제는 좀 더 일반적이고 개인적 문제와 연계된 경우가 있었고, 낮은 진입 장벽은 학생들이 도움을 받고자 하는 마음을 갖게 해 주었다.

라이덴 대학교의 미루기 문제를 지닌 학생 수와 인터넷 접속자 수가 상당한데도 단지 2%의 학생만이 이 프로그램에 참여하였다. 이러한 참여율에는 몇 가지 이유가 있다. 먼저 인터넷상에서의 홍보가 잘 이루어지지 않았다는 문제가 있을 것이다. 최근에 사무적인 문구가 좀 더 개인적인 것으로, 개인을 초대하는 형식으로 바뀌었다. 이것이 더 효과적이라는 인상을 준다. 두 번째 요인은 학생들이 이 프로그램에 참가하는 것을 미루고 있다는 것이다. 세 번째 요인은 디지털 코칭이란 개념이 아직 널리 알려지지 않았다는 점이다. 예비 연구 마지막에 진행된 모임을 통해 참가자 수는 증가했다. 이 학생들은 새로운 연구에 등록할 것이다.

프로그램 결과 미루기 행동은 통계적으로 유의하게 변화하였다. 그러나 실제 행동상의 변화는 크지 않은 것으로 보인다. 두 가지 이유가 이러한 불일치를 설명한다. 첫째, 공부 시간 측정의 어려움이다. 대부분 공부 시간을 과대 측정하는 경향이 있었다. 그들은 프로그램을 통해서 자신의 시간 사용에 대해 인식하게 되었고, 실제에 가까운 공부 시간 측정 방법을 배우게 되었다. 그러다 보니 실제 행동 변화가 일어나더라도 잘 반영되지는 못하였다. 둘째, 학생들의 공부 시간은 프로그램 기간 동안 자주 변하였다. 첫 주 동안 많은 학생이 좋은 의도를 가지고 출발하였으나 머지않아 예전의 미루기 행동을 보였다. 이 기간 동안 학생들은 프로그램을 그만두었으나, 디지털 코칭은 이러한 혼란 상황에서 즉각적인 피드백을 주는 장점을 보였다. 과제를 미루는 경향에 대해 격려가 가능하였다. 시간 관리와 시간 투자를 잘하려면 학생과 코치 모두에게 지속적인 노력이 필요하다.

미루기 코칭 과정에서 '무관심형'과 '불안형' 사이에는 분명한 차이가 있었다. Lay(1988)의 낙관적 미루기형과 비관적 미루기형이 이 두 유형의 출발점이 된다. 연구진이 발견한 것은 많은 학생이 시간 연계형('마감까지 몇 주가 남았어.') 낙관주의나 비관주의('마감까지 불과 며칠 남았어.')를 나타냈다. 이러한 낙관성의 결과로 미루기 행동을 하였고, 마감이 임박했을 때 너무 늦게 시작했음을 알고 스트레스를 받으며 절망에 빠졌다.

'무관심형'은 인식 수준의 증가가 중요하다. 이러한 사람들은 쉽게 관심사가 옮겨지고 학업 미루기에 대한 갖가지 변명을 둘러댄다. 이러한 유형을 다루는 데 두 가지 주요한 원칙은 미루기 행동에 대한 직면과 미루기 행동의 결과에 대한 반영이다. 이 프로그램에서는 친절하나 단호한 코칭이 진행되었다. 불안 유형은 미루기를 내적 문제로 경험하였다. 이러한 학생들은 종종 '공부해야 하는데 두렵다. 나는 내 행동이 부끄러워.' 등과 같은 내적 대화를 보고한다. 두 가지 주요한 목표는 이러한 신념을 수정하고 자아 효능감을 높여 주는 것이다. 디지털 코칭 프로그램에서 우리는 부정적 독백을 좀 더 건설적인 것으로 바꾸도록 도왔다. 예를 들어 '나는 실수하는 게 두렵지만 완벽할 필요는 없어.'라든지 '실수해도 괜찮아.' 등이 있었다.

이 연구의 결점은 명확하다. 참가자 수가 연구를 일반화하기에는 너무 적다는 것이다. 프로그램 시간이 적다 보니 이들이 미루기 행동을 극복하고 학습과 관련해 긍정적인 인식을 형성하고 생산적인 학업 습관을 갖도록 하는 데 한계가 있었다. 회고해 보았을 때 연구진은 미루기 행동이 얼마나 고착된 것인지를 간과하였다. 학생처럼 코치도 그들의 높은 기대와 비현실적인 낙관성을 조절하는 법을 배워야 했다.

결론적으로 연구진은 추수 연구를 위한 제안점을 제시한다. 첫째, 다수의 참가자와 통제 집단 및 추가 측정이 포함된 대규모 연구가 필요하다. 중도 탈락을 예방하기 위한 전략 개발뿐만 아니라 프로그램에서 중도 탈락한 이유를 조사하는 것이 필요하다. 디지털 코칭에는 좀 더 많은 시간을 투자하는 것이 필요하다. 두 가지 미루기 유형에 대한 구별과 다른 개입 전략이 필요하다.

디지털 코칭은 추가 도구와 개별화된 피드백 시스템 등을 통해 개선되어 가고 있다. 또한 참여에 대한 사인, 버디 시스템, 웹 카메라 사용, 문자 메시지, 서로 다른 슬로건으로 구성된 스티커와 태그(예: 직면, 긍정적 자기 진술, 자아 효능감 높이기) 등은 참가자의 인식과 참여도를 높이기 위한 도구로써 유용할 것이다.

제11장 ▸▸ TIMOTHY A. PYCHYL AND KELLY BINDER

학업 미루기와 개입 프로젝트: 분석의 관점

미루기와 미루기 치료 관련한 우리의 관점에는 일종의 아이러니가 있다. 흔히 미루기는 '하지 않는 것'의 문제로 보지만 우리는 개인의 특성, 특히 성격적 측면에서 '가지지 않은' 문제로 바라보는 관점으로 접근하고 있다. 좀 더 자세히 말하면 '하지 않는' 미루기의 문제는 반드시 해야 할 일을 미래의 부정적인 결과를 초래하는데도 의도적으로 하지 않는 것으로 정의된다(예를 들어, Ferrari, Johnson, & McCown, 1995; Milgram, 1991; Milgram, Weizman, & Raviv, 1991 또는 이 책의 4장을 참조). 비논리적으로 들릴지 모르지만 우리가 변화하기를 희망하는 것은 이러한 의도적으로 '하지 않는 행위'가 아니다. 아이러니하게도 미루기를 연구하는 연구자들이 관심을 갖는 것은 상담자들도 종종 언급하는 부분인데, 일반적으로 미루는 사람들의 고차원적인 개인적 특성이다. 예를 들어, 미루기는 성실함(Lay, 1997; Lay & Brokenshire, 1997; Schouwenburg & Lay, 1995; Watson, 2001)이나 자기 존중감(Ferrari, 1991b, 1994, 2000) 부족의 문제이고 완벽주의(Burns, Dittmann, Nguyen, & Mitchelson, 2000; Flett, Blankstein, Hewitt, & Koledin,

1992; 이 책의 3장 참조)라 주로 일컬어지는 측면이나 실패에 대한 두려움 (Rothblum, 1990; Schouwenburg, 1992)을 너무 많이 갖는 문제다. 우리는 미루는 사람들이 '가지고 있는 것' 또는 '가지고 있지 않는 것'을 연구하고 다룸으로써 '하지 않고 있는' 미루기 행동에 영향을 미치는 방법을 연구하고자 한다.

개인의 특징 중에 '가지고 있는 것(특성)'과 '행동하는 것(행동)'의 구분은 개인의 특성이 미치는 행동의 영향 여부와는 반대로 좀 더 분석적인 수준에 해당할 것이다. 많은 선행 연구를 통하여 우리는 개인의 특성은 우리의 삶에서 행동에 명확하게 영향을 미친다는 것은 알 수 있다(Pervin & Jonh, 1999). 또한 같은 연구에서 성격이 상대적으로 지속적인 특성임을 나타난다. 이러한 점은 미루기가 성격 유형에 있어 성실함이 낮은 유형에서 가장 많이 나타난다는 점에서 명확히 드러난다. 가지고 있는 것과 행동하는 것 사이의 구분을 최근의 성격 연구에서 중점으로 삼는 것은 성격 연구 분석의 수준이다. 5요인 성격 모델과 같은 광범위한 특성, McCrae와 Costa(1999)의 5요인 성격 이론에서 '기본 경향성'이라고 명명한 특성을 다룰 것인가? 아니면 개별 프로젝트(Little, 1999)와 같은 중간 수준의 분석 방법을 사용해야 하는가?

분석 수준에 대한 논의는 미루기 문제를 이해하기 위한 측정 도구의 특징 이상의 문제다. 즉, Allport(1937)가 오래전에 제시하였듯이 이론적으로 가지고 있는 것에서 행동하는 것의 관점으로 이동해야 한다는 점을 의미한다. 이것은 이장의 목적이기도 한데, 우리의 삶에서 '하는 것'과 '하지 않는 것'을 포착하여 분석의 단위로 살펴봄으로써 학업 미루기를 이해하고, 측정하고, 개입하는 전통적인 접근 방식에서 벗어나는 것이다.

이 장에서는 우리는 어떻게 연구자와 상담자가 개별 프로젝트 분석(personal projects analysis; PPA)을 통하여 학생들의 생활에서 '하는 것'과 '하지 않는 것'을 탐색할 수 있는지에 대해 초점을 맞추고 있다. 우리는 독자들이 이러한 프로젝트 관점의 분석 단위를 통하여 미루기를 바라보는 새로운 관점으로 세팅할 수 있기를 바란다. 또한 Little(1987)이 말한 '문제에서 앞으로 나아가지 못하게 질질 시간을 끌거나 때때로 난처하게 만드는' 학업 미루기를 좀 더 이해할 수 있기를 바란다.

　이 장은 결단력 있는 행동의 실패로 알려진 미루기 연구에 잘 맞는 심리학적 관점에 대해 간단히 살펴보는 것으로 시작할 것이다. 여기서 우리는 '능동적' 심리학이라 알려진 측면(Hershberger, 1988; Little, 1999)과 이와 관련된 개별 프로젝트로 알려진 인지-동기의 측정 단위를 살펴볼 것이다. 다음으로 결과 측정을 위하여 PPA라 불리는 측정 도구를 사용하여 학업 미루기 관련 개입 프로그램에 대한 연구를 논의할 것이다.

‖ 능동심리학과 인지: 동기 측정 단위 ‖

　개별 프로젝트는 1980년대, 1990년대 성격심리학에서 떠오른 수많은 분석 단위 중 하나다(Buss & Cantor, 1989; Little, 1983; Pervin, 1989). 분석 단위는 현재의 관심(Klinger, 1977, 1987), 점진적인 업무 또는 전략(Buss, 1986, 1987), 일상에 주어진 일(Cantor & Kihlstrom, 1987), 개인적 어려움(Emmons, 1986, 1989), 가능한 자기(Markus & Nurius, 1986)를 포함한다. 비록 성격 연구에서 연대기적 기술은 새로운 측면이지만 이러한 중간 단위 분석 방법은 Allport(1937)가 제시한 것과 개념이 같다. 즉, '하는 것(계획된 행동)'은 성격에서 '가지고 있는 것(특성)'과 반대되는 개념이다(Cantor, 1990). Cantor와 Zirkel(1990)은 다음과 같이 언급하였다.

　　이러한 중간 수준 단위에서 수행되는 '하는 것' 접근 방식은 개인마다 다양하게 이루어지지만 관점은 공통적인데 동기, 정서, 인지를 통합한 사회적 행

동에 대한 설명이고…… 행동으로 드러나는 행동의 복잡한 면을 드러내는 행
동 측정 방식에 주목한다는 점이 비슷하다(p. 152).

우리의 미루기 탐색에서 개별 프로젝트와 같은 중간 수준 단위 분석을 적절
하게 만드는 것은 동기, 정서, 인지의 이러한 통합이다. 이 책은 전체적으로 각
장에서 학생들이 어떻게 느끼고 생각하고 행동하는지 간의 상호작용을 주목한
다. 개별 프로젝트와 같은 중간 수준 분석 단위는 개인과 환경의 역동적인 행위
나 개인과 맥락 간의 상호작용을 포착하는 것이 중요해 보인다. 개별 프로젝트
는 특별한 개인적 맥락에서 정의되고 끌어올 수 있다(Little, 1999). '출석하기'와
같은 일상적인 일에서 논문이라 불릴 수 있는 '대표작을 쓰는 것'과 같은 굉장
한 일까지 특정한 맥락에서 모든 것이 수행되고 또 수행되지 않을 수 있다. 따
라서 맥락은 우리 프로젝트의 성공적인 완료에 방해물로도, 촉진 요소로도 작
용할 수 있으며 개인과 행동에 대한 이해와 분리되어 있지 않다. 어떤 연구자들
(예: Ferrari & Pychyl, 2000a)은 미루기의 일반적인 특성에 주목하기보다는 미루
기 상황의 형태로 학업 미루기를 구체화하는 것에 초점을 맞추는데, 이러한 부
분이 맥락이 될 수 있다.

개별 프로젝트 자체는 어떻게 개인이 자신의 현재 생활에서 상황을 협상하
는지 표현해 주기 때문에 흥미롭다. 프로젝트 리스트를 무심히 보아도 응답자
가 일상에서 어떤 것에 관심을 가지는지 그림을 그릴 수 있고 앞으로의 논의
거리, 즉 의도가 무엇이고 어디로 가고 있는지를 찾는 기회를 제공해 준다. 하
지만 프로젝트에 대해서 개인이 어떻게 생각하고 느끼는지 모르고 단지 부분
적인 그림만을 그린다. 이러한 프로젝트를 성공적으로 협상하려는 시도에 대
한 개별 평가나 프로젝트 평가는 어떻게 사람들이 기능하고 있는지 이해하는
데 핵심이다. 프로젝트 평가는 PPA 연구 방법과 긴밀히 연관되어 있고 어떻게
프로젝트 자료가 수집되고 분석되는지를 논의하는 과정을 통해 나타난다.

‖ 개별 프로젝트 분석 ‖

전통적으로 PPA는 기필식 자기 보고 방식으로 제시된다(인터뷰 방법이 사용되기도 한다. Omodei & Wearing, 1990; Pychyl & Little, 1998 참조). 개인은 자신의 현재 개별 프로젝트의 예를 일반화시킴으로써 시작한다. 전형적인 프로젝트는 학생 샘플에서 시험을 준비하고 매일 더 공부하고 좀 더 규칙적으로 헬스장에 가고, 라이팅 센터를 방문하고, 10파운드를 빼고, 일하는 시간을 줄이고, 휴일에 부모님을 방문하고, 아파트를 청소하고, 텔레비전을 덜 시청하는 것과 같은 것을 포함할 수 있다. 구체적인 학업 프로젝트 샘플은 제외되었는데, 제외된 것은 다음과 같다. 수학 문제를 푸는 것, 『워터십 다운의 열한 마리 토끼(Watership Down)』를 읽는 것, 평점을 올리는 것, 지속해서 매일 독서를 하는 것, 기말시험을 공부하는 것, 웹에서 연구를 수행하는 것, 학업 어드바이저와 이야기하는 것, 프레젠테이션을 준비하는 것, 교육방송 비디오테이프 시청을 시작하는 것, 회계학 과목 조원들을 만나는 것, 지리학 과목을 수강 취소하는 것, 여름 학기를 등록하는 것, Java 숙제를 완료하는 것, 스페인어 노트를 만드는 것, 과외교사를 찾는 것, 과제 성적을 확인하는 것, 화학 과목 필기하는 것, 강의 집중력 향상시키는 것, 어려운 물리학 질문을 리뷰하는 것, 남아 있는 심리학 페이지를 읽는 것이다.

이러한 제외된 리스트에서 참가자들은 PPA 매트릭스에 리스트할 10개의 프로젝트를 선택한다. 이러한 PPA 모듈은 Little(1983)이 만든 것인데, 10×19 매트릭스에서 10개의 프로젝트가 행에 놓이고 19개의 열에 PPA 영역이 놓인다. 17개의 열에는 11점 척도의 평가 척도가 놓이고, 2개의 비고란에는 이 프로젝트에 '누구와 함께' 참가하게 되었는지 '어디에서' 이 프로젝트에 참여하는지 적는다. 17개의 평가 척도 영역은 표준 PPA 영역으로 여겨지는데(Pychyl &

Little, 1998), 중요성, 즐기기, 어려움, 가시성, 통제, 시도하기, 스트레스, 시간적 적합성, 결과, 자아 정체감, 다른 사람들의 관점, 가치 일치성, 긍정적 영향, 부정적 영향, 진전도, 도전, 흡수 정도로 구성된다(PPA 프로젝트 평가 모듈은 1983년 Little의 것을 참조).

이러한 PPA 프로젝트 평가 모듈의 각 영역은 개별 프로젝트의 중요한 특징을 잠재적으로 반영하기 위해서 이론적·실제적 바탕에서 선택되었다(Little, 1983, 1989). 예를 들어, 가시성, 시도하기, 통제의 영역은 Little의 계획, 프로젝트의 행동 단계와 관련되어 있다(Gollwitzer & Bargh, 1996). 가치 일치, 스트레스, 시간적 합성 같은 영역이 포함되었는데 이것은 삶의 만족도, 정서, 신체적 건강, 스트레스, 우울과 같은 흥미 결과 측정과 관련 있다는 가설 때문이다(Little, 1983, 1989). 결론적으로 이러한 영역은 넓은 범위의 심리적 관심을 반영하고, 개인이나 상담자 모두에 중요하다. 영역의 선택과 요인 분석에 따른 이론적 배경을 바탕으로 하여 Little은 다섯 가지 요소가 17개의 평가 척도 영역 사이에 공변인으로 기저에 작용한다고 제안하였다(Little, 1999; Pychyl & Little, 1998 참조).

이제 간략한 PPA의 이론적 개관이 끝났으므로, PPA가 학습 미루기 탐색과 중재 방법으로서 활용될 수 있다는 것을 보여 주는 연구를 설명하겠다. 전반적으로 제기된 질문은 '일반적인 학업 미루기 중재가 학생의 개인 과제에서부터 학생의 삶에 영향을 미치고 있는가?'다.

‖ 상담 대상 및 내담자 접촉 절차 ‖

이 연구를 위해 우리는 50명의 학부생을 모집하였다. 이 중 15명은 중재(혹은 워크숍) 집단에 속하였고, 나머지 35명은 2개의 비교 집단 중 하나에 속하였다.

중재 집단에 속한 학생들은 스스로 학습을 미루고 있다고 밝힌 이들로서 캠퍼스 곳곳에 붙인 상담 홍보 포스터를 보고 직접 찾아온 학생들이었다. 나머지 학생들은 Procrastination Research Group(http://www. carleton.ca/~tpychyl) 집단검사 정보 풀에서 Aitken 미루기 척도(API; Aitken, 1982)에서 상위 30%의 점수를 받은 이들을 무작위로 선발하였다. 그 후 전화로 연락을 하여 참가하기로 한 자원자들을 두 비교 집단 중 하나로 무작위로 배정하였다. 첫 번째 비교 집단($n=17$)은 PPA를 연구 과정으로 받았고, 두 번째 비교 집단($n=18$)은 PPA나 그 외 다른 처치를 제공받지 않았다(PPA는 중재 프로그램으로 사용되지 않고, 학습 미루기 연구의 성과 검사 중 하나로 사용했다).

‖ 상담 프로그램 개관과 목표 ‖

이 워크숍의 인지행동적 접근은 이전에 칼턴 대학교에서 제공되었던 처치 프로그램에 기반하고, 학생들이 학업 미루기를 극복할 수 있도록 향상된 통찰과 기술 그리고 전략을 제공하는 데 목적을 두고 있다. 학습 미루기를 다루는 상담자가 설명하였듯이(Delicate, 1998) 목표는, 첫째, 미루기를 지속시키는 사고 패턴을 변화시키고, 둘째, 무력하게 만드는 죄책감과 불안을 감소시키고, 셋째, 큰 과제를 작은 과제들로 나누어 해야 할 일을 잘 관리할 수 있도록 도움을 주어 압도되는 느낌의 경험을 방지하는 것이다. 이런 측면은 다른 다양한 인지행동 접근[예: Ferrri, Johnson 등(1995)에 인용된 J. L. Johnson & McCown's Doing It Now 프로그램]이나 관련된 치료 전략과 기술(예: Burka & Yuen, 1983; Knaus, 1998)과 유사하다.

‖ 중재 프로그램에 관한 연구물 개관 ‖

모든 참가자는 네 번에 걸쳐 검사들을 완성했다. 이는 학생용 미루기 평가 척도 (PASS; Solomon & Rothblum, 1984), 학업 미루기 상태 검사(APSI; Schouwenburg, 1995), 주관적 안녕감에 대한 검사로 삶의 만족도 척도(SWLS; Diener, Emmons, Larsen, & Griffin, 1985)와 정적 · 부적 정서 척도(Positive and Negative Affect Scales; Diener & Emmons, 1984), 두 가지 그리고 수정된 버전의 PPA 검사(Little, 1983)를 포함하였다. 학생이 어떤 검사를 몇 번째로 받았는지는 그가 속한 집단 과 시간 간격에 의해 결정되었다. 이 연구에서는 학생의 학업 과제 미루기 경향 (과제 미루기나 회피에 대한 이유가 아닌)을 평가하기 위해 PASS의 첫 부분만 채점 되었다. 〈표 11-1〉은 누가 언제 어떤 검사를 받았는지를 보여 주는 요약된 검 사 일정이다.

〈표 11-1〉 요약된 검사 일정

집단	오리엔테이션 회기(T1)	회기 3(T2)	회기 6(T3)	후속 회기(T4)
처치 집단	모든 검사	PPA만	모든 검사	모든 검사
비교 집단 1	모든 검사	PPA만	모든 검사	모든 검사
비교 집단 2	PPA를 제외한 모든 검사	없음	PPA를 제외한 모든 검사	PPA를 제외한 모든 검사

출처: PPA＝개인 프로젝트 분석 질문지(the Personal Projects Analysis questionnaire; Little, 1983) T＝검사 실시회 기, 각 검사들은 매 회기마다 실시 순서를 무선적으로 배정하여 실시함. 이 연구에서는 두 가지 미루기 척도 (PPA와 학생용 미루기 평가 척도-Procrastination Assessment Scale-Students; Solomon & Rothblum, 1984) 와 주관적 웰빙(subjective well-being)의 세 가지 척도 및 PANAS(Positive and Negative Affect Scales, 긍정- 부정 정서 척도; Diener & Emmons, 1984를 사용함.)

‖ 중재 프로그램 실시 개요 ‖

이 부분에서는 중재와 연구 절차를 위한 내용과 구성 방식을 제공한다. 워크숍 회기 간에 많은 내용이 겹쳐 있다는 것을 알 수 있다. 이것은 불가피한 것이고 집단 치료의 특성을 고려할 때 사실상 필수적이다. 아이디어와 개념들이 공유될 때 이전에 이미 논의되었던 주제들을 다시 다루는 것은 흔한 일이다. 어떤 이들은 이것이 변화에 저항적인, 이미 존재하고 있던 신념을 수정하는 것을 목표로 하는 인지행동 접근에서는 피할 수 없는 일이라고도 주장한다(Kuehlwein & Rosen, 1993).

처치 집단은 칼턴 대학교에서 겨울 학기 중 전문 상담자가 진행하는 2시간짜리 워크숍 회기에 여섯 번(오리엔테이션 회기 한 번과 처치 회기 다섯 번) 참여하였다. 제2저자가 상담자의 슈퍼비전하에 집단의 리더 역할을 하였다.

각 회기의 전날에는 제2저자가 학생들에게 연락을 하여 워크숍에 대해 다시 한 번 알려 주었다. 회기를 빠지는 학생이 있을 경우, 전화를 해서 불참한 이유에 대해 질문하였다.

오리엔테이션 회기

치료 요소
상담자는 워크숍의 목표를 설명하고 비밀 보장과 워크숍에 대한 책무에 대해서 참가자들과 함께 논의하는 시간을 가졌다.

연구 요소
첫 회기는 첫 검사를 실시한 시점이다(T1; 〈표 11-1〉 참조). 모든 참가자는 우선 동의서를 작성하였다. 상담자는 연구에 대해 설명을 한 후 참가자들이 회기 후 떠나기 전에 작성해야 할 검사 패키지를 배부하였다. 비교 집단 1에 속한 학생들은 앞서 설명된 다섯 가지 검사를 받았고, 비교 집단 2의 학생들은 PPA를 제외한 모든 검사를 받았다.

1회기

치료 요소

상담자는 워크숍의 목적과 목표에 대해 설명을 하고 참가자들이 집단에서 자기소개를 하는 시간을 갖게 하였다. 그리고 미루기의 몇 가지 정의와 과제 지연의 장단점을 함께 살펴보았다. 참가자들은 자신의 학업 미루기 경험과 관련된 개인적인 생각과 느낌을 나누었다. 상담자는 자신의 행동에 대해 책임을 지는 것에 대해 다루었다. 그 후, 학생들은 과제에 대한 생각과 느낌을 논의하였다. 상담자는 과제 회피, 실패에 대한 두려움(예: Rothblum, 1990), 인지적 미신(예: "나는 항상 무언가 해 내야 해.")을 떨쳐버리기 위한 시도와 미루기를 지속시키는 부적응적인 생각(예: "미리 시작하면 내가 즐기는 것들을 할 시간이 없어질 거야.")에 도전하는 비합리적인 신념과 같은 미루기의 여러 측면을 소개했다. 또한 학생들은 미루기에 대한 자신의 감정을 적었고, 상담자는 그들이 가지고 있는 좋지 않은 생각을 도움이 되는 생각으로 대체할 수 있게 도와주는 활동지를 제공하였다. 첫 활동지에 학생들은 그들의 생각과 행동을 적고, 선택된 과제나 활동을 하기 전, 하는 도중 그리고 한 후의 미루기와 관련된 감정에 대해 10점 척도로 평가하였다(이 활동에 대한 결과는 이 연구에 포함되지 않았다). 두 번째 활동지는 첫 번째와 동일하게 구성되었고, 상담자가 제공한 내용에 따라 그들이 스스로 만든 도움이 되는 생각을 적어보았다. 그 후, 선택된 과제나 활동에 대한 새로운 생각과 관련된 감정과 행동을 평가하였다.

회기의 마지막 부분에서는 상담자가 미루기와 관련된 불안이 시사하는 바를 알려 주고, 긴장 완화 방법(심상화를 첨가한)을 가르쳐주어 불안이 감소하는 것을 도왔다. 다음 회기를 위한 과제로 이 완화법을 연습하고 활동지를 사용하는 것을 주었다. 학생들이 이야기한 미루기와 관련된 생각, 감정, 행동은 워크숍 내내 다루어졌다(이 회기에서는 자료 수집을 하지 않았다).

2회기

치료 요소

이 회기는 이전 회기의 과제에 대한 논의로 시작되었다. 집단은 미루기를 지속시키는 추가적인 인지 신념(예: 완벽주의-"나는 완벽해야 한다. 그렇지 않으면 나는 가치가 없다.")에 대해 이야기해 보았다. 상담자는 무언가를 시작하는 과정에서 발생되는 어려움을 다루었다. 이전 회기에서의 내용을 다시 한 번 강화시키기 위해 상담자는 학생들에게 인지적 스크립트를 변화할 수 있는 방법(예: 오래된 유익하지 않은 표현을 새롭게 바꾸어 보는 방법)을 모색해 보는 활동을 하도록 하였다. 그 후, 학생들은 짝을 지어 서로의 문제에 대한 해결책을 함께 모색하고 비합리적인 생각[예: "내가 (어떤 과목)을 좋아하면 나는 그것을 잘할 수 있어야 하고 쉽게 할 수 있어야 해."]을 대체할 수 있는 생각을 제안해 주는 활동을 하였다.

그다음 상담자는 심리학자 Niel Fiore(Burka & Yuen, 1983에서 인용)의 '시간 계획표(the un-schedule)'라는 활동지를 수정한 또 다른 활동지를 나누어 주었다. 이 활동지는 빈 주간 시간표(주말 포함)가 하루 30분 단위로 나뉘어 있다. 상담자는 학생들에게 기상 및 준비, 등교, 수업, 예측 가능한 모임 등 일상 활동과 관련된 모든 칸을 채우라고 하였다. 시간을 예측하기 어려운 활동(예: 장 보기) 경우에는 대충 예상하는 날과 시간에 적으라고 하였다. 학업과 관련된 활동은 나머지 것들을 다 채워 넣은 후에 적으라고 당부하였다. 학생은 이 시간 계획표를 집에 가져가서 한 주 동안 학업 과제를 하는 데 쓴 실제 시간을 적어 오기로 하였다. 이 활동의 목적은 학생들이 자신의 개인 일정에 좀 더 현실적인 관점을 가질 수 있게 하는 것이었다. 또한 이 활동은 자신이 언제 공부를 하는지, 얼마 동안 공부하는지 그리고 공부하는 시간을 언제 만들 수 있는지 등을 스스로 관찰할 수 있게 한다. 이것은 학생들이 좀 더 앞을 예측하고 얼마 만큼의 시간이 벌써 다른 활동으로 차 있는지를 알 수 있게 하여 과제를 완성하는 데 쓸 수 있는 최대한의 시간을 계산할 수 있게 돕고, 또 뒤돌아보았을 때 무엇을 하며 시간을 썼는지 알아차릴 수 있도록 도왔다.

연구 요소

2회기는 두 번째 검사 사이에 있었다(T2). PPA를 이전에 다 작성한 참가자들(처치 집단과 첫 번째 비교 집단)에게 그것을 다 완성하였는지 다시 물었다. 프로젝트들은 선행 회기에서 그랬던 것처럼 모든 프로젝트 차원에서 평가되었다. 두 번째 비교 집단에 대해서 조사 검사는 실시하지 않았다.

3회기

치료 요소

3회기에서 상담자는 학업 관리 프로젝트의 주제에 대해 소개하였고, 이전 회기에서 했었던 학생들의 시간 계획표 사용에 대한 피드백을 구했다. 상담자는 프로젝트에서 다룰 수 있게끔 세분화된 내용에 대한 목표 설정을 언급하였다. 각 학생들은 일과 관련된 프로젝트를 하나씩 선택하였고, 일을 어떻게 함께 해낼 것인지를 계획하기 위하여 파트너와 팀을 구성하였다. 참가자들은 돌아가면서 파트너와 구체적인 학업 과제에 대해 듣고 전략을 구상하였다. 상담자는 학생들에게 목표 달성을 방해할 가능성이 있는 자기 태만의 상태와 상황에 대해서 생각해 보도록 하였다. 선택에 대한 논의는 몇 가지 이슈를 불러일으켰다. 그것은 통제(또는 그것을 잃는 것에 대한 두려움), 자기실현, 사회적 기대 그리고 집단에 대한 억울함 등이었다. 그때 상담자는 좌절에 대한 낮은 인내 이슈에 대해 언급하였다. 그리고 실패나 성공에 대한 두려움 그리고 둘 사이에 거리, 안전 지대에 대한 문제 등과 같은 개념으로 더 정교화하였다(예: Rothblum, 1990). 더 나아가 학생들을 쉽게 무력하게 만들 수 있는 죄책감을 고려하여 '생각 막기(thought keeping)'를 언급하였다. 예를 들어, 미루기를 극복하려면 학생들은 '해야만 해(should)' '그래야만 해(must)' 등과 같은 단어를 사용하지 않도록 격려되었다.

다른 쌍의 연습은 학생들에게 이 회기에 배운 것 또는 참가자들에게 인지의 한 부분으로 박혀 있는 '부모와 같은' 스타일을 바꾸어 사용해 볼 수 있는 기회를 제공한다. 학생들은 그들의 인지 각본들, 비이성적이고 부정적인 자기 대화를 한 주 동안 얼마나 했는지 그리고 회기의 시작에서 파트너와 함께 작업하는 작업에 지속적으로 초점을 맞추었는지를 관찰하고 수정하도록 장려되었다(이 회기에서는 정보가 수집되지는 않았다).

4회기

치료 요소

이전 회기들처럼 4회기를 시작할 때 학생들은 기분이 어떤지, 무엇을 했는지 그리고 지난주에 어떤 방해물이나 자기 태만이 있었는지(어떤 것이든)에 대해 피드백을 받았다. 부정적인 자기 평가(예: "이 일을 마치기엔 나는 너무 멍청해.")뿐만 아니라 문제 기반 해결책에 대해서 필요한 만큼 이야기를 하였다. 전체로서의 집단은 도움이 필요한 각각의 학생에게 해결책을 제공한다. 상담자는 관리 프로젝트의 이슈에 대해서 다시 논의했다. 학생들의 발전을 돕기 위해서 상담자는 목표를 성취하기 위한 일곱 가지 가이드라인을 발표하였다.

- 당신의 과제를 세부적이고 분명하게 만들라.
- 당신의 과제를 작은 단계로 쪼개라.
- 시작하라.
- 당신의 발전을 시각화하라.
- 당신의 과제를 완성할 기회를 극대화하라.
- 시간제한을 두라.
- 당신이 그것을 좋아하게 될 때까지 기다리지 마라.

상담자는 책무의 개념을 미루기의 비용과 이익과 함께 소개하였다. 예를 들어, 그녀는 어떤 학생들은 '막힌' 기분을 느낄지도 모른다고 지적하였다. 그 이유는 그들은 더 생산적이어야 한다는 것을 위협으로 인식했기 때문이라고 하였다(예: '내가 미루면 사람들은 더 이상 내가 지속적으로 잘해 낼 것이라고 기대하지 않을 거야'). (이 회기에서는 정보가 수집되지 않았다.)

5회기

치료 요소

5회기 동안 집단은 워크숍에 대한 전반적인 피드백과 실험자(제2저자)의 회기 녹음에 대한 집단 전체의 합의에 대해 논의하였다. 학생들은 그들이 치료의 어떤 점에서 도움을 받았다고 느꼈는지 혹은 못 느꼈는지에 대해 답하였다. 그들은 또한 워크숍에서 싫었던 점과 제안 사항을 요청받았다. 이러한 녹음은 실험자가 수치 데이터를 이해하는 데 도움이 되어 왔고, 다른 어떤 방식으로 시스템적으로 수량화되거나 분석되지 않았다. 핵심은 미루기 결과의 측정과 개인의 안녕이다.

연구 요소

5회기는 세 번째 검사 사이에 있었다(T3). 완성된 설문지 패키지는 세 집단 모두에게 주어졌다. 그러나 이전에 PPA를 완성하지 않은 집단원들에게 그것을 다시 한 번 완성해 줄 것을 요구하였다.

추수 회기

추수 회기에는 치료 요소가 포함되지 않았다. 이 회기는 네 번째 검사 사이에 있었다(T4). 추후 회기는 4월 중순으로 정해졌다(치료를 마친 후 약 2주 후). 모든 참가자는 설문지 패키지를 완성하였다. 치료 집단과 첫 번째 비교 집단은 5회기 때 같은 방식으로 PPA를 완성하였다. 비슷하게 피드백은 5회기에 참여하지 않은 참가자들을 위해 녹음을 했다. 실험자는 설문지 패키지를 완성하기 위하여 참가자에게 간략히 요약된 설명을 해 주었다.

‖ 성공적 개입의 증거 ‖

우리는 이 책의 넓은 독자층—상담자뿐만 아니라 연구자를 포함하여—을 위해 매우 일반적인 말로 결과를 요약하였다. 비록 요약이지만, 이 결과는 주된 유의미한 영향을 나타냈고, 개인 안녕의 측정과 관련해서는 유의미하지 않았다(애착 척도 또는 삶의 만족도 척도). 첫째, 우리는 사전 사후 미루기 척도의 결과를 보고할 것이다(PASS). 이것은 미루기의 자기 보고로, 개입의 효과성에 대해 보여 줄 것이다. 그리고 나서 개입과 관련 있는 PPA의 양적 데이터를 더 구체적으로 제공할 것이다.

미루기에 관한 보고된 문제

처음에 세 집단은 비록 모집 양상은 달랐지만 미루기라는 점에서 유사하였다. PASS 질문들에 대한 반응에서 "이번 과제에서 당신의 미루기 경향을 얼마정도 줄이고 싶나요?"라는 질문의 처치 집단, 첫 번째 비교 집단, 두 번째 비교집단의 사전검사 평균은 모든 6개의 학업 영역에 걸쳐 각각 4.17($SD = .57$), 3.87($SD = .68$), 4.07($SD = .53$)으로 나타났다. 일원변량분석은 이 요인의 사전결과에 대해서 집단 간 유의미한 차이가 없다고 하였고, 세 집단은 그들의 미루기를 줄이기 위한 욕구가 동등하다고 보았다.

보편적 미루기의 유의미한 감소가 비교 집단에 비해 치료 집단에서 더 많이발생할 것인지 아닌지를 조사하기 위하여, PASS의 첫 번째 영역에서의 총 미루기 점수는 T1 PASS 점수를 공변량으로 하고, ANCOVA를 사용하여 분석되었다. 예상한 것처럼 F 검사는 집단 간에 유의미한 차이를 도출하였다($F (2,46) = 8.18$, $p < .001$). 추후 비교는 처치 집단의 PASS 점수들에서 T3(각각 $D = -5.91, p < .003$ 그리고 $D = -5.14, p < .01$)과 T4(각각 $D = -3.83, p < .01$ 그리고 $D = -3.21, p < .03$)에서 두 비교 집단 모두의 점수보다 적지만 유의미한 평균의 차이를 보였다. 다시 말하면, 이런 발견은 비교 집단보다 상대적으로 처치 집단에서 미루기가 유의미하게 감소한 것을 반영한다. 이것은 처치를 마친 후 추수 회기 모두에서다. 비교 집단 간의 유의미한 차이는 없었다.

대응 표본 t 검증과 처치 집단의 집단 내 분석을 사용한 결과, T1 대 T3의 PASS 점수의 유의미한 감소는 $t(14) = 2.85, p < .01$, T1 대 T4는 $t(14) = 3.89$, $p < .002$로 나타났다. 남은 두 집단의 집단 내 유의미한 차이는 없었다. 종합적으로, 이러한 결과는 워크숍이 하나의 기회라는 차원을 넘어 처치 집단의 미루기 수준을 낮추는 어떤 효과가 있다는 것을 보여 주었다.

개별 프로젝트 분석 결과

프로젝트 요소

각 17개 척도 PPA 차원의 점수는 모든 프로젝트에 걸쳐 더해졌고, 각각의 평균은 5개 요인—의미, 체계, 공동체, 능률, 스트레스—으로 묶였다. 모든 집단을 나누어서 대응 표본 t검증을 실시하였을 때, 처치 집단만 3개의 PPA 요인(체계, 공동체, 능률)에서 시간에 걸쳐 집단 내 차이가 유의미한 것으로 드러났다. 총괄적인 ANCOVA는 데이터 분석에서 Type I 오차를 높이는 이러한 요인들로 인해 실행될 수 없었다. 처치 마지막에 프로젝트 체계에 대한 처치 집단의 평가는 $t(14) = -2.76, p < .02$, 추후 회기 후 평가는 $t(14) = -3.82, p < .002$로 처치를 시작하기 전에 비해 증가하였다. 유사하게 이 집단은 공동체 점수도 $t(14) = -2.66, p < .02$ 추수 회기 때 증가한 것으로 보고하였다. 그러나 이러한 증가는 처치 마지막 회기에는 나타나지 않았다(T3). 대조적으로 능률 점수는 마지막 회기에 $t(14) = -2.21, p < .04$로 증가하였지만, 추수 회기 때는 그전 회기보다 증가하지 않았다. 일반적으로 이러한 결과는 미루기로 인해 처치를 받는 학생들을 위한 프로젝트 체계가 다른 것보다 더 체계적이고 명백했다는 것을 말한다. 또한 학생들은 시작했을 당시보다 스스로를 더 자기 효율적인 사람으로 인식하였다.

프로젝트 차원

처치 집단의 집단 내 분석에서 도출된 PPA의 근원적 차원에서 유의미한 요인(체계, 공동체, 능률)이 탐색되었다. 비교 집단의 세 가지 요인에 걸친 프로젝트 차원 평가의 유의미한 차이는 없었다.

대응 표본 t검증은 몇 가지 프로젝트 차원에서 사전 사후 검증을 통해 살펴봤을 때, 유의미한 차이가 있음을 나타냈다. 결과, 시간 적절성, 통제, 타인의 시각에서 유의미한 차이가 있었다. 우리는 프로젝트 차원에서 미루기를 진단하였다. 사전 검사와 비교하였을 때 미루기 프로젝트 차원 평가는 마지막 처치 회기 때 $t(14) = 2.15, p < .05$로 유의미하게 감소하였다.

개입 후 미루기 재발

흥미롭게도 전체적인 미루기는 치료를 시작하기 전보다 낮았지만, 추수 개입으로 인한 미루기 감소는 추수 검사에서 유의하게 나타나지 않았다. 즉, 처치집단에서 프로젝트 차원의 미루기 행동 감소나 적어도 프로젝트를 통하여 자신이 보고한 미루기 감소가 처치가 끝나고 난 후 지속되지 않고 다시 재발(미루기 증가)한 것으로 보인다. 이것은 자기 보고된 학업 미루기에서 PASS로 측정한 참가자들의 학업 미루기에 대한 자기 보고는 유의한 지속적인 감소를 보여 줄지라도 특정 미루기 프로젝트에 관하여 치료 효과가 시간이 지날수록 지속 가능하지 않다는 것을 보여 주는 것일 수도 있다.

네 가지 중요한 프로젝트 차원인 '결과' '시간 적절성' '통제' '다른 사람들의 관점'은 시간이 지날수록 향상되어 갔다. 특히 프로젝트나 프로젝트 결과의 성공에 대하여 치료가 시작되기 전과 비교하였을 때 치료가 끝나갈 때 학생들은 그들의 프로젝트를 잠재적으로 더 성공적으로 평가했다[$t(14) = -3.00, p < .01$]. 그러나 프로젝트 차원 결과에 대한 향상된 평가는 후속 조치에서 관찰되지 않았다. 비슷하게 시간 적절성에 관해서 학생들은 T1과 관련 있는 T4에서뿐만 아니라 $t(14) = -2.55, p < .02$, T1과 관련 있는 T3에서도 프로젝트를 위해 사용한 시간 양을 고려하였다. 프로젝트가 관련된 사람들에게 얼마나 중요하게 보이는지(즉, 다른 사람들의 관점)에 관하여 동일한 결과를 찾을 수 있었다 [$t(14) = -2.88, p < .01$]. 다시 말해서, 치료 집단은 다른 어느 때보다 후속 조치에서 다른 사람들이 그들의 프로젝트를 더 중요하게 인식하고 있다는 것을 고려

했다. 그러나 프로젝트 통제의 경우, 평가는 사후 검사 $t(14) = -2.56, p < .02$ 와 후속 조치 $t(14) = -2.75, p < .02$ 모두에서 유의미하게 높게 나타났다. 이것은 치료가 프로젝트를 통하여 학생의 통제 감각을 향상시켰고 그것이 후속 조치 검사 T4까지 유지되었다고 볼 수 있다.

‖ 결론과 시사점 ‖

워크숍의 주요 목적 중 하나는 학생들의 미루기 경향을 감소시키는 데 있다. 이 조사 결과는 처치가 미루기 자기 보고에 의한 감소에 어느 정도 성과를 가져온다는 두 가지 중요한 근거를 보여 준다.

첫째, 처치 집단은 비교 집단과 비교하였을 때, 사후 검사와 추수 검사(학생용 미루기 평가 척도: PASS) 모두에서 자기 보고식 학업 미루기 점수가 낮아졌다. 게다가 처치 집단에서 집단 내 분석은 PASS 점수가 치료 시작 전과 비교하여 치료 후반부뿐만 아니라 후속 조치에서도 유의미하게 감소하였다는 것을 보여 준다. 둘째, 집단 내 분석 검사에 관하여 처치 집단에서 미루기 차원의 PPA 프로젝트 평가는 시간이 지날수록 상당히 감소하였다. 이러한 결과는 워크숍이 학생들에게 미루기 경향을 감소시키며 긍정적 효과를 가져다주었다는 것을 보여 준다.

현재 연구는 학업 미루기 치료의 효과성을 검증하기 위하여 McGregor와 Little(1998)이 이전 연구에서 했던 것이기는 하지만 주관적인 안녕의 결과 측정으로 PPA를 사용한다. 비록 결과는 프로젝트 요인들, 즉 체계, 공동체, 능률에 관하여 집단 간 중요한 차이를 보여 주지는 못했지만(아마도 작은 표본 크기로 인한 불충분한 통계 검증력 때문에) 처치 집단에서 집단 내 분석은 요인들이 사전에서 사후까지 유의미하게 증가하였음을 보여 준다. 나중에 이러한 요인들과 관련된 프로젝트 차원도 중요한 것으로 나타났다. 치료 마지막에 네 가지 프로젝트 차원, 즉 시간 적절성, 통제, 다른 사람들의 관점, 결과에 대한 평가는 유의미하게 증가하였다.

네 가지 프로젝트 차원 중 두 가지—시간 적절성과 통제—가 같은 요인으로 묶인다면 치료가 프로젝트를 조직하는 개인의 능력을 향상시켰다는 증거로 활용될 수 있다. 프로젝트 구조에 대한 지각의 향상 증거는 워크숍 참가자들의 언급에서도 찾을 수 있다. 예를 들어, 한 참가자는 이렇게 말했다.

> 워크숍 내용에서 당신은 무엇을 시도해 보아야 할지 아이디어를 얻게 된다. 또는 다른 아이디어를 가지게 되면 당신에게 효과 있는 것이 무엇이고 효과 없는 것이 무엇인지 알 수 있다. 이 과정에서 적어도 할 수 있는 다양한 것들을 얻게 되고 다양한 것을 시도할 수 있다. 내가 하고 있다는 것에 집중하기 때문에 그것을 할 때 더욱 힘이 있다는 것을 이 워크숍에서 알았다. 그래서 나는 워크숍이 좋았고, 여기서 이러한 연습에 대해서 더 많은 시간을 할애하기를 권하고 싶다.

이 인용(강조 표시된 것)에서 아마도 가장 중요한 것은 참가자 자신이 무엇을 하고 있는지에 대해 초점을 맞추는 것이다. 현상학적 관점에서 미루기는 가지고 있는 것에 대한 것이 아니라 하고 있는 것에 대한 것이다. 이러한 관점에서의 질문은 내가 바꿀 수 있는 내 자신에 대한 것과는 반대로 내가 현재 개별 프로젝트에서 내 미루기를 줄일 수 있다는 것은 무엇을 말하는가? PPA 요인의 구조에서 포착된 것처럼 시간의 경과에 따라 프로젝트 통제와 시간 적절성 평가가 유의미하게 향상되었기 때문에 학업 미루기 개입은 학생들이 일을 하는 능력에 분명한 효과가 있다. 완성을 촉진하기 위하여 학생들이 현재 프로젝트에서 할 수 있는 것에 초점을 맞추는 것은 학생들에게 일을 하기 위한 '올바른' 장소를 찾아야 한다는 Lay의 제안과 유사하다. 프로젝트에 참여하는 장소를 바꾸는 것은 프로젝트 활동을 위한 더 많은 통제와 구조를 제공하여 미루기의 가능성을 감소시킨다.

이러한 참가자들의 언급은 조사 프로젝트가 더 일반적으로 미루는 것과 반대하는 것에 대한 초점을 떠올리게 한다. 프로젝트 분석 관점에서 우리는 미루지 않는다는 점을 감지할 수 있고 평가와 개입 전략 실행에 관한 더 효과적인 접근의 가능성을 제공할 수 있다. 더 논의되어야 할 점은 프로젝트 분석 관점에서 추수 연구와 개입에서 별도로 무엇을 할 수 있는지에 대한 것이다.

‖ 추후 고려 사항 ‖

모든 연구는 제한점을 가진다. 이 연구에서도 적어도 고려해야 할 세 가지 중요한 제한점이 있다. 첫째, 작은 표본 크기(사용된 다변량 분석에 관련한 중요한 통고), 둘째, 유사 실험 설계에서 (외적 타당도를 위협하는) 참가자의 임의 추출 부족, 셋째, 단일 학교 기반 치료 프로그램 사용이다. 이러한 제한점은 특정 프로젝트 따라가기, 다른 종류 프로젝트 분류하기, 다른 PPA 프로젝트 차원 추가하기, 미루기와 관련 있는 더 많은 객관적 측정 방법 포함하기와 같은 추수 연구를 위한 다수의 제안을 제시한다.

실험 설계에서 한 가지 장점은 치료 과정 동안 특정 프로젝트나 프로젝트 집단을 추적하는 방법을 포함한다는 점이다. 예를 들어, Lay의 한 연구(1990)에서 그는 학생들에게 프로젝트 마감 기한을 명시하도록 요구했다. 예를 들어, 2달 이내(즉, 단기간), 2달 이상(즉, 장기간) 혹은 특정 마감 기한 없음과 같은 식이다. 그의 결과는 미루기, 단기 마감 기한과 낙담 사이의 중요한 관련성을 보여 준다. 미루지 않는 사람, 단기 마감 기한에 관하여 높은 수준의 낙담을 보고한 지연자와 관련이 있다. 많은 학업 프로젝트가 단기 마감 기한을 가진다면, 프로젝트 분석적 관점에서 미루기 개입에 대한 Lay의 연구를 반복해 보는 것도 흥미로울 것이다.

프로젝트 유형 면에서 프로젝트 범주화 개념은 PPA와 주관적인 안녕감과 관련하여 미루기에 대한 추수 연구를 제공함에 유용할 것이다. 예를 들어, 질(Molarity)*(예: '내 영어 에세이'에 소개 글 쓰기 vs. '수업에서 좋은 성적 받기')뿐만 아니라 내용(예: 읽기 프로젝트, 쓰기 프로젝트, 집단 프로젝트)과 관련하여 그들의 분류에 근거하여 프로젝트를 분석하는 것은 장래에 연구해 볼 가치가 있을 것이다. Elliot, Sheldon, Church(1997)의 연구에서 회피 목적(예: 회피 미루기)과 접근 목적(예: "더 양심적이고 능률적이 되어라.")으로서 언급되는 2개의 양분된 범주는 검사 동안 제공된 부단히 노력하는 학생들 개인 명부에서 만들어졌다. 결과는 학기 수업 동안 회피 목적을 더 많이 가진 학생들이 더 낮은 전반적 주관적인 안녕감을 보고한다.

게다가 학생들이 회피 목적을 더 많이 가질수록 그들은 목적에 대해서 더 많이 잘하지 못할 것이라 예상한다는 것을 시사하면서, 자기 조절 기술이 거의 없다고 보고하는 학생들은 더 많은 회피 프로젝트를 가지고 있는 것으로 밝혀졌다. 이러한 결과는 개별 프로젝트의 다양한 분류가 명쾌하게 확인되는 프로젝트의 분석적 관점에서 더 많은 것을 얻을 것이라는 생각을 지지하고, 프로젝트 분석적 틀 자체도 상담자가 학생들이 자기 조절을 유지할 수 있도록 하는 프로

---

* 질(Molarity)은 프로젝트나 생애 과업이 어느 정도의 수준으로 여겨지는지를 묘사할 때 사용하는 용어다. 이러한 관점에서 이 개념은 행위 정체성 이론(Action identification theory, Vallacher & Wegner, 1987)과 유사하다. 예를 들어, 높은 수준의 질로 표현되는 프로젝트에는 '내 박사 학위 연구를 완성하는 것'이 있을 것이다. 이 사람은 이 프로젝트를 '수요일에 세미나 발표를 하는 것' '수업 과제로 배정받은 읽기 자료의 나머지 몇 페이지를 다 읽는 것'과 같이 좀 더 세밀한 수준으로 표현할 수 있을 것이다. 전반적으로, 개별 프로젝트들은 질 수준에서 좀 더 융통성이 있는 편이다. 생애 과업은 그 의미상 일련의 하위 과업을 아우르는 개념이다. 좀 더 사회적으로 규정된 생애 과업과는 반대로 개별 프로젝트들은 개인의 현재 상황에 따라 질이 다양한 범위에 분포되어 있다. Little(1989)이 종종 강조했듯이 개별 프로젝트들은 일상적이고 세부적인 일(예: 고양이 밥 주기, 손톱 기르기)에서부터 거대하고 포괄적인 일(예: 더 나은 사람이 되기, 서구식으로 사고하기)까지 다양하다.

젝트 수준에서 개입하는 것을 도와줄 것이다.

추수 연구도 PPA 프로젝트 차원에 대해서 확장하여 진행될 수 있다. 왜냐하면 현재의 연구가 일반화 가능성에 제한이 있고, "전체 프로젝트 체제에 대한 전반적인 평가를 할 수 있는 모든 요소를 잘 포함하지 못하고 있다고 보인다." (Pychyl & Little, 1998, p. 452). 학업 미루기와 관련된 가능한 차원 추가는 '낙담' '불안'과 '책무'를 포함할 것이다. 다시 말하면, Lay(1990)와 우리는 낙담 관련 감정(즉, 명랑한, 희망적인, 행복한, 슬픈, 실망한, 혐오스러운)과 미루기 사이에 연관성이 있다고 믿을 이유가 있다. 우리는 추수 연구에서 낙담은 결과 변인으로 다룰 수 있다는 Lay의 결론에 동의한다. 마찬가지로 휴식 기술이 많은 상담 개입의 한 부분이고 PPA의 추가 차원으로 포함될 수 있다면, 불안 구인도 관련 있을 것이다. Pychyl(1995; Pychyl & Little, 1998)의 이전 연구에 의해 지지되듯이 추수적 부가 PPA 차원으로서 '책무의 포함'은 또 다른 좋은 예가 될 수 있다. 모든 주어진 프로젝트에 관한 성공 가능성은 주로 학생이 그 프로젝트에 대해 가지고 있는 개인 책무감에 달려 있다. 다른 것과 마찬가지로 이러한 추수적 부가 차원은 전형적인 주관적 안녕감 검사 하나만을 통하여 나타나지는 않을 상담 개입 내 중요한 변화를 드러낼 수 있다.

마지막으로, 미루기 치료의 효과를 검증하는 추수 연구는 자기 보고만 하는 것과는 대조적으로 검사 과정의 한 부분으로서 객관적인 측정치를 포함해야 한다. 개인의 미루기에 대한 다른 사람들의 평가를 추가하자면, 추수 연구에서는 는 미루기에 대한 객관적 측정치로서 미완성 프로젝트의 수나 제출 기한보다 늦게 제출한 기간을 포함할 수 있다.

추수 연구에 대한 이러한 성찰과 시사점에서 보면 프로젝트에 대한 분석이 학업 지연과 관련된 가능한 개입에 대한 많은 이해를 제공하였다. 맥락상 프로젝트 분석 접근에 명백한 초점을 둔다면 우리는 학업을 미루는 사람을 상담할 때 보다 유연하고 적절한 접근을 개발할 수 있을 것이다.

▶▶ JEAN O' CALLAGHAN

제12장

학업 미루기에 대한 내러티브 접근

내러티브 상담자들은 특히 내담자들의 이야기에 관심을 갖는다. 이러한 이야기는 내담자들이 정의하고 제한하기도 하는 자신에 대한 '자아상'을 창조한다(White & Epston, 1990). 미루기 경험과 관련한 내러티브로는 청소년 문화에서 많이 쓰이는 자신감 있는 표현('나는 정말 똑똑해. 마지막 순간에도 쿨해.')에서 자신을 의심하는 이야기('나는 문제가 있어.')까지 걸쳐 있다. 내러티브 치료적 접근은 잠재적으로 학생들이 미루기와 관련된 부정적인 귀인을 다시 '설정' 하도록 돕는다.

이 장은 대학교에서 자기 보고를 통해 미룬다고 응답한 지원자들에게 실시된 내러티브 치료 연구를 다루고 있다. 학기 중 6개월 이상 참가자들의 사전 및 사후 개입의 이야기를 비교하여 프로그램의 효과가 제시되는데, 이때 질적 분석 방법이 사용되었다. 먼저 내러티브 이해에서 심리학적이고 치료적인 관점을 모두 고려하여, 미루는 사람들의 내러티브에 개입하는 것이 적절한지에 대한 개관을 간략하게 제시한다.

‖ 미루기에 대한 내러티브 접근 ‖

내러티브는 주로 매일의 경험이 이해되는 이야기에 기반을 둔다. Stein과 Policastro(1984)는 해설자가 특정한 결론을 전달하기 위해 주인공을 포함한 배우와 개연성 있는 사건을 구조적으로 결합한 것을 이야기라고 정의했다. Bruner(1986)는 이러한 직관적인 정보 처리 방법의 특징을 '내러티브 앎(내러티브를 통해서 알 수 있는 것-역주)'이라 하였다. 그 이유는 직관적 정보처리 방법은 의식적 통제에는 영향을 덜 받고, 기억되는 경험의 정서적 분위기에는 영향을 더 많이 받기 때문이다. 이러한 이해는 세 살짜리 아이도 수용할 수 있고, 개인사를 구성하는 일화적인 기억과 말한 표현에서 회상되는 자아상(a sense of self)의 발달을 지지한다(McAdam, 1993; Polkinghorne, 1988).

상담자들은 항상 내담자의 변화를 위해 그들의 이야기로 작업을 해 왔다. 최근의 경향은 내러티브를 역사적 진실과 구별되도록 확인하는 방식이다(Schafer, 1992; Spence, 1982). 내담자의 이야기로 작업을 하는 현재의 접근은 De Shazer (1988), Gustafson(1992) 그리고 Parry와 Doan(1994) 같은 가족 치료자의 글에서 등장했다. 이들보다 더 영향력 있는 것은 Michael White(1995; White & Epston, 1990)와 동료들인데, 그들은 진실의 개념을 절대적인 것보다는 상대적인 것으로 보았다. 정서적 과정과 의도성에 대해서 회의적이었음에도 그들은 내담자의 삶과 말 중에서 경험을 구성하는 데 사용된 '언어'의 중요성을 강조했다. 이 연구에서 사용된 개입 프로그램이 그것인데, 주로 White의 관점을 따르고 있다.

개입 프로그램의 목표

프로그램의 전반적인 목표는 학업적 글쓰기와 관련한 참가자들의 미루기를 감소시키는 것이었다. 그 내용은, 첫째, 이야기를 통해 개인 경험의 의미를 구성하는 방법을 자각하고, 둘째, 그들을 억제시키거나 긴장하게 하는 '문제적 표현'이 어떻게 다양한 내러티브 전략을 통해 재구조화하는지 이해하고, 셋째, 적절한 시기에 만족스러운 방법으로 글쓰기 과제를 시작하고 완수하기 위해 보다 유연하고 지지적인 내러티브로 협력을 통해 재구성하는 것이다. 이러한 목표는 미루기를 다루기 위한 새로운 학습 경험을 창출하기 위한 것으로, 이 책의 다른 개입 프로그램과도 유사하다.

방법: '쓰기 시작하기' 프로그램

이 연구에서 필자는 해석적인 현상 분석을 수단으로 참가자들의 인터뷰를 사전 사후에 연구했다(J. A. Smith, 1996). 학생 참가자들은 '내가 쓴 글과 친해지는 방법' 연구에 지원자로 모집되었다. 선택 기준은 다음과 같다. 첫째, 참가자는 매우 동기가 높고 학업에 몰입했어야 하며, 둘째, 학업적 글쓰기 숙제를 할 수 있고, 그들이 3학년 학부생으로 우등생이거나 대학원생이라는 사실을 증명할 수 있어야 하며, 셋째, '오직 자신만이 스스로를 방해한다.'라는 것을 자각하고 인식해야 하며, 넷째, 6개월 중 처음 8주 동안은 매주 프로그램에 전념하며 이후 4달 동안 지속될 매월 회의에 기꺼이 참석할 의지가 있어야 한다. 성숙한 10명의 전일제 학생(22~36세, 남자 2명과 여자 8명)이 이 프로그램을 완료했다.

모든 회기는 연구자/상담자와 일대일로 진행되었으며 녹음되었다. 수업 활동에서는 글쓰기가 중심이었는데, 이는 가장 까다롭고 어려운 학업 과제 중 하나로 알려진 것이다(Zimmerman & Bandura, 1994). 프로그램 시작 전 두 차례의 인터뷰를 통해 미루기에 대한 참가자들의 경험과 이해를 탐색하였다. 마지막 네 차례의 추수 지도는 학업적 글쓰기와 관련한 장기적 경험에 관한 것이었다.

개입 회기

6회기 프로그램 동안 참가자들은 협동적으로 탐색하도록 자극받았는데, 자세한 이야기가 서로의 호기심을 자극하며 탐색되었다. 치료에 관한 제안은 미루기 문제보다는 참가자의 희망과 가능성에 초점이 맞춰졌다(White & Epston, 1990). 학생들은 '문제 중심적인' 내러티브에 대한 이의 제기를 통해 '미루는 학생'이라는 딱지에서 벗어나도록 안내되었다. 이러한 과정은 숨겨져 들리지 않았던 참가자의 능력과 힘에 대한 이야기를 통해 풍부한 경험을 하도록 고안된 것이다. 각 회기에서 사용한 핵심 전략은 다음과 같다.

1회기에서는 참가자들이 현재 혹은 과거에 미루는 사람이 아니라고 생각되는 사람을 떠올리게 했다. 우리는 참가자들이 그들과 어떻게 다른지를 확인하도록 개인 특성을 탐색했고, 그러한 특성을 개발하는 가능한 방법에 대해 토론했다.

2회기에서는 De Shazer(1988)의 '기적 질문'을 사용하여 참가자의 숨겨진 행위를 탐색했다. 이 전략은 참가자가 다음 가능성을 고려하도록 만들었다. "만약에 오늘 밤 잠들어서 기적이 일어났다고 생각해 보세요. 당신이 여기에 가지고 온 문제가 해결되었습니다. 그런데 잠든 이후에 아침에 깨어날 때까지 기적이 일어났다는 것을 모릅니다. 기적이 일어났다는 것을 당신은 어떻게 알 수 있을까요?"(De Shazer, 1988, p. 78) 이 활동은 참가자가 실제로 해결책의 행동 결과를 생각하도록 돕는다. 수업 활동을 하면서 일상적인 세부 사항을 가능한 한 자세히 말해 달라고 하면 참가자는 보다 쉽게 적용할 수 있는 작은 변화의 아이디어를 생각해 낼 수 있다.

3회기는 문제를 자기 존재와 분리하는 것과 관련되어 있는데, '사람은 문제가 아니다. 문제가 문제다(p. 26).'라는 Epston(1989)의 입장을 따른 것이다. Epston(1989)과 White(1995)는 이러한 기술을 고안했는데, 이는 사람이 정서적으로 현재 문제에서 분리되도록 돕기 위한 기술이다. 나는 참가자들이 미루기를 유머러스하게 보게 했는데, 고유한 개인의 특성이라기보다 '손님처럼 잠시 찾아와' 그들의 영향력을 제한시키는 것으로 보았다. 미루기 문제를 '개인 내적인 것'으로 보기보다는 문제 상황만을 따로 다루었다. 참가자들의 삶에 미치는 미루기의 상대적 영향과 '미루는 삶'의 영향력이라는 두 가지 관점은 학생들의 문제에 대한 관점을 확장시키도록 하였다. 이러한 비지시적 전략은 '억압'적 언어가 '오래된' 부정적 내러티브를 재확인하고 더 강하게 할 때 문제에 대한 직면을 피할 수 있게 한다(White, 1995).

4회기는 '다자적 자아(multiple selves)'(Davies & Harre, 1990)를 느끼며, 참가자가 타인과의 대화나 혼잣말을 통해 자신이 어떻게 '위치해' 있는가에 대한 자각을 증진시킨다. 이 활동을 통해 그들은 자신 안에 회피하거나 소진시키는 대화의 소재와 에너지를 발생시키고 영감을 주는 대화의 레퍼토리 모두를 가지고 있음을 알게 되었다.

5회기와 6회기에서 미루기 경험에 대해 말한 참가자의 부정적인 첫 번째 이야기는 처음 네 회기에서 협력적으로 재구성된 표현과 비교되었는데, 영감을 주는 이야기를 포함하고 있었다. 이 연습에서는 각 학생들이 다른 표현을 만들도록 강조되었다. 이렇게 다르게 이야기된 입장의 이점과 제한점은 '청중'의 입장에서 탐색되었다. 청중의 입장은 그들을 수용하거나 거절하는 것이었다. McLeod(1997)는 보다 지지적인 이야기의 협력적 재구성과 관련하여 내담자가 사회적 대화를 통해 자신의 새로운 관련성을 수용해 줄 사람들과 교감하도록 확신시키는 게 중요하다고 말했다. 그러므로 내러티브의 '재구성 과정'은 개인의 사고, 감정, 행동의 훈련, 통합, 이해를 포함하는 것이다. 따라서 내러티브 접근은 단순히 부정적인 표현을 긍정적인 것으로 대체하기보다 개인이 자신의 이전 이야기와 이야기를 만드는 전략을 더 넓은 의미의 뼈대로 포괄하는 메타 내러티브를 구성하도록 격려한다.

질적 연구

해석적 현상학적 분석(Interpretative phenomenological analysis: IPA, Macran, Stiles, & Smith, 1999; J. A. Smith, 1996)은 참가자들이 학업적 글쓰기와 관련하여 미루기 경험에 대한 보고가 개입 이전과 이후에 어떻게 다른지 비교하기 위해 사용된다. 각 참가자들은 12번의 회기를 갖는데, 그중에서 첫 두 회기와 마지막 두 회기의 축어록에 초점을 맞췄다. 나는 사례별로 축어록을 읽고 미루기와 관련 있는 문장을 선별했다. 이러한 발췌문은 중요한 주제를 드러내기 위해 발췌하고 범주화되었다. 이는 반복적인 과정으로, 나는 축어록을 통해 각 사례에서 그리고 참가자들 사이에서 지속적으로 비교해 나갔다. 각 회기를 이러한 방식으로 분석한 후 모든 발견된 주제를 뒷받침하는 각 참가자들의 진술에 대한 요약본을 만들어 냈다. 이 분석 과정에 대한 타당성 확인으로, 질적 연구를 하는 동료 2명이 분석의 적합성에 대한 의견 일치를 위해 분류된 주제와 그 주제와 관련된 언급을 무작위로 선택하여 검토했다. 심각한 불일치가 발견된 주제에 대해서는 논의와 수정 과정을 거쳤다.

분석의 다음 단계에서 나는 참가자 10명의 축어록을 통해 발견된 주제들을 비교하였다. 유의미하게 군집된 주제들은 본래의 축어록과 다시금 확인하는 절차를 밟았으며, 좀 더 큰 범주로 그룹 지어졌다. 해석 과정은 항상 조심스레 이루어져야 할 뿐만 아니라 제외되는 것이 생기지 않아야 하므로(Macran et al., 1999) 이 과정 또한 앞서 말한 동료 2명이 점검하였다. 그러므로 분석 과정의 목표는 이 집단의 학생들이 자신의 이야기를 통해 어떻게 경험을 구성하는지를 분명히 보여 줄 수 있는 중요 영역별 세부 내용과 핵심 주제를 찾는 것이다.

이야기의 영역과 주제

명백한 차이를 보이는 주제의 패턴은 학업적 글쓰기와 관련된 참가자의 개입 전 미루기에 대한 서술과 개입 이후의 서술에서 분명하게 나타났다. 지면상

〈표 12-1〉 개입 전과 후의 영역별 주제 비교

개입 전 주제	개입 후 주제
영역 1. 학업적 글쓰기에서의 미루기의 구성 요소	
통제할 수 없는, 자동 과정	단순히 나쁜 습관, 이해할 수 있는
비지지적인 자기 평가와 관련된	혼잣말(자기 대화)의 힘
편안으로서의 회피	미루기 결과에 대한 인식
글쓰기는 쉽고 완벽해야만 함	적당히 잘하기
감정이 의지를 지배함	자기 조절의 인식
영역 2. 미루기와 연관된 자기상의 인식	
다른 사람과의 부정적인 비교	
일과 자신을 동일시	나는 일보다 더 큰 존재
수행에 대한 압박	성인으로서 자기 인식 그리고 아이로서의 자신에 대한 보살핌의 필요 인식
퇴행, 저항하는 아이 모드	지지적 이야기를 통해 유발된 핵심 가치
자기에 대한 부끄러움과 불신	일과 자아를 분리
영역 3. 존재론적이고 행동적인 학습 경험	
적합한 기분, 상태가 거의 없음	다르게 하기
해리 또는 근시안적 사고	어설프게라도 어쨌든 해 내기
과제에 압도됨	일단 시작하기
상황에 압도됨	내재된 통제감

의 제약으로 가장 중요한 영역과 주요 주제를 대표하는 샘플만 〈표 12-1〉에 요
약하여 제시하였다.

　각 주제들은 연구자들의 해석적 논평과 각 참가자들의 축어록을 참고하여
탐색되었다. 몇몇 학생은 다른 학생들에 비해 더 많이 언급되었는데, 이는 간결
한 스타일 때문으로 그들은 주제의 핵심을 더 많이 포착했다. 모든 축어록은 익
명성을 위해 전사자가 코딩했다.

첫 번째 영역: 미루기의 구성 요소

　영역 1은 연구의 핵심 주제로 고려되었는데, 개입 전과 후의 이야기에서 어떻
게 참가자의 미루기 구조가 변화했는지에 대한 것이다. 모든 참가자는 모두 통
제 불가능하고 자동적인 과정으로서의 미루기에 사로잡히는 느낌에 대해 이야
기했다. 예를 들어, 한 학생은 "마지막 순간까지 밤을 샌 후(벼락치기로 밤을 샌
후에) 나는 다시는 이렇게 미루지 않겠다고 스스로와 약속했다. 하지만 나는 또
그랬고, 이전과 달라지지 않았다. 나는 마지막 순간이 오기 전까지는 일에 착수
하지 못했다. 그것은 참으로 두려운 일이다. 왜냐하면 나는 그것을 어찌해야 할
지 모르기 때문이다." (J.1.2)라고 말하였다.

　이러한 경험은 참가자에게 의지에 대한 부조화를 만들어 낸다. 그들은 계획
에 계속 신경 쓰지 않으면 길을 잃고 말 것이라는 사실을 잘 알고 있다. 한 학생
은 "나는 쓰기 위해 자리에 앉았지만 글쓰기 대신 컴퓨터 게임을 했다. 나는 내
가 진정으로 무엇을 하고 싶어 하는지 알지만, 이유는 알 수 없지만 그것을 할
수 없다. 나는 계속해서 쓸데없는 일을 하고 그리고 나서 피곤해서 글을 쓰지
못한다. ……이렇게 또 하루가 저물었다." (T.1.1)라고 썼다.

　학생들의 의식적 자각 밖에서 일어나는 이러한 과정에 대한 느낌은 비지지
적인 판단에서도 명백하게 드러난다. 참가자들이 (미루기에 대한 경험을 구조화

할 때) 그들은 자신이 하기로 했던 것을 하지 않았던 경험을 포함시킨다. 미루기는 문제 상황으로 구조화된다. 한 학생의 말에 따르면 "그것은 마치 앞에 거대한 산이 어렴풋이 보이는 것과 비슷하다. 나는 그 산에 오르기 위해 어디로 가야 할지 길을 찾을 수 없다. 그래서 진짜 시작을 할 수 있는 적당한 타이밍이 없는 것처럼 느껴진다."(D.1.2) 또 다른 구조화는 부정적이고 불합리한 생각과 관련된 것으로 '고통 없이는 얻는 것이 없다.'라는 것과 관련된다. '끔찍한 기다림과 죄책감에 고통 받고 있으므로 나는 이 일들을 마지막 순간에 해낼 거야.'

미루기를 고통으로 구조화하는 것과는 반대로, 5명의 참가자는 쉽고 편함을 위한 회피에 대해 보고했다. 이는 그들에게 글쓰기를 하는 것을 지연시켜 불안과 글쓰기에 대한 요구에서 탈출하게 한다.

모든 학생은 학업적 글쓰기에 대해 부정적인 평가를 보고했다. 그들은 모두 글쓰기는 쉽고 완벽해야 한다는 과도하게 긍정적인 가정을 가지고 있었다. 이는 "나는 계획을 세우는 것을 좋아한다. 하지만 이 계획은 항상 너무 지나치게 긍정적이다. 나는 글을 쉽게 쓸 수 있을 것이라 기대하고, 결과도 훌륭할 것이라 기대한다. 하지만 불행하게도 나는 글쓰기가 어렵고 당황스러웠던 강렬한 기억이 있다. 그래서 그러한 불안과 마주하면 글쓰기를 계속 미루게 된다."(A.2.3)라는 표현에서도 드러난다.

이러한 비현실적인 기대와 부정적인 기억은 불편함과 통제 상실에 대한 낮은 인내심과 합쳐진다. 그들에게 감정적 필요가 의지를 지배하게 한다. 이는 한 학생의 서술에도 잘 나타나 있다. "계획을 세웠는데도 나는 시간이 많이 남은 것 같은 느낌에 지배당한다. 나는 그 순간 기분을 좋게 해야만 할 것 같다. …… 오직 본격적으로 압박이 시작되면 나는 자유를 버리고 일을 시작한다."

그들이 학업적 글쓰기를 어떻게 다루고 완성하는지에 대한 개입 전 주제는 8명의 참가자 사이에서 질적으로 차이를 보였다. 통제 불가능한 문제로서의 미루기는 덜 '끔직하고' 더 '허용 가능한' 것으로 보고되었다. White(1995)의 질문 전략은 문제를 해당 인물에게서 분리시켰다. 한 학생은 "이제 이것은 나쁜 습관처럼 느껴지고, 이렇게 느껴지는 것이 당연하다. 나는 이를 인식하고 다룰 수 있는 방법을 가지고 있다. 나는 이제 이것이 내가 겪어야만 하는 한계라고 생각하고, 이를 위해 무엇을 해야 할지 알고 있다. 이것은 우리가 생각하는 그런 괴물이 아니라 내가 너무 무서운 나머지 만들어 낸 괴물이다. 그것이 심지어 나일지라도." (D.11.2)라고 말했다.

이러한 몇 가지 최종적인 이야기는 자기 조력에 사용되고 참가자의 혼잣말과 자기 인식을 통합하는 내러티브 기술의 증거를 보여 주었다. 한 학생은 혼잣말과 자기 인식의 힘을 "나는 이야기의 힘, 특히 내가 내 자신에게 말하는 이야기의 힘을 더 잘 인식하게 되었다. 예전에 나는 계속 자신에게 심한 말을 퍼부었다. 지금은 대화에서 그런 행동을 멈추고 있다. 나는 언제나 부정적인 면만을 보고 비판 없이 받아들였다. 지금 내 머릿속에 가장 먼저 떠오르는 건 그것은 아마도 옛날 이야기일 거라는 점이다." (J.12.7)라고 표현하였다.

대처 전략으로서 미루기의 대가를 인식하는 것은 4명의 참가자가 보고했다. 그들의 보고에 따르면, 이 대가에 대한 인식은 미루기의 개념과 그것에 내포된 의미를 분리시키는 것을 촉진한다. 한 학생은 "다른 일을 하고 있는 것이 비참할지라도 어려운 일, 즉 앉아서 할 일을 하고 있는 것보다는 기분이 괜찮아요. 작문에 대해 생각하면 정말 끔찍해요. 쉽게 취할 수 있는 편안함이 주는 혜택은 속임수 같아요. 저는 요즘 일단 제가 충분한 시간을 가지고 시작하면 실제로 많은 양의 일도 즐길 수 있다는 것에 놀라고 있어요." (B.11.2)라고 말했다.

이 '쉽게 취할 수 있는 편리함'의 개념은 참가자가 가진 별 도움이 되지 않는 믿음에 대한 인식의 변화와 관련하여 중요한 화제로 떠올랐다. 글쓰기에 대한 힘들지만 만족스러운 작업으로의 재인식은 참가자로 하여금 그들이 작업하고 있는 일이 충분히 만족스럽다고 생각하도록 격려하였다. 한 학생이 말하기를,

"당신 스스로 무엇을 하고 있는지를 인식하고, 당신이 만들어 내고자 하는 것이 어떤 최고의 것이나 완전 무결한 것이 아니라 바로 당신의 '최선'이라는 것을 알게 되면 글쓰기라는 힘든 작업도 나름 괜찮을 수 있어요. 이것은 내가 가진 바보 같은 믿음이지만, 저는 그걸 믿어요."

전반적으로 이 영역은 참가자가 미루는 존재가 아닌 '나쁜 버릇'이나 '좋지 않은 보상의 덫'에 빠진 것처럼 보이게 한다. 이러한 관점은 미루기를 변화하기 쉽도록 만들어 주었다. 완벽주의를 버릴 때 더 현실적인 태도를 갖게 되었다. 즉, 사후 조치(중재) 묘사는 쓰기를 통하여 성숙한 자기 조절 인식으로 나아가는 참가자의 변화를 잘 보여 준다.

두 번째 영역: 미루기 관계에서 자아 의식

두 번째 영역은 모든 참가자의 중심 이슈인 자아 존중감과 자기 효능감에 의해서 고려되었다. 중재 전 주제는 수행에 대한 압박과 자신의 일에 대한 정체감이 닫혀 있는 상태였다. 이러한 경험은 타인과의 평가와 비교라는 학업 맥락과 연합되었다. 6명의 참가자에게 경험은 촉발된 불안정성과 더 연합되었다. 그들의 제한이나 결함은 주요했고, 자아 개념과 연관되어 있었다. 종종 모순적으로 주입된 "나는 완벽해야만 해." 혹은 "나는 약하고 겁에 질린 사람이야."와 같은 갈등을 일으키는 관점은 첫 번째 주제에서 명백했다. 모든 참가자가 보고하는 다른 사람들과의 부정적인 비교는 어떤 맥락과 관련되어 있었다. 한 학생에 따르면 "저는 밀린 일이 한 가득이라 친구들한테 '안 돼'라고 말해요. 그러고는 밀린 일은 하지도 않는다니까요. 그래서 저는 한가한 시간이 없어요. 친구들은 일을 쉽게 마치는 것 같고, 잘 놀면서도 좋은 점수를 받아요. 그 아이들은 나한테는 없는 뭔가가 있나 봐요. 어쩌면 그 아이들은 저보다 훨씬 의지가 강하거나 똑똑하겠죠."(V.1.4). 이것은 이 학생이 친구들보다 열등하고 다르다고 느끼는 데에서 시작하며 그녀가 일하는 데에서 미루기를 타당화하는 동시에 그녀를 미루기 기질을 가진 사람으로 라벨링하고 그런 사회적 역할의 부정적인 공시에 따라 그녀의 행동을 지속하도록 제한하고 분류한다. 그러므로 이것은 비효율적이다.

6명의 참가자는 과제와 관련하여 닫힌 정체감을 보고하였다. 그것은 그들에게 비록 고무되고 완벽하게 진행될지라도 쓰기를 견딜 수 없다는 데에서 굉장히 중요했다. 과업은 그들 자신이었다. 수행을 압박하는 예전의 일화가 촉발했기 때문에 이런 이야기는 개인적이다. 한 학생은 "해야 할 것 투성이에요. 모든 에세이를 둘러싼 이야기가 너무 강렬해서 저는 새롭게 작업을 시작할 수 있을지에 대해서 생각조차 할 수 없어요(S.2.5)."라고 이야기했다. 에피소드에 대하여 이야기하면서 부모님의 예전 말씀도 기억하게 되었다. "'너를 자랑스럽게 여기도록 해 보거라.' …… 아이디어를 쓰려고 할 때마다 너무 뜨거워서 만지지도 못하고 너무 압박이 심해요. ……감당할 수가 없어요."(P. 2.4)

관련된 주제는 6명의 참가자가 언급했고 학생들에게 '어린아이' 모드로 퇴행하거나 저항하도록 환기시켰다. "만약에 어린아이 관점으로 본다면 제게 그건 충분하지 않았다고 생각해요. 저는 항상 제가 제 걸 할 수 있는 충분한 공간을 얻지 못했어요. 제가 하고 싶어 했던 것들이요. 저한테 충분하지 않았고 저는 그걸 성취하기 위해 많은 시간을 쓴 거 같아요. 어린 소녀처럼 하고 싶어 하는 걸 시도하지 않았고, 어쨌든 전 싸우지 않았어요."(B.2.8) 다른 학생은 "그건 마치 내 안에 협력하지 않는 작은 방해자—놀고 싶어 하고 아무것도 안 하려고 하는—가 있는 것 같았어요. 그리고 그게 대부분 이겼죠(A.1.4)." 그리고 "저는 마치 어른 일을 하려고 하는 6살짜리 어린아이 같았어요(J.2.6)."라고 언급했다. 이런 어린아이 같은 기분이나 불안감에 따른 퇴행과 관련된 참가자들은 수행에 압박을 느꼈다. 몇몇은 협력하기 싫어하는 완고한 '아이'와 같이 저항했다. "만약 해야 한다면 저는 하지 않아요." 반면에 다른 참가자들은 반복적으로

수행하는 것, 학업적 글쓰기에서 어른 과업이 요구하는 위협에서 벗어나 쉬운
과업이 그들에게 안전감을 주는 것을 보고했다. 한 학생은 "저는 준비된 것을
반복하는데요. 항상 맞는 걸 요구하기 때문예요. 그렇지만 그것은 안전함을 느
끼게 하는 반복적 과제 수행으로 시간을 채운다는 것을 의미하죠." (T.2.5)

이러한 강렬한 두려움, 분노 그리고 좌절한 상태에서 자기를 진정시키는 방
법으로는 참가자들을 부끄럽게 하거나 자신을 불신하게 만드는 허용적인 응급
조치로 즉각적 보상을 추구하는 것이다. 한 학생은 "저는 제가 할 수 있을지에
대한 확신이 없어요. 제 글을 제가 신뢰할 수 없고 그래서 그게 저를 약하고 두
렵게 만들어요." (M.1.3)

사후 중재(개입)에서 보면, 대부분의 참가자가 자신을 덜 취약하고 더 나은
사람으로 지각하게 변하였으며 그들의 역할 기능을 보다 다양하고 넓은 시각
에서 바라볼 수 있게 되었다. 비록 나는 참가자들이 처음에 언급했던 상처와
고통을 잘 알고 있었지만, 이 프로그램의 초점은 그들이 자신을 연약함뿐 아니
라 가능성을 가진 한 인간으로 수용하게 하는 자세에 있었다. 그러므로 내러티
브 기술은 쓰기 과정에서 그들에게 어떻게 자기 지지 전략을 개발하는지를 강
조했다.

'내가 일보다 중요하다.'는 주제는 참가자들을 처음에 자신의 행동에 대하
여 꽉 막힌 인식에서 변화하도록 하는 것으로 요약되었다. 참가자들을 변화로
부터 멀어지게 했다. 10명 중 8명의 참가자는 자아 수용감과 자기 존중감의 중
요성에 대해 이야기했다. 한 학생은 "내가 과거에 성취했던 것들을 생각하는
건 모든 부정적인 감각을 없애 주곤 해요. 그렇지만 저는 지금도 그런 에피소
드를 가지고 있죠." (S.11.4)라고 언급했다. 다음에 언급하는 두 가지 주제는 참
가자의 언어와 자기 설명이 어떻게 자아 의식의 변화를 경험하도록 도왔는지
를 소개한다.

그들은 어른 상태의 깨달음은 물론이거니와 '어린아이' 자아의 보살핌에 대

한 필요성을 경험했다. "이 아이디어는 제게 여러 가지 말하는 방법을 제공했어요." "음! 나는 어른처럼 굴 수 있고 지금 하고 있는 일을 최대한 집중해서 효과적으로 할 수 있지. ……그러고 나서 다른 시간에는 '아이' 상태로 돌아가서 즐겁게 놀 수 있을 거야."(B.11.5)

학생들은 자기 지지를 위해서 고무된 이야기에 의해 환기된 중심 가치를 분별했다. "저는 이제 나비가 번데기에서 나오는 가벼운 이야기를 생각하고 '날기 어렵게 하는 날개의 기름' 같다는 구절을 생각해요. 음, 그럼 노력하는 것은 괜찮다고 느껴지거든요. 용기가 생겨요."(V.12.2) "예전에도 스스로 일을 처리하려고 막 버둥거린 적이 있어요. 음, 제 신념을 한번 써 보도록 제안하는 대화에서요. 그건 저한테 더 잘할 수 있다고 하게 해 주었거든요. 저는 그것에 대해 기도할 수 있었고 도움을 구할 수 있었어요. 제 삶의 의무 중 하나로 넘길 수 있었고요."(M.11.7)

5명의 참가자에게 언급된 일 분야에서 '자아'를 잃는 것에 대한 주제는 그들이 쓰기를 수행하는 동안 몰입해서 그들의 '자아' 또는 '비판적 자기'를 잊어버리는 것을 느꼈다고 보고한다. "저는 제 자신을 그 존(zone)에서 잊어버리면요. 얼마나 잘할지(혹은 좋을지)는 걱정이 안 돼요. 저는 그냥 생각을 따라잡아서 제가 만들어 내고 싶은 포인트를 논하면 되는 걸요."(J.11.3) 이러한 경험은 세 번째 영역과 관련 있는 '자기비판'이 없어진 상징적이고 경험적인 깨달음과 관련되어 있다.

세 번째 영역: 존재 행동론적 학습 경험

참가자들은 그들의 생각과 행동 방식 변화를 넘어선 특정한 행동 차이를 보고했다. 예를 들어, 그들은 학업적 글쓰기에서 '그냥 있는 것'과 '하는 것'에 대한 큰 깨달음에 대해 묘사했다. 중재 전의 주제는 대개 '하지 않는(예: 피하기,

꾸물거림)' 미루기 행동과 연관되어 '그냥 있는 것'의 경험과 관련된다. 낮은 동기 수준, 비연합 또한 압도되어 있는 것 같은 감각은 쓰기 과제와 문맥에서 가장 흔하게 보이는 문제다.

모든 참가자는 (과제를 수행하기에) 적절한 상태나 기분에 처한 적이 거의 없다고 보고했다. 그들은 수동적으로 과제를 시작할 수 있도록 '마법적이고 영감적인 순간이 오기를' 기다린다. 5명의 참가자는 과제를 수행하기에 적절한 기분에 있지 않은 것은 불안이나 동요를 다루는 것과 연관된다고 보고했다. 한 학생은 "저는 집중하거나 오래 붙어있지 않고 하던 일에서 다음 것으로 넘어가요. 넘어가는 사람, 그래서 저는 일에 깊이 집중하지 못해요." (P.1.8.)라고 했다.

앞에서 묘사된 대표적인 행동은 일 관련 불안의 신체 증상을 다루는 것과 관련하여 비슷하게 보고되는 '아동' 자신을 안정시키는 전략과 관련되어 있다. 다른 것들은 좋아하는 음식, TV 시청, 놀러 나가는 것이나 사회적인 약속과 같은 불안을 가라앉히기 위한 즉각적인 보상과 빠른 안정 기제를 사용한다. 4명의 참가자가 낮은 동기, 낮은 에너지 또는 우울한 기분과 관련한 경험을 보고했다. 그들은 그들의 상태를 바꾸기 위한 어떤 노력도 너무 어려워서 찾지 못했으며, 종종 '그냥 포기했다' (M.2.9). 3명의 참가자는 분리나 시간에 대한 근시안적 경험을 보고했다. 한 학생은 "저는 몇 년 동안이나 꿈꾸듯이 시간에 맞추어 다 할 수 있을 거라고 생각했어요. 근데 해야 할 일이 있을 때 갑자기 현실적으로 남아 있는 시간이 너무 적다는 것을 깨닫곤 했어요. 그래서 공황 상태에서 마구 그것을 하기 때문에 어떻게 했는지 잘 기억을 하지 못해요."라고 말했다 (J.2.5).

존재론적 수준에서 확인된 다른 주제는 과업 요구에 압도되는 감각이다. 한 학생이 "읽기에 빠져들 때에 말할 것과 빼야 할 것에 대해 조절해야 할 세부 사항이 너무나 많은데요. 저는 모든 것을 다 넣고 싶지만 제가 그렇게 할 수 없다는 것을 알아요." (S.1.4). 이러한 '낮은 기능' 감각은 많은 참가자에게서 사실로 나타났다. 비록 그들이 학업적 글쓰기에서 가까운 과거에 성공적인 경험을 했음에도 말이다. 이것은 그들이 이전의 성취 경험을 잊어버리고 그들의 쓰기 경험을 다시 조직화하는 것을 잊어버린 것처럼 보이게 한다.

문맥에서 압도되는 경험은 미루기의 존재론적 경험과 연관되어 잘 나타나는 또 다른 주제다. 한 학생은 "하루 종일 집에서 일하면 실제로 외로워져요. 그래서 다른 사람이 전화를 해 주거나 다른 것이 튀어나오면 그게 저를 귀찮게 한다는 생각은 들지 않아요."(D.1.7)라고 언급했다. 두 참가자는 책상이나 책장을 옮기는 것이 작업 공간을 기분 좋게 여기고자 애쓰는 한 방법이라고 이야기했다. 더 극단적인 예는 한 학생이 이야기한 것이다. "마지막 학기예요, 저는 마감이 코앞인 에세이에 집중해야 했고, 그걸 다 완성하기까지 먹지도 자지도 않았어요. 괴로웠지만 미루기를 조절하기 위해 할 수 있는 제가 아는 유일한 방법이었어요.(A.2.5)"

사후 개입 주제는 6개월 넘게 경험적 학습을 한(회기 내 대화에서 부분적으로 영향을 받은 것으로 평가되나 대부분은 자신의 행동 변화를 연습해서 영향을 받은) 참가자와 관련되었다. 다르게 행하기 주제는 참가자가 일을 지원하는 새로운 행동 레퍼토리를 조직화하는 자신의 방법을 개발하는 데 참가자의 창의성의 증거로서 중요한 자원이었다. 한 학생은 "직접 해 보았어요! 저한테 큰 배움이었어요. 제가 다 하거나 혹은 아예 하지 않았을 때, 예전에는 그게 시작을 미루게 했거든요. 지금은 시작하고 꾸준히 할 수 있어요. 잠시 멈추었다가 나중에 다시 시작할 수도 있게 되었고요."(S.11.5)라고 언급했다.

4명의 참가자는 익숙한 일 맥락에서의 변화 경험을 보고했다(예: 예전의 부정적 연합에서 벗어나 실제로 다른 장소에서 일하는 것). 한 학생은 "제가 집에서 작업을 하면요. 할 게 너무 많다는 걸 발견해요. 대학 도서관에서는요, 이야기할 사람들이 계속 보이는 거예요. 그래서 저는 브리티시 도서관에 가요. 거기는 제가 해야 할 일에 자유롭게 집중할 수 있는 분위기거든요." 라고 말했다.

기술이 부족하다고 느끼거나 현재 잘못하고 있다고 느끼는 참가자들을 위해서 학업적 글쓰기에 포함하는 다른 종류의 일의 분리를 촉진했다. '놀기 모드'는 그들에게 불안을 느끼지 않고 자신의 아이디어를 분리된 시간에 수행할 수 있게 했고, 어른과 같은 모드로 일을 수행해야 할 때에 '일하기 모드'는 그들의 평가를 지원했다.

많은 참가자는 행동이 행동을 고무시킨다는 것을 그들의 실험에서 찾았다. 이 주제는 다음 인용구에서 가장 잘 표현된다. "저는 몇 년 간 피아노를 쳐 왔는데요. 신체적으로 그리고 정신적으로 연주에 기반을 두게 하는 의식을 갖고 있다는 걸 깨달았어요. 지금 저는 쓰기에 적합한 올바른 몸과 마음의 상태에 도달하고자 저를 정비해요. 이건 정말로 도움이 돼요. 저는 이걸 '등 꼿꼿하게 펴기'라고 불러요."(T.11.4) 이렇게 행동을 조작하는 방법은 이전의 '자각 없는' 피하기 행동에 비해 더 의식적이고, 사색적이고, 계획적인 접근을 지시한다.

직접적으로 지지하는 새로운 행동 및 존재 방법에 대한 몇 가지 내러티브 중재 전략에 대한 증거가 더 있다. 다섯 참가자가 도움이 되는 기적 질문을 발견했다. 한 친구의 말을 빌려 표현하면 다음과 같다. "저는 이제 하루의 부분이 기적적인 시간이 될 수 있다고 생각해요. 만약에 아침에 기분이 나빴더라도 오후는 기적적인 시간이 될 수도 있죠."(D.11.2)

구체화된 조절의 감각과 같은 주제는 참가자들의 보고된 사후 개입을 요약한다. 신체적으로 실제로 경험되는 차이는—예를 들어, 현실에 기반을 둔 느낌의 '꼿꼿한 등'을 갖는 것이나 경계선의 감각을 갖는 것(예: 시작하고 끝내는 것에 대한 가능성을 갖기)—새로운 기억과 경험의 세대를 지지한다. 이러한 변화는 참가자들이 보고했듯이 그들에게 큰 신뢰의 감각을 주며, 그들로 하여금 일을 할 수 있는 올바른 신체, 정신 상태로 들어갈 수 있도록 한다. 그들의 이야기를 넘어 경험적인 배움이 참가자의 변화 과정에서 중요하다는 것은 명백한 사실이었다.

전반적으로 10명 중 8명의 참가자는 만족할 만한 점수를 받았고, 시간에 맞게 과제를 제출하며 학기를 마쳤다고 보고했다. 한 참가자는 전체 과정에서 만족보다는 높은 불안을 보고하며 학기를 마쳤다. 한 참가자는 코스를 마치지 못했으며, 하나의 에세이만을 제출할 수 있었다.

요약하면, 대부분의 참가자를 통해 사전 개입과 사후 개입을 비교하면 잘못된 행동적·인지적·감정적 조절을 고려하여 미루기의 경험이 보고되었다. 자기 조절을 향한 배움의 과정에 있는 학생들의 이러한 변화는 그들의 쓰기에서의 재구조화뿐 아니라 행동 변화를 보고한다.

논 의

이 탐구 연구의 주요 목적은 학업 쓰기에서 자기 지지를 통해 미루기 기질을 가진 학생을 도와 그들의 경험을 재구조화하는 것이었다. 지원자의 나이, 학습 과정, 개인적 배경 등이 다양함에도 그들 모두는 개입 이전에 전반적으로 비슷한 범위의 미루기 경험을 보고하였다. 프로그램 종료 4개월 후 대다수는 학술 작문에서 훨씬 더 조절감과 만족감을 보고하였다. 사전 개입 기록은 현존하는 양적 연구 자료에서 전반적으로 합의된 이슈들을 통해 학업 미루기가 복잡하고 이질적인 현상으로 보고되었음을 알려 주었다. 강조된 변수는 높은 불안, 낙담과 관련된 정서(Lay, 1990), 자아 존중감 이슈(Ferrari, 1994), 완벽주의(Ferrari, Johnson, & McCown, 1995), 자기 조절(Baumeister et al., 1994) 그리고 행동주의에서의 자동성(Gollwitzer & Bargh, 1996) 등이 있다. 또한 '어린이 자아 상태'(Berne, 1964)를 보고하는 참가자에 대한 치료 연구와 성인기의 자기애적 방식—부모가 수행에 대해 압력을 행사했던 기억에 의해 발생한—과 관련된 경험에 대한 명백한 증거가 있다. 이러한 기억은 초기 발달기의 공감적인 조화에서 애착 결핍을 나타낼 수 있다(Burka & Yuen, 1983; Kohut, 1971). 이러한 성격 특성은 자기 조절과 정서 조절 연구에서도 나타난다(Kuhl, 2000).

사후 개입의 결과는 (앞에서 말한 것들로부터의) 회복 경험이 잊어버리기와 다시 배우기 같은 교육과정을 포함한다는 것을 나타낸다. 이러한 배움은 프로그램에서 참가자가 사용하는 내러티브 전략과 그들의 경험적 학습에 의해 뒷받침될 수 있는데, 이는 새로운 기술의 발달과 더 유연한 메타 내러티브를 촉진한다. 이 메타 내러티브는 개인적으로 만들어 낸 '행동 레퍼토리'라고 설명할 수 있다. 이는 구체화된 '감각 느끼기' 경험(Gendlin, 1996), '몰입 경험'의 증거(Csikszentmihalyi, 1992) 그리고 어려운 과제라고 지각되는 학업 글쓰기에 대한 참여를 지원하기 위한 마음챙김(Kabat-Zinn, 1994) 등을 포함한다. 이러한 사후 개입 경험은 참가자가 이전에 보고한 정신 없는 미루기 경험과는 질적으로 대조된다. 그들의 메타 내러티브적인 시각의 부가 가치는 참가자가 그들 자체와 학업 과제를 조율하기 위해 좀 더 넓은 참조 틀—인지적으로, 정서적으로, 경험적으로—을 사용하여 그들의 경험을 재구조화한다는 점에서 분명하게 나타난다. 이러한 변화 과정은 이 장의 도입부에서 대략 제시한 내러티브의 특성에 의해서 부분적으로 뒷받침된다.

이러한 학생들이 보고하는 암묵적이고 자동적인 미루기 경험 때문에 스토리가 짜인 설명을 연구 대상으로 하여 직관적인 방식을 사용하는 것은 세심하고 적절한 개입일 것이다. 게다가 참가자들의 가치관, 영감을 주는 이야기 그리고 일화 기억에 저장된 이전 경험들로 인해 이러한 수준의 처리 과정은 더 의식적이고, 합리적인 상담 접근에 비해 참가자가 자신의 숨겨진 능력에 더 쉽게 접근할 수 있도록 한다.

게다가 사후 개입에 대한 증거가 말해 주듯이 사용된 내러티브 전략은 참가자에게 어떻게 그들이 언어를 통해 의미를 창조할지에 대해 이해하는 근본적으로 다른 방법을 제공했다. 이러한 관점은 그들로 하여금 자신의 그리고 다른 사람들의 이야기에 대한 더욱 비판적인 자세를 키움으로써 보다 다른 방식으로 말하도록 해 주었다. 당연하게 여겨지는 가설에 대해 질문하고, 미루기 행동과 관련 없는 문제를 분리하며 그들에게 드러나지 않았던 자신의 존재(being)와 일(doing)에 집중하도록 했다. 이러한 발견은 미루는 버릇이 있는 사람을 대상으로 하는 것이 이름 붙은 특징을 가지고 있다는 점보다 다르게 행동하는 능력과 더 관계 있다는 점에서 이 책 11장에 제시되어 있는 내용과 명백히 일치한다.

하지만 내러티브의 한계점은 인식될 필요가 있다. 이러한 개입이 그들의 인식이나 행동을 바꾸는 데 어떠한 도움도 되지 않았던 2명의 참가자의 경우에 의해 강조될 수 있기 때문이다. 한 참가자와의 작업은 중대한 초기 외상 경험을 나타냈다. McLeod(1997)는 때때로 이야기에 대한 존중이 치료상으로 중요한데, 특히 초기 외상이 확인된 경우 더욱 그러하다고 주장했다. 더 심각하게 불안한 참가자에 대해서는 '말하기 치료'가 새로운 행동을 보급시키기엔 충분하지 않다는 것이 분명했다. 어쩌면 9장에 설명한 더 경험적이고 행동적인 치료 또는 다양한 방식의 치료 같은 방법이 더욱 효과적이었을 것이다. 이러한 예들은 치료에서 내러티브 방법이 임상이 아닌 학생 집단에게 더욱 적합할지도 모른다고 말한다.

사용된 분석 방법의 유익함과 한계에 대해 간단히 살펴보자면, 인터뷰 자료는 좀 더 구조적으로 접근한 설문 조사 자료보다도 잠재적으로 참가자들의 경험을 좀 더 잘 이해할 수 있다. 언제나 해석에는 어려움이 따르기 마련인데, 이는 조사의 질적인 면에서 어떤 것이 가장 전경에 위치하는가에 관한 것이다. 해석 현상학적 분석은 조사되고 있는 현상에 대해 기술하는 것을 목표로 한다. 그러나 조사자의 주관적인 해석을 고려하면, 참가자의 설명에서 미루기에 대한 이야기를 구성하면서 특정 문제는 부각되고, 다른 것들은 놓칠 수 있다는 점이 인정된다. 그럼에도 그러한 연구는 이 장에서 기술된 자료가 말하듯이 미루는 사람이 되는 '삶에서의 경험'에 포함된 복잡성을 나타내는 데 명백히 기여한다.

결론적으로, 여기에 나타난 내러티브 상담의 특정한 형식은 학업 환경에 있는 미루는 사람을 상담하는 상담자에게 주목할 만한 가치가 있다. 학생들은 보통 명확히 표현할 줄 아는 내담자라고 여겨질 것이다. 따라서 이야기로 구성된 설명을 다루는 것은 잠재적으로 단기 해결 중심 상담에 적합한 모델을 제공한다.

제13장

▶▶ Gordon L. Flett, Paul L. Hewitt, Richard A. Davis, Simon B. Sherry

완벽주의로 인해 미루는 사람에 대한 기술과 상담

이 장을 읽는 독자들이 미루기는 복잡한 현상이며, 미루는 사람들 사이에는 엄청난 이질성이 존재할 것이라는 결론에 이를 것이라는 점에는 의심의 여지가 없다. 분명히 모든 미루는 사람이 동질적인 것은 아니다. 이 장의 목표는 한 가지 특정한 유형의 미루는 사람—완벽주의로 인해 미루는 사람—에게 초점을 맞추는 것이다. 이 장에서 첫 번째 부분에서는 완벽주의로 인해 미루는 사람을 묘사하고 설명을 검토할 것이다. 두 번째 부분에서는 얼마나 다른 차원의 완벽주의가 미루기의 인덱스와 연관되어 있는지를 살펴볼 것이다. 마지막 부분에서는 완벽주의로 인해 미루는 내담자에게 효과적인 상담을 제공하기 어렵게 만드는 요소에 대한 연구와 더불어 이러한 사람에 대한 상담과 관련된 여러 이슈를 논의할 것이다.

‖ 완벽주의로 인해 미루는 사람들 ‖

역사적으로 많은 학자는 완벽주의와 미루기 간의 연결 고리를 발견해 왔고(Burka & Yuen, 1983; Hamachek, 1978; Hollender, 1965), 강박성 성격장애와 같은 성격 문제에 대한 연구는 완벽주의와 미루기의 동시 발생에 대해 주목하였다(American Psychiatric Association 참조, 2000). Ellis와 Knaus(2002)는 어떤 유형의 미루는 사람은 자기비판과 완벽주의가 혼합된 비합리적인 믿음을 가지고 있다는 점을 시사했다. 미루는 행동, 자기비판, 완벽주의 그리고 심적 고통은 모두 비합리적인 신념 체계를 고수하는 것에서 비롯된다(Ellis, 2002 참조). Pacht(1984)는 미국심리학회 회장단 연설에서 완벽주의와 미루기 간의 연관성에 대해 논의하였다. Pacht는 미루기와 완벽주의 둘 다로 인해 고통 받다가 결국 논문을 완성할 수 없었던 한 학생의 사례 연구에 대해 이야기하였다.

아마 미루기와 완벽주의 간 관계의 가장 자세한 사례는 Flanagan(1993)이 제시했을 것이다. Flanagan은 Mr. G의 사례를 "미루기와 우유부단함이라는 문제로 무력해진 26세의 독신 변호사"(p. 824)라고 묘사하였다. Mr. G는 평가받기 이전에 다양한 방법을 통해 치료받아 보았지만 별로 성공적이지 못했다. Flanagan(1993)은 Mr. G가 가진 어려움은 그가 완벽한 사람이어야만 한다는 치명적인 믿음에서 시작된다고 결론지었다.

Ferguson과 Rodway(1994)는 극단적인 완벽주의로 인한 문제 때문에 인지행동치료를 받은 9명의 내담자에 대한 사례 기술을 통해 완벽주의와 미루기 간의 연결 고리를 보여 주었다. 9명 중 6명의 내담자(그중 2명은 극단적인 완벽주의 성향을 갖고 있었다.)는 완벽주의와 미루기 문제가 있는 것으로 진단되었다.

이러한 사례 연구는 몇 가지 공통 주제가 도출될 수 있다는 점에서 유용하다. 예를 들어, 흔히 나타나는 하나의 주제는 완벽주의로 인해 미루는 사람들이 실패 공포의 정도를 약화시키는 것으로부터 고통을 받고 있는 경향이다. 이러한 실패 공포는 개인적 열등감, 비효능감 그리고 낮은 자기 수용성 감정과 연관되어 있고 동시에 이러한 감정의 부산물이기도 하다. 게다가 몇몇 학자(Burka & Yuen, 1983)는 완벽주의가 미루기에 선행한다는 점을 밝혔다. 즉, 미루는 행동은 '완벽'의 높은 기준을 만족시키는 것이 불가능하다는 것을 지각하는 데서 오는 반응이라는 것이다.

‖ 다차원적인 시각에서 바라본 완벽주의적 미루기 ‖

완벽주의로 인해 미루기 행동을 하는 내담자를 만났을 때 상담자가 해야 할 첫 번째 일은 미루기와 완벽주의를 측정할 수 있는 다양한 도구를 사용하는 것이다. 이는 어떤 구성 요소의 측면이 포함되어 있는지를 결정하게 해 준다. 요즈음은 완벽주의의 구인이 다차원적이라는 것이 널리 받아들여지고 있다. 완벽주의에 대한 다양한 개념은 다음 문단에서 간략하게 서술되어 있다.

Frost, Marten, Lahart와 Rosenblate(1990)는 프로스트 다차원적 완벽주의 척도(Frost Multidimensional Perfectionism Scale: FMPS)를 통해 완벽주의의 여섯 가지 영역을 측정하였다. 이 영역들은 높은 개인적 기대, 실수에 대한 염려, 수행에 대한 의심, 구조화, 부모 기대, 부모의 비판 등이다. 이 영역들은 Frost 등이 이전/기존 단일 영역의 문항들을 제거하고 새로운 문항을 추가한 후에 개발된 것이다. 초기 연구와 후속 연구를 통해 드러난 바에 의하면 실수에 대한 염려, 수행에 대한 의심 등은 고통과 관련한 척도와 유의한 관계를 일관되게 보였다(Frost et al., 1990). 이러한 요인들은 실패에 대한 두려움, 과제 회피 등과 관련한 미루기와 연관된다.

Hewitt과 Flett(1991)은 다른 완벽주의 척도를 개발하였다. 이 척도도 다차원적 완벽주의 척도(Multidimensional Perfectionism Scale: MPS)로 불리는데, Frost의 척도와는 다른 특징을 보인다. MPS는 자기 지향적 완벽주의, 타인 지향적 완벽주의, 사회적으로 부과된 완벽주의의 세 유형으로 구분된다.

자기 지향적 완벽주의는 완벽함, 비현실적 자기 기준 설정, 강박적 추구, 결과에 대해서 성취 아니면 무의미 사고 등의 특성을 포함한다(Hewitt & Flett, 1996). 자기 지향적 완벽주의가 적응적으로 언급된 측면이 있다 하더라도 이러한 완벽주의는 부정적 인생 경험을 할 때는 심리적 고통을 수반할 수 있고(Hewitt, Flett, & Ediger, 1996), 자기 지향적 완벽주의자는 의대생처럼 높은 경쟁과 도전 상황에서 자신을 발견하게 된다(Enns, Cox, Sareen, & Freeman, 2001).

타인 지향적 완벽주의는 다른 사람에 대해 까다로운 기준을 갖는 경향을 포함한다. 다른 사람에게 완벽해지기를 요구하고, 상대방을 탓하며 적대적인 경향을 보인다. 따라서 타인 지향적 완벽주의는 극심한 스트레스와 대인 관계 갈등을 초래한다.

사회적으로 부과된 완벽주의는 개인의 안녕감에 부정적인 함의를 가진 가장 유해한 유형 중 하나다. 이 유형은 타인들이 나에게 완벽함을 요구한다고 지각하는 것을 의미한다. 사회적으로 부과된 완벽주의가 높은 사람은 다른 사람의 비판에 민감하고, 승인에 대한 욕구가 강하며(Hewitt & Flett, 1991), 그럼에도 완벽함이 기대되기 때문에 중요한 타인들로부터 그러한 승인이 쉽게 오지 않으리라 생각한다. 이 유형은 다양한 형태로 부정적인 감정과 연계되고(Hewitt & Flett, 1991) 건설적인 사고의 부재 같은 결핍과 관계된다(Flett, Russo, & Hewitt, 1994). 아울러 문제 해결 능력에 대한 부정적인 평가와도 관련된다(Flett, Hewitt, Blankstein, Solnik, & Van Brunschot, 1996).

완벽주의 성향 중 미루기에 적용될 수 있는 것으로 Stöber(1998)는 FMPS (Frost et al., 1990)의 일부 요인과 완벽주의 간의 관계에 대한 연구 결과를 보고하였다. 184명의 학생에게 FMPS와 Tuckman 미루기 척도(Tuchman, 1991)를 실시하였다. Stöber는 미루기가 완벽주의의 부적응적 양상인 수행에 대한 의심, 실수에 대한 염려 등과 관련된다고 보고하였다. 완벽주의는 조직의 기대와는 부적인 상관을 나타내었고, 개인적 기준, 부모의 기대와 비판과는 아무런 관계를 나타내지 않았다.

Stöber와 Joormann(2001)은 완벽주의와 걱정과 병리적 걱정 척도를 180명의 학생에게 실시하였다. 그 결과 걱정 척도는 미루기와 실수에 대한 염려, 수행에 대한 의심 등과 높은 상관을 나타냈다.

Hewitt과 Flett(1991)의 미루기와 완벽주의에 대한 경험적 연구는 다면적 접근의 유용성을 과소평가하였다. 초기 연구는 Flett, Hewitt과 Martin(1995)에 의해 이루어졌다. MPS의 세 가지 차원 사이의 정적 상관관계를 고려한 통계 기법을 사용한 후에 자기 지향적 완벽주의는 미루기와 상관이 없는 결과와 부적 상관을 보인다는 결과로 나뉜다. 타인 지향적 완벽주의는 미루기와 유의한 관계가 없는 것으로 보이고, 사회적으로 부과된 완벽주의와 미루기 간에는 적지만 유의한 정적 상관을 보인다(Flett, Blankstein, Hewitt, & Koledin, 1992; Martin, Flett, Hewitt, Krames, & Szanto, 1996). 사회적으로 부과된 완벽주의와 자기 지향적 완벽주의는 실패에 대한 두려움과 유의한 관계를 나타냈다(Flett et al., 1992).

이후의 연구에서 Onweugbuzie(2000)는 MPS(Hewitt & Flett, 1991)와 학생용 미루기 척도(PASS; Solomon & Rothblum, 1984)를 135명의 대학원생에게 실시하였다. PASS는 학업 상황의 미루기를 측정하는 것으로, 과제 회피와 실패에 대한 두려움 등의 동기를 하위 변인으로 삼고 있다. Onwuegbuzie는 자기 지향적, 타인 지향적 완벽주의는 학업 미루기와 상관이 없는 것으로 보고하였고, 사회적으로 부과된 완벽주의와 학업 미루기 간에는 유의한 상관이 있음을 보고하였다($r=.24, p<.01$). 게다가 실패에 대한 두려움은 사회적으로 부과된 완벽주의($r=.33. p<.001$), 타인 지향적 완벽주의($r=.22, p<.05$)와 각각 유의한 관계를 나타냈다.

완벽주의와 사회적으로 부과된 완벽주의 간의 이러한 관계는 Burns, Dittmann, Nguyen과 Mitchelson(2000)의 연구와도 일치한다. Burns 등은 이른바 '부정적 완벽주의' 척도가 미루기와 유의한 상관이 있다고 보고하였다. 그들은 부정적 완벽주의 척도의 문항 상당수가 사회적으로 부과된 완벽주의 문항에서 기인한 것으로 설명하였고, 따라서 두 연구의 결과가 일치한 것으로 볼 수 있다.

‖ 미루기와 인지적 관점에서의 완벽주의 ‖

특성 차원에서 미루기와 완벽주의를 보는 것에서 나아가 새로운 인지 차원 검사의 개발은 완벽주의와 미루기 간의 관계를 인지적 차원에서 검토할 수 있도록 했다. 우리 연구팀의 최근 연구는 미루기에 관한 사고 빈도와 완벽주의에 관한 사고 빈도 간에 상관을 보여 줌으로써 부정적 자동적 사고(예: Hollon & Kendall, 1980) 연구에 관한 범위를 확장하고 있다.

MPS(Hewitt & Flett, 1991)와 같은 척도들 그리고 대부분의 미루기 척도는 성격 특성에 초점을 맞추고 있다. 반대로 자동적 사고 척도들은 인지 구조에서 잠재적으로 활성화된 스트레스원에 반응해 경험되는 사고와 이미지를 측정한다. 자동적 사고 측정 도구들은 지난주 동안 경험했던 사고의 빈도를 회고적으로 측정한다. 따라서 이 척도들은 특성보다는 인지 상태를 측정한다고 볼 수 있다 (Hollon & Kendall, 1980).

완벽주의를 포함하는 자동적 사고 척도는 완벽에 대한 요구를 반복적으로 생각하는 횟수를 측정하는 것으로 구성된다(Flett, Hewitt, Blankstein, & Gray, 1998). Flett 등은 25문항으로 구성된 완벽주의 인지 척도를 개발하였다. '나는 완벽해야 해.' '내 일은 실수가 없어야 해.' 등과 같은 자동적 사고의 횟수를 측정하도록 고안되었다. 이러한 완벽주의적 생각은 이상적인 자아 도식의 결과이고, 완벽주의자는 무엇보다 완벽한 기준에 도달하지 못하는 무능력에 대해 숙고하는 동안 이러한 생각을 경험할 가능성이 높다. 완벽주의 인지 척도 관련 연구는 이 척도의 높은 점수가 사회적으로 부과된 완벽주의 같은 완벽주의 특성 유형에 기인할 수 있는 분산을 제외하고서도 고통과 높은 상관을 보인다(Flett et al., 1998).

부차적인 연구로 특정 미루기 학생은 그들의 미루기 경향을 반영하는 자동적 사고에 의해 고통당하고 있음을 알 수 있다. 이런 가능성과 관련해서 원래의 자동적 사고 척도(Hollon & Kendall, 1980)는 미루려는 경향에 대한 특정 선호를 포함한다. 이러한 근거에 의거하여 Stainton, Lay와 Flett(2000)은 18문항의 미루기 인지 빈도 척도를 개발하였다. 응답자는 '왜 좀 더 일찍 시작하지 않았나?'와 '아무리 노력한다 해도 나는 여전히 일을 미룬다.' 등과 같은 사고를 어느 정도 빈도로 하고 있는지를 보고한다. Stainton(2000) 등에 따르면 문항 내용은 '미루기로 고통당하는 학생들의 상담 경험과 미루기 개념의 일반적 이해'(p. 301)에 근거하고 있다.

이러한 척도의 개발은 인지적 관점에서 미루기와 완벽주의의 측정을 가능하게 한다. 최근에 우리는 완벽주의와 미루기 인지에 관한 연구를 수행했고, 심리적 고통에서 미루기 인지의 기능을 탐색하였다. 처음 2개의 연구는 미루기 인지와 MPS 특성에 관한 연구였다. 대학생 210명을 대상으로 한 연구에서는 MPS와 미루기 인지 도구(Procrastination Cognitions Inventory; Stainton et al., 2000), Lay의 미루기 척도(Lay, 1986)가 사용되었다. 이 표본에서 완벽주의 유형은 어느 것도 미루기 특성과는 유의한 관계를 나타내지 않았다. 따라서 사회적으로 부과된 완벽주의와 Lay의 미루기 척도 간의 유의한 관계를 나타낸 연구 결과(Flett, Hewitt, & Martin, 1995)와는 일치하지 않았다. 그러나 사회적으로 부과된 완벽주의는 미루기 인지와는 유의한 관계를 보였다($r = .23, p < .01$).

두 번째 연구에서 MPS와 미루기 인지 척도 간의 관계는 88명의 학부생 표본에 실시되었다. 자기 지향적 완벽주의는 미루기 인지와 유의한 관계를 보였으나($r = .25, p < .05$), 좀 더 강한 상관은 사회적으로 부과된 완벽주의와 미루기 인지 간에 나타났다($r = .38, p < .001$).

마지막으로 세 번째 연구 결과는 미루기 인지 검사, MPS, 완벽주의 인지 검사(Flett et al., 1998) 등으로 실시되었다. 94명의 학부생을 대상으로 한 연구 결과 사회적으로 부과된 완벽주의와 미루기 인지 간에 유의한 관계가 확인되었고 ($r = .33, p < .01$), 완벽주의 인지와 미루기 인지 간의 관계 역시 유의하게 나타났다($r = .52, p < .001$).

중요한 이슈는 완벽주의와 미루기 간의 관계가 단순히 고통과 낮은 정서적 안정감 간의 관계에 기인한 것인가 하는 점이다. 결과적으로 우리는 완벽주의와 미루기가 신경증 특성을 통제하고도 관계가 여전한지 여부를 알아보았다. 우리의 세 번째 표본의 참가자들은 50문항의 5요인 척도도 실시하였다. 낮은 정서적 안정(예: 신경증)은 완벽주의 인지 척도($r = -.29, p < .01$), 미루기 인지 척도($r = -.29, p < .01$)와 유사한 계수를 나타냈다. 그러나 부분 상관 계수를 계산해 보면 낮은 정서적 안정감과의 공변량을 고려하고 나서도 두 인지 척도가 관련성이 높은 것으로 나타났다($r = -.44, p < .001$). 이러한 자료는 완벽주의에 대한 자동적 사고와 미루기에 대한 자동적 사고 간의 상당한 연관성이 있다는 것을 의미한다.

완벽주의자의 미루기 상담을 위한 제안

이 연구에서는 자동화된 사고와 관련하여 완벽주의적인 미루기에 대한 인지적 개입의 필요성에 대해서 주목한다. 하지만 완벽주의적인 미루기는 자동화된 부정적인 사고와 연결될 뿐만 아니라 완벽주의와 미루기는 역기능적인 태도 (Flett et al., 1995a; Sherry, Hewitt, Flett, & Harvey, 2003)와 비합리적인 신념(Ellis,

2002; Ellis & Knaus, 2002)과도 연결되어 있다. 그래서 상담자는 어떤 인지적 요소가 완벽주의적인 미루기의 어려움에 기인하는지 알 수 있다면 인지행동적 치료 전략과 관련하여 다차원적으로 개입할 수 있을 것이다.

첫 번째 목표는 자주 나타나는 자동화된 부정적인 생각을 경험하는 것을 조절하고 개선하는 것이다. 우리 연구 결과에 따르면 완벽주의적인 미루기는 침투 사고*가 밀려들 때가 있는데, 이는 새로운 작업에 참여하지 못하게 하는 인지적 방해물이 될 수 있다. 이런 사람들은 생각을 멈추는 절차를 배우고 이러한 생각을 이끌어 내는 상황을 좀 더 잘 인지하게 됨으로써 도움을 받을 수 있다.

두 번째 목표는 역기능적인 태도와 비합리적 신념을 제거하고 인지 전략을 사용하면서 좀 더 적응적인 생각으로 대체하는 것이다(A. T. Beck, 1976; Ellis, 1994). 역기능적 태도에서는 왜 완벽하고자 하는지에 대한 필요성에 초점을 맞추고 있고, 개입은 이러한 생각에 중점을 두고 있다(Hirsch & Hayward, 1998). 완벽주의와 미루기 둘 다는 사회적 승인을 구하고자 하는 욕구와 관련된 역기능적인 태도와 관련이 있다(Flett et al., 1995a; Sherry et al., 2003). 역기능적 태도를 제거하고자 할 때 완벽주의적인 미루기가 거부되는 것을 피하고 과도할 정도로 승인받기를 원하고 있다는 것을 잘 알고 있는 상태를 유지하는 것이 중요하다.

비합리적인 생각은 합리정서행동치료(REBT)(Dryden, 1995; Ellis, 1994)로 다룰 수 있다. Ellis(2002)는 극단적 완벽주의를 다루는 데 많은 유용한 지침을 제공하였다. 그는 완벽주의를 약화시키는 데 중요한 핵심 이슈가 완벽에 지나치게 중요성을 부과하고 집착하는 점임을 주목하였다. 완성의 중요성에 집중하는 데 덧붙여 REBT 기술을 통해 완벽에 대한 집착과 열등감을 없애 완벽주의적인 미루기의 자기 수용 수준을 높일 수 있다.

---

* 자신의 의도와는 무관하게 원치않는 생각이 반복적으로 의식에 떠오르는 인지 현상.

실패에 대한 두려움 다루기

실패에 대한 두려움은 완벽주의적인 미루기에 매우 명확하게 드러나는 문제다. 많은 연구에서 완벽주의적인 미루기는 높은 수준의 완벽주의, 미루기에 대한 인식, 사회적으로 부과된 완벽주의, 우울감, 실패에 대한 두려움을 가지고 있다고 보고하고 있다. 이러한 두려움은 스스로 인지되는 것들로 수치심, 자기 상실, 불확실한 미래에 초점을 맞추게 할 수 있다. 완벽주의적인 미루기는 다양한 두려움과 고통을 경험하기 때문에 인지행동 개입 과정에서 이러한 두려움과 불안을 줄일 수 있는 방법을 보충하여야 한다. Ferrari, Johnson과 McCown (1995)은 미루는 사람이 경험하는 불안을 효과적으로 줄일 수 있는 기법을 제시하였다. 이러한 기법들은 공포의 데드라인과 연계된 불안을 다루는 체계적 둔감법뿐만 아니라 긴장 완화 훈련과 함께하는 시각화 작업을 포함한다. 우리는 미루는 학생들이 먼저 구별되어야 한다는 점에서 연구자들의 의견에 동의한다. 또한 불안과 우울을 줄이기 위해 설계된 개입 방법에 가장 도움을 받는 학생을 확인하기 위해서 불안과 우울 수준을 측정할 필요가 있다.

문제 해결과 스트레스 대처 훈련

완벽주의와 미루기는 부정적인 자기 개념과 저하된 자기 효능성/자아 효능감, 자신에 대한 만족감의 부족을 반영하는 두 가지 성격 구조다(Flett, Blankstein, & Martin, 1995a; Martin et al., 1996 참조). 완벽주의적인 미루기의 자신감과 자아 효능감을 향상시키는 간접적인 방법은 문제 해결 기술, 학업 기술, 스트레스 대처 훈련을 제공하는 것이다. 많은 연구물이 미루기가 문제 대처와 해결 능력의 부족과 관련되는 경우처럼 특정 완벽주의 영역은 정서 중심적 대처와 문제 해결 방식의 역기능적인 형태와 관련되었다(Hewiit & Flett, 2002 참조). 또한 완벽주의자는 높은 수준의 스트레스와 스트레스 반응을 경험한다(Hewitt & Flett, 2002).

완벽주의와 높은 수준의 스트레스, 스트레스 반응의 연관성은 완벽주의적인 미루기는 스트레스 관리, 스트레스 대처 훈련, 직접적으로 대처 전략을 가르치는 치료 형태가 적합한 대상임을 말해 준다. 문제 해결과 대처 기술의 향상에 초점을 맞추는 치료는 자아 효능감 수준을 향상시킬 뿐 아니라 스트레스 반응과 동반 증상을 줄이는 데 효과적일 것이다. 하지만 명심해야 할 것은 완벽주의는 오랫동안 배어 있던 취약성이라는 점이다. 이러한 고집스러운 성격의 부정적 영향이 스트레스의 진정한 원인이 되는 것이다. 특정한 완벽주의적인 미루기는 완벽주의의 핵심 이슈에 좀 더 초점을 맞춘 집중적인 심리치료를 요할지도 모른다. 이와 관련되는 것으로 완벽주의적 행동의 근원이나 전조 현상, 동기에 초점을 맞춘 집단 치료 과정이 있다. Hewitt와 Flett(2002)에 의하면 이러한 전조 현상은 종종 대인 관계에 관련되며 수용 가능한 자아상을 구축하기 위해 완벽주의적 행동을 할 수밖에 없는 개인의 핵심 욕구와 관련되어 있다.

완벽주의적인 미루기 상담과 치료와 관련해서 몇 가지 논의가 있을 수 있다는 것은 분명하다. 더 자세한 내용은 내재하는 어려움 몇 가지를 논의하면서 결론을 내고자 한다.

‖ 완벽주의적인 미루기 상담이 직면하는 도전 ‖

지금까지 완벽주의적인 미루기를 다루는 다양한 개입 방법에 대해 살펴보았다. 이러한 개입 방법은 과연 성공적일 것인가? 우리는 다양한 이유에서 완벽주의적인 미루기에 효과적인 상담과 치료를 제공하는 데 예외적인 어려움이 있을 것으로 생각한다. 첫 번째 논의할 것은 도움 구하기와 관련된 부분이다.

도움 구하기를 꺼림

완벽주의적인 미루기가 실제로 자신의 문제를 해결하기 위해 도움을 구하고자 하는지는 대단히 중요한 상담의 주제다. 우리 연구는 완벽주의자들이 도움을 구하는 데 부정적 성향을 가지고 있을 가능성에 초점을 맞추고 있다. Flett, Blankstein, Martin(1995a)는 도움을 구하는 데 부정적인 성향은 은닉하고 부정적 평가를 두려워하는 미루는 사람 사이에서 명백하게 나타남을 확인하였다.

완벽주의와 도움 구하기를 꺼리는 것에 대한 우리의 연구는 최근에 완벽주의적인 자아상(self-presentation)으로 알려진 완벽주의 구조의 측면에 광범위하게 초점을 맞추고 있다. 수년간 우리는 특정 완벽주의자들은 결점이 없다는 인상을 주는 데 지나치게 몰두한다는 점을 주목하였다(Hewitt et al., 2003 참조). 완벽주의 특성이 나타나는 수준이 높든지 낮든지 관계없이 어떤 사람은 완벽한 사회적 이미지를 만드는 데 지나치게 사로잡혀 있다. 이런 사람들은 자신의 실수나 흠, 약점이 드러내지 않기 위해서 전력을 다할 것이다. 완벽주의적 자기 과시 척도(Pefectionistic Self-Presentation Scale: PSPS)로 알려진 측정 도구를 통해 이러한 성격 형태가 세 가지 층위, 즉 완벽하게 보이고 싶은 욕구, 불완전함을 나타내지 않으려는 욕구, 다른 사람에게 결점을 드러내지 않으려는 욕구를 반영함을 알 수 있었다.

우리의 완벽주의적인 자기 제시와 미루기에 대한 초기 연구에서는 완벽주의적인 자기 제시가 특히 남성의 경우 미루기와 관련되었다는 점을 지목하였다. 예를 들어, 아직 출간되지는 않았지만 미루기 인식 척도와 PSPS가 257명의 여성과 123명의 남성에게 실시되었다. 연구 결과 여성은 미루기와 3개의 PSPS 하위 영역에서 작지만 유의미한 상관관계를 나타내었다(.18-.24). 남성은 미루기와 3개의 PSPS 하위 영역에서 강한 연관성이 나타났는데, 결점을 드러내지 않기 위한 욕구($r = .30$), 불완전함을 드러내는 것을 피하는 욕구($r = 40$)의 상관을 나타내었다. 향후 연구에서는 완벽주의적인 자아상이 여성과 비교해 볼 때 남성이 상담에서 도움을 덜 구하는 태도와 관련되어 있는지 알아볼 필요가 있다.

우리의 연구는 Falnagan(1993)의 Mr. G 사례 연구와 맥락을 같이 한다. 이 사례 연구는 완벽주의적 자기 제시의 광범위한 증거를 보여 준다. Mr. G의 일상의 역기능적인 생각을 관찰한 결과 Mr.G가 결점을 드러내는 것을 피하고자 하고 속이는 사람처럼 느낀다는 점을 확인하였다. Flanagan(1993)은 Mr. G의 일상의 생각을 다음과 같이 기록하였다.

> 이런 생각들로 가득 차 있었다. '나는 수많은 시간만 보내고 도저히 이 많은 실수를 감당할 수 없어.' '내가 할 수 있는 최선은 그럴 듯하게 보이게 하는 것뿐이야.' '나는 사기꾼이야.' '나는 다른 사람들처럼 쓸데없는 짓을 하고 있어.' '나는 혼자 해 나갈 수 없어.'(p. 826)

Flanagan은 스키마 기반 치료를 통해 Mr. G에게 성공적으로 개입했다. 그는 이러한 생각을 인지하고 자동화된 생각을 재구조화하고 역량을 개발할 수 있는 숙제를 할 수 있도록 하였다.

완벽주의적인 자기 제시는 많은 측면에서 완벽주의적인 미루기를 상담하는 것과 관련이 있다. 예를 들어, 완벽주의적인 자아상을 가진 사람은 일반적으로 치료 과정에서 중심이 될 수 있는 자기 노출을 꺼리고 이러한 문제는 집단 상담일 경우에 더욱 악화된다. 도움 구하기와 관련하여 우리 연구에서는 완벽주의적 자기 제시의 성격 형태가 정신건강과 같은 개인적인 문제에 대해 도움을 구하지 않으려고 하는 것과 관련 있다는 것을 확인하였다.

이 연구의 핵심 가설은 다른 사람들에게 부족함을 보이기 꺼려 하는 성향은 완벽주의자들에게 더욱 도움을 요청하는 행동을 하지 못하게 한다는 것이다.

우리는 대학생을 대상으로 완벽주의와 부정적 도움 구하기 태도 간의 연관성에 대한 여러 연구를 실시하였다. 예를 들어, Nielsen과 동료들(1997)은 브리티시 콜롬비아 대학교에 재학 중인 184명을 표본으로 하여 MPS(Hewitt & Flett, 1991), PSPS(Hewitt et al., 2003)와 전문적 도움 구하기 척도(Attitudes Toward Seeking Professional Help Scale; Fischer & Turner, 1970)를 실시하였다. 도움 구하기 척도는 다음 네 가지를 평가하는 하위 척도로 구성되어 있다. 인식(예: 심리학적 도움에 대한 개인적 필요 인식), 낙인 참아내기(예: 심리학적 도움과 관련된 낙인에 대한 인내), 개인 문제와 관련하여 대인 관계적 개방하기와 확신(예: 정신건강 전문가에 대한 확신)이 그것이다.

특성 MPS 측면에 대한 분석은 사회적으로 부과된 완벽주의가 도움 구하기 척도와 연관되어 있지만, 완벽주의적 자기표현 척도와 더 강한 연관성을 보여 주었다. 부족함을 노출하기 꺼려 하는 성향은 더 낮은 낙인 인내($r = -.43, p < .001$)와 더 낮은 대인 관계 개방하기($r = -.43, p < .001$), 도움 필요에 대한 낮은 인지($r = -.29, p < .001$), 정신건강 전문가에 대한 더 낮은 확신($r = -.23, p < .01$)과 연관성이 있다. 게다가 도움 구하기 척도에 대한 전반적인 점수를 예측하는 회귀 분석은 완벽주의적 자기표현 변인을 구성하는 예측 변인군이 유일한 변인의 추가적 13%를 설명하고, 심지어 (도움 구하기 내력을 포함하는) 인구통계학적 요인과 특성 완벽주의에 기인하는 변인을 고려한 후에도 설명 가능하다는 것을 보여 주었다.

비록 이 분야에서 우리 연구의 대부분은 대학생에게 집중되어 있지만, 완벽주의적 자기표현과 부정적 도움 구하기 경향 간의 관련성은 청소년에게서도 나타난다. De Rosa(2000)는 성격 요소와 청소년기 도움 구하기 태도에 대해서 박사학위 연구를 실시하였다. 이 연구에 참여한 132명의 고등학생은 PSPS(Hewitt et al., 2003), 청소년용 우울 경험 설문지(DEQ-A; Fichman, Koestner, & Zuroff, 1994)와 함께 학교 환경에서 전문가들에게 심리 문제에 대한 도움을 기꺼이 요청하고자 하는지를 평가하기 위한 Garland와 Zigler(1994)가 개발한 22문항의 검사를 받았다. DEQ-A는 자기비판과 독립심을 평가한다. 연구 결과, 부족함을 노출하기 꺼려 하는 마음이 도움 구하기에 대한 더욱 부정적인 태도와 관련되어 있음이 밝혀졌다($r = -.36, p < .01$). 자기비판은 도움 구하기 태도와 관련되어 있지 않지만, 독립심은 더 호의적인 태도와 관련되어 있었다.

안타깝게도 이제까지 도움 구하기에 대하여 실시된 연구는 미루기 척도를 포함하지 않았고, 문헌 조사 결과 도움 구하기에서 미루기의 역할에 대한 연구가 제한적인 것으로 나타났다. 미루는 사람 중 사회적으로 부과된 완벽주의와 완벽주의적 자기표현 경향이 높은 사람들은 도움 구하기를 특히 꺼릴 가능성이 높고, 혼자서 어려움에 대처하려 노력할 것이다. 어쩌면 이들 중 몇몇은 평생 어떠한 도움도 구하지 않을 것이다.

완벽주의적 기준을 바꾸기를 꺼림

Ferrari, Johnson과 McCown(1995)은 도움 구하기를 미루는 사람 중 일부는 매우 심각한 적응 문제를 가지는 경향이 있다고 언급하였다. 만약 이 학생들이 완벽주의 성향을 지니고 있다면, 상담 과정은 상당히 힘들고 어려울 것이다. 왜냐하면 완벽주의는 개인 정체성의 내재적 부분이기 때문에 이들은 자신의 완벽주의적 기준을 포기하는 것이 필요하다는 점을 받아들이는 것을 상당히 어려워할 수 있다. 특히 자신의 완벽주의가 긍정적인 측면이 있다고 생각하거나 완벽주의를 대처 전략으로 사용한다고 보고하는 사람들은 더욱더 기존의 기준을 바꾸거나 조정하는 것을 꺼리는 것으로 나타났다(Hirsch & Hayward, 1998).

Ferrari, Johnson과 McCown(1995)은 상담을 받고 있는 몇몇 완벽주의적 학생이 그들의 어려움에 대한 심리 분석적 해석을 저항하는 경향이 있다는 것을 관찰하였다. 이러한 저항은 기준을 포기하는 것에 대해서는 더욱 크게 나타난다. A. T. Beck과 Freeman(1990)은 완벽주의와 미루기로 고통받고 있는 컴퓨터 프로그래머 Mary의 사례 연구를 통해 이러한 저항에 대해 논하였다.

그들은 Mary의 '강박적인 성격 특성이 학교와 집에서 보상받고 있다는 점'을 주목하였다. 교사들은 Mary의 깔끔하고 완벽한 과제 수행에 대해 항상 칭찬을 해 주었고, 결과적으로 Mary는 졸업식 때 상을 여러 개 수상하였다(A.T. Beck & Freeman, 1990, p. 7). Mary는 어른이 되어서도 완벽주의적 기준을 바꾸기를 꺼렸다. 이러한 기준들이 더 이상 보상받고 있지 않음에도 그녀는 "자신의 스키마를 바꾸는 시도에 크게 저항했다. 그녀는 자신이 느끼는 스트레스에서 벗어나기를 원했지만 스스로 중요하다고 생각하는 규칙과 기준을 포기하는 것을 원하지는 않았다."(A. T. Beck & Freeman, 1990, pp. 86-87). 연구자들은 내담자가 고수해 왔던 기준을 포기하는 과정에서 경험하는 불안을 상담자가 구체적으로 다루어 주는 것이 중요하다는 것을 강조하였다.

'도 아니면 모' 접근법에 대한 상담

완벽주의로 인해 미루는 사람을 상담하는 것과 관련 있는 세 번째 도전은 완벽주의자들이 인생 목표와 성과에 대해서 주로 '도 아니면 모' 접근을 취한다는 것이다(Burka & Yuen, 1983; Missildine, 1963 참조). 도 아니면 모 접근은 부정적 결과를 자신의 모든 면으로 일반화하는 경향성과 같은 일반적인 인지 편향을 반영한다(Hewitt & Flett, 1991).

이러한 극단적 성향이라면 완벽주의로 인해 미루는 사람은 조금 더 평범하고 적당한 목표를 세우는 데 초점을 맞추는 자기 조절 훈련이 도움이 될 수 있다. 회복 과정에서도 실현 가능한, 적당한 목표를 세우는 것이 매우 중요하다. 자신이 사소한 발전을 통해 일상 생활에서 조금 더 기능적으로 바뀌는 것도 큰 의미가 있는 광범위한 과정에 참여하고 있다는 것을 인지하고 있어야 한다. Hirsch와 Hayward(1998)가 묘사한 Mr. R이라는 완벽주의자의 사례에서도 알 수 있듯이 완벽주의자들은 치료 과정에서 극적인 변화와 자기 발전을 추구하기 때문에 작은 발전을 실패로 여기지 않도록 하는 것을 배워야 한다.

‖ 결 론 ‖

미루기와 완벽주의 사이의 관계에 대한 우리의 분석은 완벽주의로 인해 미루는 사람들의 복잡한 본성을 강조하였다. 기존 연구 결과를 요약해 보면, 완벽주의적 미루는 사람들은 실수에 대한 과도한 걱정, 사회적으로 부과된 완벽주의 그리고 자신에 대한 부정적인 자동적 사고(자신의 미루는 행동과 완벽해질 수 없음에 대한 자동적 사고 포함)로 고통받고 있다는 점을 알 수 있다. 게다가 완벽주의적 미루는 사람은 체면 관리에 몹시 신경을 쓰기 때문에 완벽주의적 자기표현을 추구하는 경향이 있을 수 있다. 상담자들에게 인지행동적 기술과 기술 훈련을 포함하는 통합 접근법을 사용하는 것을 추천하지만, 내담자와 상담자 간의 협력 관계를 약화시킬 수도 있는 대인 관계적 고민에도 초점을 맞추어야 한다.

완벽주의로 인해 미루는 사람을 위한 상담에 대해서는 아직 체계적 연구가 이루어지지 않았지만, 이와 관련된 중요한 주제에 대해서는 다양한 연구가 진행되어 왔다. 예를 들어, Ferguson과 Rodway(1994)는 완벽주의적 미루는 사람들은 상담 약속에 종종 늦기 때문에 미루기가 상담 과정에 부정적 영향을 가져온다고 보고하였다. 연구자들은 이러한 경향성을 비현실적 목표 설정과 너무나 많은 과제를 한 번에 계획하는 것에 따른 결과로 본다. 상담자들은 이러한 부적응적 경향성을 모두 다루어야 한다. 물론 대안적 가능성은 이러한 개인의 꾸물거림이 자신의 부족함을 드러내기 꺼리는 것을 반영한다.

상담자가 상담 장면에서 어느 정도의 완벽성을 허락하는지도 중요한 고려

사항이 될 수 있다. Freeston, Rheaume와 Ladouceur(1996)은 완벽주의자에게 변화를 촉진하는 한 방법은 치료자가 과제에 대해 편안한 자세를 취하는 것이라고 하였다. 이러한 과제 평가에 대한 비완벽주의적 접근의 모델링은 특히 타인의 부정적 평가에 굉장히 민감한 완벽주의로 인해 미루는 사람에게 도움이 된다.

요약하자면 이 장에서 우리는 완벽주의로 인해 미루는 사람의 특성에 대해 다루었다. 관련 사례 연구를 제시하였으며, 상담에 대한 조언도 개략적으로 서술했다. 우리는 이러한 제안이 완벽주의로 인해 미루는 사람이 경험하는 고통을 완화시키는 데 도움이 되기를 바란다.

제3부

에필로그

제14장 미루기 상담

제14장 ▶▶ HENRI C. SCHOUWENBURG

미루기 상담

북미와 유럽 내 여러 학업센터의 미루는 학생들을 위한 상담 프로그램은 아직 발전의 초기 단계다. 대체로 지금까지 개발된 개입 방법은 서로 독립적으로 발전되어 왔으며, 이러한 프로그램에 대한 의견 교환이 거의 뒤따르지 않았다. 따라서 한 권의 책 안에 다양한 프로그램을 소개할 필요가 있다. 제2부의 앞 장들은 이 목적을 달성하고자 집필했다. 이 마지막 장에서는 앞서 설명했던 다양한 개입 접근에서 발견되었던 여러 공통 주제뿐만 아니라 특이했던 주제를 정리할 것이다. 또, 미루기에 대한 다양한 관점(행동 문제로서의 미루기, 인지 문제로서의 미루기, 동기 문제로서의 미루기)과 미루기가 중독이나 성격장애와 유사한 점에 대해서 논의하고자 한다. 궁극적으로 나는 이러한 관점들을 결합하여 미루기 본질에 대한 광범위한 이론적 개념을 제시하고자 하였다. 이 이론적 관점과 선행 연구 결과를 토대로 보다 이상적인 개입 프로그램을 제시하며 이 장을 마무리한다.

중재 프로그램의 일반적 주제

이 책에 기술된 중재 방법은 우선 현대의 주류 심리치료에서 나온 것들이다. 따라서 인지행동적 접근 요소는 대부분의 프로그램에 포함되어 있고, 행동주의적인 방법과 비생산적인 사고의 수정은 이러한 중재에서 주된 주제를 형성한다. 그러나 다양한 프로그램의 내용을 분석한 결과, 세 가지의 상위 주제를 발견할 수 있었다. 이 각각의 주제들은 일반적인 목적을 포함한다.

첫 번째 일반적 주제는 일상에서의 습관을 증진시키는 것이다. 이것은 자기통제 훈련을 통해 이루어진다. 이러한 훈련은 방해 요소나 너무 크고 모호하게 설정된 목표(예: 시험 통과하기, 보고서 쓰기 등)를 구체적이고 실현 가능한 세부목표(예: 일이나 주 단위의 업무 계획 등)로 바꾸어 공부 행동을 지키는 자극 통제 기술의 사용을 포함한다. 또한 자기통제 훈련은 마감일 정하기, 시간 분배와 같은 시간 관리 기술과 과업을 수행하기 '적절'하거나 가장 최적에 장소에 있는 것 그리고 진행 사항을 모니터링 하는 것 등의 활동을 증진시킨다. 전체적으로 이러한 자기통제 훈련의 목표는 (모호한) 의도와 (구체적) 행동의 격차를 줄이는 것이다. 결과적으로 이러한 형태의 훈련은 미루기 문제의 핵심과 접촉할 뿐만 아니라 미루는 학생을 위한 중재 프로그램의 가장 효과적인 요소다.

여러 중재 프로그램에서 주로 정하는 목표 중 두 번째는 자기 효능감을 강화하는 것이다. 대부분의 중재 프로그램(예: 4, 5, 6, 8, 9, 10, 11, 13장)에서 이러한 강화는 계속 미루는 학생의 부정적이고, 헛되며, 비합리적인 사고 패턴을 확인하고 다시 구조화함으로써 시도되고 있다. 이러한 접근은 사고의 변화는 행동 변화의 전조라는 관점처럼 사고, 행동, 감정이 서로 연관되어 있다는 합리정서 행동치료(REBT)의 신념에 많은 부분 기반을 두고 있다.

마지막으로 대부분의 상담 방법에서 집단의 영향력이 다양한 방법으로 사용되고 있다. 먼저 집단원들은 모두 공통적으로 경험하고 있는 것을 함께 인정하면서 서로 지지하고 격려해 준다. 또, 많은 프로그램은 미루기 행동을 극복하기 위해 친구들의 모범적인 행동을 모방하는 연습을 포함한다. 이러한 두 가지 요소는 집단원들의 자신감과 용기를 강화하도록 돕는다. 집단적 지지와 불만 역시 개인의 업무 계획을 성공적으로 실행하는 데 전념할 수 있도록 돕는다. 대부분의 학생이 사회적 승인에 매우 민감한 나이이기 때문에 지위를 얻거나 체면을 잃는 것은 행동 변화를 촉진하는 데 매우 강력한 강화물이다.

색다른 주제들

색다른 주제들은 몇몇 상담 접근 방법에서 제시된 비교적 독특한 주제를 말한다. 공통적으로 많이 사용되지 않더라도 이러한 색다른 요소들은 상담자에게 도움을 줄 수 있다. 4장에서 언급된 Lay의 접근법을 예로 들면 그의 접근법에서는 서로 다른 특성을 측정하는 도구의 성격적 피드백에 많이 의존한다. 또 다른 색다른 주제는 미루기의 스토리 텔링 관점(O' Callaghan, 12장 참조), 집단원의 다양한 개인적인 미루기 스타일에 대한 숙고, 여러 스타일 중 어떤 스타일을 가지고 있는지 확인하기(van Essen 등, 5장 참조; Walker, 6장 참조), 미루기의 자기 파괴적 본성(van Horebeek 등, 8장 참조; Pychyl & Binder, 11장 참조), 집중력 문제(van Essen 등, 13장 참조), 자기 존중감 증진하기와 일상에서 자신에 대한 더 좋은 감정 가지기(Lay, 4장 참조; Walker, 6장 참조) 등에 주목하고 있다.

일반적인 주제 위에 추가된 색다른 주제의 대부분은 처음에 상담자가 선택한 특정한 이론적 관점에서 유래했을 것이다. 그들의 목적은 아마 중재 프로그램의 더 일반적인 요소의 효과성을 유지하거나 증대하기 위함이었을 것이다. 그러나 아직까지 그것이 타당한지에 대한 증거는 불충분하다. 그럼에도 상담자와 내담자 모두의 분명한 호소 때문에 프로그램에서의 독특한 주제들은 변화를 위한 동기에 유익한 효과를 가져다 줄 상담에 대한 매력을 증대시킬 수 있다.

‖ 미루기 문제에 대한 관점 ‖

서로 다른 해석에 기반한 미루기 문제의 본성은 이 책에서 제시한 상담 접근법에 포함되는 것처럼 보인다. 치료의 특성상 그러한 해석은 상당히 낙관적이거나 더 비관적일 수 있다. 낙관적인 관점에서는 행동, 인지, 동기와 같이 상대적으로 쉽게 고칠 수 있는 특징이 미루기 문제에 근원이라는 신념을 공유한다. 반면 비관적인 관점에서는 미루기를 중독과 같이 보거나 심지어 미루기 기저에 성격장애 등의 개념을 강조함으로써 학습 지연자들이 강력하게 변화를 저항한다고 생각한다. 추후에 이러한 주요 관점에 대해 더 자세히 논의할 것이다.

행동 문제로서의 미루기

미루기 행동의 통제에 초점을 두는 상담자들은 미루기를 주로 행동의 문제로 본다. 이러한 관점에서 그들은 학생들이 공부를 해야 하는 상황에서 공부하는 것을 미루고 있는 것을 볼 수 있다. 결과적으로 중재의 목표는 간단하게 미루기의 비율이나 미루기에 소모하는 시간의 비율을 줄이면서 반대로 학습 비율을 증가시키는 것이다. 미루기 문제의 다른 해석을 알고 있는 상담자에게 역시 이러한 관점이 채택될 수도 있지만, 단기 중재 프로그램에서는 행동 수정을 유일하게 실행 가능한 방법으로 생각할지 모른다. 이 관점에 기초한 중재에서 상담자들은, 첫째, 지시, 둘째, 모델링, 셋째, 조건화를 포함한 행동치료의 표준 도구를 사용하도록 한다.

시간 관리, 계획 세우는 기술 그리고 모델링에 대한 지시는 행동주의 접근의 어떤 중재에서든 기본이다. 조작적 조건화 방법은 단기간의 공부에 대한 보상을 사용하고, 고전적 조건화는 작업 시간과 공부의 연계를 증진시키는 방법을 취한다. 이런 종류의 조건화는 반복적인 연습이 필요하다. 매우 짧은 중재는 의도된 공부 행동 조건화에 실패할 가능성이 있다.

이 접근법만으로 이루어진 예시는 Tuckman과 Schouwenburg이 쓴 7장에서 볼 수 있다. 7장에서 그들의 결론은 순수한 행동적 접근 상담에서 미루기를 '치료하는 것'이 목표가 아니라 원치 않는 행동의 빈도를 줄이는 것이 목표다. 이러한 상담 접근은 '보통의' 미루기를 위한 '일정 유지하기'와 제공하는 것이 별반 다를 것이 없다(1장에서 '보통의' 미루기에 대한 논의를 살펴보라).

인지 문제로서의 미루기

미루기를 인지 문제로 보는 상담자들은 사람들이 일이나 상황, 결과에 대한 잘못된 사고나 신념 때문에 미룬다고 믿는다. 이 입장의 사람들은 Burka와 Yuen(1983)이 말한 것처럼 '미루는 사람의 코드'는 거의 모든 것을 잘해야 한다는 자신에 대한 절대적인 요구와 (내가 맡은 일을 순조롭되 과도한 노력을 들이지 않고 수행해야 한다는 생각으로 인한) 좌절에 대한 낮은 인내력으로 구성되어 있다고 하였다.

그러한 신념을 가진 사람들의 보편적 특징은 비현실적이라는 것이다. 그러므로 인지적 중재 목표는 이런 미루는 사람의 코드를 바꾸는 것이다. 비현실적인 신념을 바꾸는 방법으로 가장 자주 사용된 것은 아마 합리정서행동치료(REBT)일 것이다. REBT 적용에 관해서는 5장의 van Essen과 동료들, 8장의 van Horebeek와 공동 저자가 언급하였다. 이 접근법의 흥미로운 적용은 6장(Walker), 9장(Mandel), 11장(Pychyl과 Binder), 12장(O'Callaghan)에서 설명하였다.

미루기에 대한 상담의 인지적 접근이 기대하는 결과는 무엇일까? 경험적으로 이런 접근은 주어진 제한된 회기에서 미루는 행동을 어느 정도 감소하도록 만드는 것이다(5장, 11장 참조). 여기에는 극적인 향상과 같은 결과가 있어 보이지는 않는다. 이 상담 접근에서는 실제로 치료되는 것은 없으며, 관련 연구 결과에서도 알 수 있듯이 의미 있는 결과가 부족하다(이 부분에 대해서는 이 장에서 추후 설명할 것이다).

동기 문제로서의 미루기

미루기를 동기 문제로 해석해야 한다는 관점은 학습을 미루는 사람이 단순히 게으르거나 동기가 없는 것이 아니라 적극적으로 참여하는 것, 그리고 분명한 관심을 가지는 것 등의 활동만 하고 업무는 미루는 것이다. 여기서 활동이란 주로 레저나 사교 활동, TV 시청, 인터넷 서핑과 같이 노는 것과 같은 것이다.

동기로 내담자를 설명하기로 결정한 상담자들은 해당 행동의 완전한 맥락을 포함하는 경향이 있다. 학업 상황에서 공부에 대한 동기의 힘은 단순히 다른 선택 사항에 대한 동기의 힘보다 적다. 관찰할 수 있는 결과는 공부에 대한 미루기 행동이다. 이러한 설명은 1장에서 언급한 자기통제이론과 Schouwenburg와 Groenewoud(1997)가 주창하고 Steel(2003)이 언급한 동기에 대한 기대가치이론의 조합이라 할 수 있다.

중독으로서의 미루기

미루기를 중독으로 보는 상담자들은 내담자의 높은 수준의 미루기 행동이 지속되거나 재발을 보이는 것에 초점을 맞출 것이다(West, 1991 참조). 중독에 대한 심리적 이론들은 이러한 행동적 경향성을 중독 행동, 즉 비용과 수혜의 전체적인 균형이 중독 행동의 긍정적인 결과를 촉진하는 것에 기인한다고 생각한다(McMurran, 1994; Robinson & Berridge, 2003). 중독은 행동에서 감소된 통제, 자기 규제의 손상을 야기할 수 있고(1장 참조), 결국 자기 효능감에 대한 기대가 낮아진다. 자기 효능감에 대한 낮은 기대와 지속적인 긍정적 결과에 대한 기대가 결합하여 방어적 전략인 중독을 택하게 하는 것으로 이끌 것이다. 예를 들면, 행동 변화에 대한 가능성을 근거 없이 낙관하는 모습 등이 있을 수 있다.

미루기 본질을 동기 문제로 보는 관점과 양립되는 이러한 중독 관점은 학습을 미루는 사람에게 명백하게 적용할 수 있을 것으로 보인다. 사실 Ainslie (1992)는 이 둘의 유사성을 언급한 바 있고(Pychyl, Lee, Thibodeau, & Blunt, 2000 참조), 일부 학교 선생님도 학습을 미루는 사람에게 적용된다는 것을 알고 있을 것이다.

미루기를 중독이라고 보는 것은 미루기 경향을 완전히 극복하기 어렵다는 것을 인정하는 것이다. 그렇기에 이런 관점에 기초한 상담 접근 방식은 '완치'가 아닌 어느 정도 허용되는 선에서의 통제나 '정상적인' 수준 내에서 꾸물거리는 행동을 하는 것에 목표를 둔다. Tuckman과 Schouwenburg가 7장에서 제시한 과제 관리 집단은 환경 재구성하기, 대안 행동 훈련하기, 사회적 영향 다루기, 자신의 행동에 대해 책임지기 등 중독을 극복하는 다양한 자조(self-help) 접근 방식에서 찾아볼 수 있는 요소들을 결합하였다. 따라서 이러한 중재 방식은 앞서 말한 관점을 대표하는 것으로 간주할 수 있다. 8장에서도 van Horebeek 등이 미루기를 중독으로 보았다.

미루기가 성격장애일 가능성

학업이나 다른 환경에서의 미루기 현상 이면에는 어떤 근원적인 성격 구조가 있는 것으로 보인다. 이는 목적 없음, 신뢰할 수 없음, 게으름, 부주의, 허술함, 태만 그리고 쾌락주의로 정의되는 매우 낮은 성실성이 특징이다. 미루는 사람은 충동적인 사람과 이러한 특성을 공통적으로 갖고 있을 수 있다(McCown, Johnson, & Shure, 1993). 사실상 Ferrari(1993)는 미루기와 충동성 간에 높은 상관관계를 발견하였다.

성격장애란 성격 특징의 고착된 패턴 때문에 변화하는 상황에 적절하게 적응하지 못하여 대인 관계, 일, 사회적 기능에서 막대한 문제가 되풀이되는 경우를 말한다(American Psychiatric Association, 2000). 그러나 성격장애는 정신병의 별개의 사례가 아닌 정상적인 성격 특징의 과장된 모습으로 보아야 한다(Millon, 1994). DSM-IV-TR(American Psychiatric Association, 2000)의 분류에 명시적으로 구별되지는 않았지만, 고질적인 미루기는 미루기 특징의 과장된 수준이나 낮은 성실성을 포함하는 성격장애로 볼 수 있다.

성격장애를 치료하는 것은 정신치료처럼 전체론적인 활동이고, 서로 다른 결함을 분리해서 살펴보는 것으로 국한될 수 없다. 결과적으로 각 환자의 강점, 과도, 결손과 역기능 등과 관련된 전체적인 성격 묘사에 기초하여 다양한 치료적 결정을 내려야 한다(Sanderson & Clarkin, 1994). 성격장애의 최신 치료는 장애의 특정 측면에 초점을 두고, 구체적인 기법은 문제의 특성과 특정 환자의 저항 수준에 따라 달라진다. 이 외의 다른 결정은 치료 목표의 정도(예: 단순하거나 습관적인 증상 vs. 복잡한 증상 패턴의 치료), 환자의 치료 경험의 깊이(예: 환자의 방어 수준이나 충격적인 내용을 다룰 수 있는 능력을 알아보는 것) 그리고 치료자의 지시 정도를 포함한다.

‖ 더욱 포괄적인 관점을 향하여 ‖

요약하자면 미루기가 행동 문제—의도한 행동을 하지 않는 문제—라는 것에 대해서는 의심할 여지가 거의 없다(Pychyl & Binder의 11장 참조). 미루는 사람은 일이나 자신에 대해 비현실적인 생각을 가지고 있다는 것 또한 명백하다. 하지만 학생들의 미루기를 주로 몇 번의 상담 회기를 통해 수정될 수 있는 인지행동 문제로 보는 것은 너무 단순할 수 있다.

미루는 사람들의 눈에 띄는 또 다른 특징은 그들이 미루는 과제들을 혐오하고, 학업 과제를 완료하는 과정에서 자기 효능감이 결여되어 있다는 것이다(Blunt & Pychyl, 2000; 이 책 2장 참조). 이것은 동기 문제를 암시한다(Steel, 2003 참조).

추가로 미루는 사람의 특징은 성격이다. 3장에서 살펴본 바와 같이 미루는 사람은 매우 낮은 성실성과 이와 관련된 결여된 자기 관리 능력, 주의산만함, 어수선함, 낮은 성취 욕구, 결여된 자기 조절 능력 그리고 충동성을 공통적으로 지니고 있다(Steel, 2003; 이 책 2장 참조). 이런 극단적인 특성 때문에 미루기를 성격장애라 보는 것이 적절할 수도 있다. 치료가 장기적이면서도 집중적일 것을 시사하고 있지만, 이러한 것들이 이 책에서 제안한 중재 방법에서 충족되지는 않는다.

마지막으로, 미루기의 지속성과 치료 후 자주 재발한다는 점 때문에 '중독'이라는 관점은 우리가 미루기 문제를 이해하는 데 도움을 준다. 이 관점은 미루기를 다루는 데 장기간 치료가 필요할 수 있다는 점과 상담자가 잦은 재발에 대해 준비되어 있어야 한다는 것을 알려 준다.

그러므로 미루기의 본질에 대한 좀 더 포괄적인 관점은 성격과 중독 특징에 기반을 둔 행동적 · 인지적 요소를 포함하고 있는 동기 문제로 이해할 수 있다. 이런 관점은 좀 더 현실적인 상담 접근을 위한 길을 열어 줄 수 있고, 그것은 아마도 단기 행동적 중재보다는 장기 정신 치료에 가까울 것이다.

‖ 이상적인 중재 프로그램 ‖

이 책에서 제시한 중재 프로그램은 모두 어느 정도의 효과성을 보여 주고 있지만, 만약 학생들을 미루게 만드는 주요 원인에 더욱 초점이 맞춰 중재한다면 효과는 상당히 높아질 것이다. 즉, 이상적인 중재 프로그램은 이론과 연구 결과를 활용하여 다음과 같은 사항을 강조해야 한다.

- 장기 과제의 상대적으로 낮은 가치
- 그런 과제들을 성공적으로 완수하는 것에 대한 상대적으로 낮은 기대
- 이 과제를 완수하는 것에 대한 보상을 얻는 데 있어 상대적으로 긴 지연
- 이 지연의 영향에 대해 미루는 사람이 가지는 상대적으로 높은 민감성

이 장의 마지막 부분으로 이런 이상적인 상담 프로그램의 요소들과 더불어 내담자 식별, 치료 기간 그리고 성과 평가와 같은 관련된 주제를 나열하고자 한다.

이상적인 상담 프로그램의 요소

앞서 제시한 확장된 동기 관점에 기초한 중재들은, 첫째, 자기 조절 능력 증진(목표 설정, 성과 관리, 시간 관리), 둘째, 자기 효능감 향상(성공 경험 촉진, 비현실적인 신념 반박), 셋째, 목표 행동을 방해 요소로부터 보호하는 것을 목표로 한다. 메타분석 연구 결과는 이런 중재 목표를 지지하고 있다(Steel, 2003).

이런 중재 목표는 자기통제이론과 기대가치이론에 기반이 확고하다. 그것들

은 동기의 가치와 기대를 높이는 것, 목표 행동을 위한 보상을 얻기 전에 발생하는 지연을 줄이는 것 등을 목표로 삼고 있다. 사실상 Tuckman과 Schouwenburg가 7장에서 제시한 것과 같은 행동 접근과 van Essen과 동료들이 5장에서 제시한 인지 접근은 동기 이론에 속한 각 변수에 영향을 주는 것으로 보일 수 있다. 예를 들어, 지적 호기심이나 성취 욕구 같은 개인적 필요와 목표를 명확히 하고, 구체적인 장기 목표와 단기 목표를 세움으로써 쉽게 미루는 것의 주관적인 가치를 증가시킬 수 있다. 이것은 목표 달성 시 주어지는 작지만 눈에 보이는 외부 보상을 추가하거나 혼잣말을 통해 눈앞에 닥친 과제에 대한 혐오감을 떨쳐버림으로써 더욱 보완할 수 있다.

성공 기대는 내담자가 구체적이고 실행 가능한 단기 계획에 따라 적합한 작업 환경에서 충분한 시간이 주어졌을 때 일을 함으로써 일상에서 발생하는 작은 성공을 더욱 잘 인식할 수 있도록 도와주는 것을 통해 커질 수 있다. 장기 과제의 진전을 추적하고, 단계별 계획을 사용한 후 각 단계에 대한 평가를 통해 내담자들은 전반적인 자기 효능감을 갖게 되어 장기적으로는 구체적인 성공 기대가 늘어날 수 있다.

의심할 여지없이 지연을 줄이는 '지름길'은 큰 장기 과제를 일련의 작은 단기 과제들로 나누는 것이다. 자기통제이론에서 제안한 절하 원칙 때문에 자동적으로 주어진 과제에 대한 동기 수준이 올라가게 되어 있다. 또한 지연에 대한 민감성은 고정된 업무 시간 세우기, 사회적 환경의 도움을 받아 과제를 완수하는 것에 최선을 다하기 그리고 업무 시간에는 방해 요인들로부터 스스로를 보호하기 등의 다양한 자조 기법을 적용하여 관리할 수 있다.

미루기에 대한 기대가치이론과 자기통제동기이론의 통합에서는 대안 행동의 지각된 가치, 성공 기대, 보상을 얻는 데의 지연 그리고 지연에 대한 민감성을 모두 미루기의 핵심 원인으로 본다. 하지만 각 핵심 원인은 상대적으로 주변 원인을 나타내기 때문에 미루기와 상대적으로 약한 상관을 보이는 다른 요인들의 영향을 받기도 한다. 비현실적인 생각이 좋은 예다. 이러한 비현실적 생각은 성공 기대에 영향을 주고, 어떤 경우에는 지각된 가치에도 영향을 주는 것을 쉽게 볼 수 있다. 그래서 비현실적인 생각은 미루기의 주변 원인으로 보일 수 있고, 미루기와 약한 상관을 보일 것으로 기대된다. 이것은 실제로도 그런 것 같다(Steel, 2003). 따라서 현재의 주류 정신 치료 덕분에 매력적으로 보이기는 하지만, 비현실적인 생각을 재구성하는 것에 주로 초점을 두는 중재 접근은 생각만큼 유익하지 않을 수 있다.

그러나 미루는 사람을 상담하는 이런 다목표 접근의 효과는 앞부분에서 논의된 것 이상을 넘어서지는 않는 것으로 보인다. 이것은 부분적으로는 van Essen과 동료들이 5장에서 제시한 중재처럼 짧은 중재 기간 때문일 수 있다. 이런 중재들은 치료가 아닌 변화의 도약점이나 출발점 구실을 하도록 의도되었다. 내포된 성격 구조와 미루기의 다소간의 중독적인 특성을 고려하면, 보이는 변화를 위해서는 더욱 긴 치료가 요구될 것이다.

미루는 사람의 판별

미루기가 성격 요인 중 성실성에서 과하게 점수가 낮은 개인의 동기 문제로 축소될 수 있지만, 이것은 문제를 매우 일반화하는 것이다. 첫째, 동기 문제는 언제나 복잡하다. 하루의 어느 시점이든 몇 가지의 '동기' 혹은 행동 성향은 동시에 존재한다. 이런 동기에는 자기만의 가치, 성공 기대 그리고 지연이 있다. 더 나아가 가치와 기대는 더 주변적인 다른 변수에 영향을 받는 복합체일 수 있다.

둘째, 개인의 미루기에 대한 민감성을 결정하는 주요한 개인적인 요소인 성실성은 다섯 가지 독립된 개인적 차원 중 오직 하나일 뿐이다. 이는 낮은 성실성이 성격 요인과 무관한 다른 요소와 결합하여 낮은 성실성을 분명하게 보여 주며, 그 자체가 극단적이거나 병리적인 모습을 가질 수 있음을 암시한다.

결과적으로 내담자가 자신을 미루는 사람으로 확인하고 일반적인 중재를 받도록 하는 접근은 그들은 돕는 가장 효과적인 접근은 아닐 것이다. 내담자와 그의 문제에 대하여 미리 철저하게 평가하고, 두 번째 단계로 일련의 균형 잡힌 치료를 결정하는 것은 훨씬 효과적인 절차가 될 것이다. 이 책의 Mandel(9장)과 Flett 등(13장)은 모두 이러한 생각에 동의하는 것처럼 보인다. Mandel은 '순수하게' 성실성이 낮은 미루는 사람들을 철저하게 확인했고, Flett은 상담 프로그램을 제시하지는 않았지만 완벽주의인 미루는 사람에 초점을 맞추었다. 그러나 다른 프로그램에서는 미루는 이들의 불안 회피와 같은 다른 요인을 배제하지 않고, 미루기 특성 척도(Lay의 5장과 Walker의 6장 참조)를 완성함으로써 확인하였다. 이는 불안을 기반으로 하는 회피 행동을 미루기 특성 때문이라고 보는 내담자(1장 참조)에게 적용할 수 있을 것이다. 다른 프로그램에서는 자신이 미룬다는 것을 자발적으로 확인하는 사람들(5장 참조)에 대해 다루는데, 이러한 개입은 미루기 특성이 상대적으로 낮은 내담자에게 적용할 수 있다. 가상적인 하위 집단들은 치료 효과를 가능한 한 증가시키기 위하여 배제되어야 한다.

치료 기간

학업 상황에서 미루기는 일반적인 미루기의 특별한 사례일 뿐이다(2장 참조). 만약 미루기가 개인의 성격을 강하게 수반하고 있다면(3장 참조) 이 책에 제시된 상담 접근은 극적인 수준의 개선에 도달하기에는 너무 짧아 보인다. 그러나 이 책에 제시된 대부분의 접근은 개선을 위한 시작점임을 기억해야 한다. 그럼에도 시작점으로서 과하거나 덜하지 않는 정도의 중간 수준의 분석과 개별 프로젝트와 같이 성격의 실행적 측면에 초점을 맞추는 것은(Pychyl과 Binder의 11장 참조) 행동 변화를 위한 시도로서 미루기를 성격의 문제로 보는 것보다 효과적인 방법이 될 것이다.

효과 평가

이 책에 제시된 몇 가지 접근의 예외를 제외하고(5장, 11장 참조), Schouwenburg (1995)의 학업 미루기 상태 검사(Academic Procrastination State Inventory: APSI) 또는 개별 프로젝트 분석 도구(the Personal Projects Analysis Instrument; 11장 참조)와 같은 종속 변수의 변화를 측정하기 위한 평가 도구는 아무것도 사용된 적이 없었다. Lay(1986)의 미루기 척도, Tuckman(1991)의 미루기 척도와 같은 다른 미루기 척도 점수들은 그 자체로는 변화에 민감하지 않았다. 그러므로 그것들은 오직 장기간의 비교를 통하여 적용되어야 했다.

단기간 내에 변화를 확인하기 위하여 중재 프로그램에서는 매주 단위로 평가할 수 있도록 설계된 APSI 도구나 개별 프로젝트 분석 도구를 사용해야 한다. 개인적으로는 중재의 효과성을 측정하기 위해 의도와 행동의 불일치를 확인할 수 있는 두 번째 도구(개별 프로젝트 분석 도구)가 보다 자주 사용되어야 한다고 생각한다.

마지막으로, 개선된 효과 연구의 필요성은 5장에서 볼 수 있듯이 단순한 사전-사후 검사 절차로 알 수 있다. 그러한 절차의 좋은 예는 'hello-good bye[실험 참가자가 사전 검사에는 더 문제 행동을 보이다가(faking-bad) 사후에는 문제 행동을 더 줄이는 경향(faking-good)으로써 실험 결과의 편파를 가져올 수 있다-역주]' 효과인데, 미루기의 사전 점수는 상대적으로 높고 사후 점수는 상대적으로 낮지만, 중간 지점과 추수 단계 점수는 그다지 낮아지지 않아 뚜렷한 효과 차이를 보이지 않을 때다. 그러한 효과는 중재의 효과성을 증명하는 데 충분하지 않으며, 적절한 준실험 설계 연구가 필요하다는 점을 말해 준다.

요약하자면, 학업 상황에서 미루는 이들을 상담하기 위한 접근을 제시하는 대부분의 상담자가 그들의 접근이 효과적이며, 나타난 효과가 아주 크지는 않지만 행동이 오래 지속되거나 안정적인 효과의 증거를 조금씩은 가지고 있다는 것을 최선을 다해서 보여 주었다. 이러한 개선은 부분적인 것처럼 보이고 엄격한 학업적 표준에 도달하는 방법으로 평가된 것은 아니다. 최근에야 미루는 이들이 상담을 받기 시작했다는 점에서 최신 연구 결과라고 하기에는 너무 이른 감이 있다.

그러나 상담에서 미루는 이들을 위한 중재를 전반적인 목표로 하는 것은 전혀 비현실적이지 않다. 아마도 이러한 목표는 과장된 미루기를 일반적인 수준으로 감소시키는 것은 아닐 것이다. 변화하지 않고 견디려는 속성 때문에 시간이 많이 걸릴 것이고, 이 책에서 제안된 중재 방법의 대부분은 짧고, 개인적인 이상으로 보이는 미루기 치료의 효과가 제한되어 있을 것이다.

‖ 결 론 ‖

미루기는 일상생활과 학업 상황 모두에서 중요한 문제다. 계약, 마감 기한, 성취에 기반을 둔 사회에서 다른 구성원들이 미루는 것을 참는 건 아주 어려울 것이다. 반대로 만성적으로 미루기에 시달리는 사람은 미루는 행동을 자주 보일 뿐만 아니라 낮은 자존감, 낮은 주관적 안녕감의 고통에 시달릴 것이다(2장 참조). 미루기는 사회 공동체와 미루는 개인 모두를 불행하게 한다.

그러므로 미루는 이들을 위한 상담이 필요하고, 그러한 연구는 가치가 있다. 운이 좋게도 북미와 유럽의 많은 상담자는 미루기를 위한 상담 방법을 설계하는 것, 특히 학업 상황에서의 미루기에 대하여 적극적인 관심을 보인다. 이 책은 그러한 작업의 첫 번째 개괄을 제시한다. 비록 지금까지 결과가 유망하다 하더라도 더 많은 개선이 필요하다. 상담자와 이 분야의 동료들이 함께 노력해 주길 바란다.

‖ 참고문헌 ‖

Ainslie, G. (1992). *Picoeconomics: The strategic interaction of successive motivational states within the person*. Cambridge, England: Cambridge University Press.

Aitken, M. (1982). *A personality profile of the college student procrastinator*. Unpublished doctoral dissertation, University of Pittsburgh.

Ajzne, I. (1985). From intentions to actions: A theory of planned behavior. In J. Kuhl & J. Beckman (Eds.), *Action control: From cognitions to behavior* (pp. 11-39). Heidelberg, Germany: Springer.

Allport, G. W. (1937). *Personality, a psychological interpretation*. New York: Holt.

American Psychiatric Association. (1994). *Diagnostic and statistical manual of mental disorders* (4th ed.). Washington, DC: Author.

American Psychiatric Association. (2000). *Diagnostic and statistical manual of mental disorders* (4th ed., text rev.). Washington, DC: Author.

Anderson, J. R. (1995). *Cognitive psychology and its implications* (4th ed.). New York: Freeman.

Bandura, A. (1977). Self-efficacy: Toward a unifying theory of behavior change. *Psychological Review, 84*, 191-215.

Bandura, A. (1986). *Social foundations of thought and action: A social-cognitive theory*. Englewood Cliffs, NJ: Prentice Hall.

Bandura, A. (1997). *Self-efficacy: The exercise of control*. New York: Freeman.

Bandura, A., & Schunk, P. H. (1981). Cultivating competence, self-efficacy, and intrinsic interest through proximal self-motivation. *Journal of Personality and Social Psychology, 41*, 568-598.

Baumeister, R. F. (1985). Two kinds of identity crisis. *Journal of Personality, 53*, 407-424.

Baumeister, R. F. (1997). Esteem threat, self-regulatory breakdown and emotional distress as factors in self-defeating behavior. *Review of General Psychology, 1*(2), 145-174.

Baumeister, R. F., Heatherton, T. F., & Tice, D. M. (1994). *Losing control: How and why people fail at self-regulation*. San Diego, CA: Academic Press.

Baumeister, R. F., & Scher, S. J. (1988). Self-defeating behavior patterns among normal individuals: Review and analysis of common self-destructive tendencies. *Psycholgocial Bulletin, 104*, 3-22.

Beck, A. T. (1976). *Cognitive therapy and emotional disorders*. New York: International Universities Press.

Beck, A. T., & Freeman, A. (1990). *Cognitive therapy of personality disorders*. New York: Guilford Press.

Beck, B. L., Koons, S. r., & Milgram, D. L. (2000). Correlates and consequences of behavioral procrastination: The effects of academic procrastination, self-consciousness, self-esteem, and self-handicapping. *Journal of Social Behavior and Personality, 15*, 3-13.

Beck, J. (1995). *Cognitive therapy: Basics and beyond*. New York: Guilford Press.

Ben-Knaz, R. (2002). *Family interaction in differentially diagnosed academically-able male adolescent underachievers*. Unpublished doctoral dissertation, York University, Toronto, Ontario, Canada.

Berne, E. (1964). *Games people play: The psychology of human relationships*. London: Penguin Books.

Berzonsky, M. D. (1989). Identity style: Conceptualization and measurement. *Journal of Adolescent Research, 4*, 268-282.

Berzonsky, M. D., & Ferrari, J. R. (1996). Identity orientation and decisional strategies. *Personality and Individual Differences, 20*, 597-606.

Beswick, G., Rothblum, E. D., & Mann, L. (1988). Psychological antecedents of student procrastination. *Australian Psychologist, 23*, 207-217.

Blunt, A. K., & Pychyl, T. A. (1998). Volitional action and inaction in the lives of undergraduate students: State orientation, procrastination, and proneness to boredom. *Personality and Individual Differences, 24,* 837-846.

Blunt, A. K., & Pychyl, T. A. (2000). Task aversiveness and procrastination: A multidiemensional approach to task aversiveness across stages of personal projects. *Personality and Individual Differences, 28,* 153-167.

Boice, R. (1992). *The new faculty member.* San Francisco: Jossey-Bass.

Boice, R. (1993). New faculty involvement of women and minorities. *Research in Higher Education, 34,* 291-341.

Boice, R. (1995). Developing teaching, then writing among new faculty. *Research in Higher Education, 36,* 415-456.

Bridges, K. R., & Roig, M. (1997). Academic procrastination and irrational thinking: A re-examination with context controlled. *Personality and Individual Differences, 22,* 941-944.

Brownlow, S., & Reasinger, R. D. (2000). Putting off until tomorrow what is better done today: Academic procrastination as function of motivation toward college work. *Journal of Social Behavior and Personality, 15,* 15-34.

Bruner, J. S. (1986). *Actual minds, possible worlds.* Cambridge, MA: Harvard University.

Burka, J. B., & Yuen, L. M. (1983). *Procrastination: Why you do it, what to do about it.* Reading, MA: Addison-Wesley.

Burns, L. R., Dittmann, K., Nguyen, N. L., & Mitchelson, J. K. (2000). Academic procrastination, perfectionism, and control: Associations with vigilant and avoidant coping. *Journal of Social Behavior and Personality, 15,* 35-46.

Buss, D. M. (1986). Can social science be anchored in evolutionary biology? Four problems and a strategic solution. *Revue Européenne des Sciences Socials, 24*(73), 41-50.

Buss, D. M. (1987). Selection, evocation and manipulation. *Journal of Personality and Social Psychology, 53,* 1214-1221.

Buss, D. M., & Cantor, N. (Eds.). (1989). *Personality psychology: Recent trends and emerging directions.* New York: Springer-Verlag.

Cacioppo, J. T., & Petty, R. E. (1981). Social psychological procedures for cognitive response assessment: The thought-listing technique. In T. V. Merluzzi, C. R. Glass,

& M. Genest (Eds.), *Cognitive assessment* (pp. 309-342). New York: Guilford Press.

Cantor, N. (1990). From thought to behavior: "Having" and "doing" in the study of personality and cognition. *American Psychologist, 45*, 735-750.

Cantor, N., & Harlow, R. E. (1994). Social intelligence and personality: Flexible life task pursuit. In R. J. Sternberg & P. Ruzgis (Eds.), *Personality and intelligence* (pp. 137-168). New York: Cambridge University Press.

Cantor, N., & Kihlstrom, J. F. (1987). *Personality and social intelligence.* Englewood Cliffs, NJ: Prentice Hall.

Cantor, N., & Zirkel, S. (1990). Personality, cognition, and purposive behavior. In L. Pervin (Ed.), *Handbook of personality theory and research* (pp. 135-164). New York: Guilford Press.

Carver, C. S., & Scheier, M. F. (1998). *On the self-regulation of behavior.* Cambridge, England: Cambridge University Press.

Cattell, R. B. (1965). *The scientific analysis of personality.* Harmondsworth, England: Penguin Books.

Clark, J. L., & Hill, O. W. (1994). Academic procrastination among African-American college students. *Psychological Reports, 75*, 931-936.

Costa, P. T., Herbst, J. H., McCrae, R. R., Samuels, J., & Ozer, D. J. (2002). The replicability and utility of three personality types. *European Journal of Personality, 16*, S73-S87.

Costa, P. T., Jr., & McCrae, R. R. (1992). *The NEO Personality inventory—Revised.* Odessa, FL: Psychological Assessment Resources.

Covington, M. V. (1993). A motivational analysis of academic life in college. In J. Smart (Ed.), *Higher education: Handbook of theory and research* (Vol. 9, pp. 50-93). New York: Agathon.

Csikszentmihalyi, M. (1992). *Flow: The psychology of happiness.* London: Rider.

Cullinan, D. (2002). *Students with emotional and behavioral disorders.* Upper Saddle River, NJ: Prentice Hall.

Davies, B., & Harre, R. (1990). Positioning: The discursive production of selves. *Journal for the Theory of Social Behaviour, 20*, 43-63.

Day, V., Mensink, D., & O'Sullivan, M. (2000). Patterns of academic procrastination.

Journal of College Reading and Learning, 30(2), 121–134.

Delicate, M. (1998, June). *Overcoming academic procrastination*. Poaper presented at the annual conference of the Canadian Association of College and University Student Services (CACUSS), Ottawa, Ontario, Canada.

Depreeuw, E. A. (1989). *Faalangst: Theorievorming, testconstructie en resultaatonderzoek van de gedragstherapeutische behandeling* [Test anxiety: Concept building, test construction and an outcome study of the behavioral therapeutic treatment]. Unpublished dissertation, University of Leuven, Belgium.

Depreeuw, E. A., Dejonghe, B., & van Horebeek, W. (1996). Procrastination: Just student laziness and lack of motivation or is the challenge for counselors more complex? In M. Phippen (Ed.), *Culture and psyche in transition: A European perspective on student psychological health* (pp. 43–50). Conference papers presented at the 25th Annual Training Event and Conference Association for Student Counselling, Brighton, England.

Depreeuw, E. A., & De Neve, H. (1992). Test anxiety can harm your health: some conclusions based on a student typology. In D. Forgays, T. Sosnowski, & K. Wrzesniewski (Eds.), *Anxiety: Recent developments in cognitive, psychophysiological, and health research* (pp. 211–228). Washington, DC: Hemisphere.

Depreeuw, E. A., Eelen, P., & Stroobants, R. (1996). *VaSEV, Vragenlijst Studie-en Examenvaardigheden* [TASTE, or Test Concerning Abilities for Study and Examination]. Lisse, the Netherlands: Swets & Zeitlinger.

DeRosa, T. (2000). Personality, help-seeking attitudes, and depression in adolescents. *Dissertation Abstracts International, 61*(6-B), 3273.

De Shazer, S. (1982). *Patterns of brief family therapy*. New York: Guilford Press.

De Shazer, S. (1985). *Keys to solution in brief therapy*. New York: Norton.

De Shazer, S. (1988). *Clues: Investigating solutions in brief therapy*. New York: Norton.

DeWitte, S., & Lens, W. (2000). Procrastinators lack a broad action perspective. *European Journal of Personality, 14*, 121–140.

Diener, E., & Emmons, R. A. (1984). The independence of positive and negative affect. *Journal of Personality and Social Psychology, 47*, 1105–1117.

Diener, E., Emmons, R. A., Larsen, R. J., & Griffin, S. (1985). The Satisfaction With Life Scale. *Journal of Personality Assessment, 49*, 71–75.

Dryden, W. (1995). *Practical skills in rational emotive behaviour therapy*. London: Whurr.

Eerde, W. van. (1998). *Work motivation and procrastination: Self-set goals and action avoidance*. Unpublished dissertation, University of Amsterdam, the Netherlands.

Eerde, W. van. (2003). A meta-analytically derived nomological network of procrastination. *Personality and Individual Differences, 35*, 1401-1418.

Effert, B. R., & Ferrari, J. R. (1989). Decisional procrastination: Examining personality correlates. *Journal of Social Behavior and Personality, 4*, 151-156.

Egan, G. (1976). Confrontation. *Group and Organizational Studies, 1*, 223-243.

Elliot, A. J., Sheldon, K. M., & Church, M. A. (1997). Avoidance personal goals and subjective well-being. *Personality and Social Psychology Bulletin, 23*, 915-927.

Ellis, A. (1994). *Reason and emotion in psychotherapy* (Rev. ed.). New York: Carol Publishing.

Ellis, A. (2002). The role of irrational beliefs in perfectionism. In G. L. Flett & P. L. Hewitt (Eds.), *Perfectionism: Theory, research, and treatment* (pp. 217-229). Washington, DC: American Psychological Association.

Ellis, A., & Grieger, R. (Eds.). (1977). *Hanbook of rational-emotive therapy*. New York: Springer.

Ellis, A., & Harper, A. (1997). *A guide to rational living*. Hollywood, CA: Melvin Powers Wilshire.

Ellis, A., & Knaus, W. J. (2002). *Overcoming procrastination* (Rev. ed.). New York: New American Library.

Emmons, R. A. (1986). Personal strivings: An approach to personality and subjective well-being. *Journal of Personality and Social Psychology, 51*, 1058-1068.

Emmons, R. A. (1989). The personal striving approach to personality. In L. A. Pervin (Ed.), *Goal concepts in personality and social psychology* (pp. 87-126). Hillsdale, NJ: Erlbaum.

Enns, M., Cox, B. J., Sareen, J., & Freeman, P. (2001). Adaptive and maladaptive perfectionism in medical students: A longitudinal investigation. *Medical Education, 35*, 1034-1042.

Epston, D. (1989). *Collected papers*. Adelaide, South Australia: Dulwich Centre Publications.

Ericsson, K. A. (1996). *The rod to excellence: The acquisition of expert performance in the arts, sciences, sports, and games.* Mahwah, NJ: Erlbaum.

Eysenck, H. J. (1970). *The structure of human personality.* London: Methuen.

Fee, R. L., & Tangney, J. P. (2000). Procrastination: A means of avoiding shame or guilt? *Journal of Social Behavior and Personality, 15,* 167–184.

Feist, G. J. (1998). A meta-analysis of personality in scientific and artistic creativity. *Personality and Social Psychology Review, 2,* 290–309.

Ferguson, K. L., & Rodway, M. R. (1994). Cognitive behavioral treatment of perfectionism: Initial evaluation studies. *Research on Social Work Practice, 4,* 283–308.

Ferrari, J. R. (1991a). Compulsive procrastination: Some self-reported characteristics. *Psychological Reports, 68,* 455–458.

Ferrari, J. R. (1991b). Self-handicapping by procrastinators: Protecting self-esteem, social-esteem, or both? *Journal of Research in Personality, 25,* 245–261.

Ferrari, J. R. (1992a). Procrastinators and perfect behavior: An exploratory factor analysis of self-presentation, self-awareness and self-handicapping components. *Journal of Research in Personality, 26,* 75–84.

Ferrari, J. R. (1992b). Psychometric validation of two procrastination inventories for adults: Arousal and avoidance measures. *Journal of Psychopathology and Behavioral Assessment, 14,* 97–110.

Ferrari, J. R. (1993). Procrastination and impulsiveness: Two sides of a coin? In W. G. McCown, J. L. Johnson, & M. B. Shure (Eds.), *The impulsive client: Theory, research, and treatment* (pp. 265–276). Washington, DC: American Psychological Association.

Ferrari, J. R. (1994). Dysfunctional procrastination and its relationship with self-esteem, interpersonal dependency, and self-defeating behaviors. *Personality and Individual Differences, 17.* 673–679.

Ferrari, J. R. (2000). Procrastination and attention: Factor analysis of attention deficit, boredomness, intelligence, self-esteem, and task delay frequencies. *Journal of Social Behavior and Personality, 15,* 185–196.

Ferrari, J. R. (2001). Procrastination as self-regulation failure of performance: Effects of cognitive load, self-awareness and time limits on "working best under pressure." *European Journal of Personality, 15,* 391–406.

Ferrari, J. R., & Beck, B. (1998). Affective responses before and after fraudulent excuses by academic procrastinators. *Education, 118*, 529-537.

Ferrari, J. R., & Emmons, R. A. (1995). Methods of procrastination and their relation to self-control and self-reinforcement. *Journal of Social Behavior and Personality, 10*, 135-142.

Ferrari, J. R., & Gojkovich, P. (2000). Procrastination and attention: Factor analysis of attention deficit, boredomness, intelligence, self-esteem, and task delay frequencies. *Journal of Social Behavior and Personality, 15*, 185-197.

Ferrari, J. R., Johnson, J. L., & McCown, W. G. (1995). *Procrastination and task avoidance: Theory, research and treatment.* New York: Plenum.

Ferrari, J. R., Keane, S., Wolfe, R., & Beck, B. (1998). The antecedents and consequences of academic excuse-making: Examining individual differences in academic procrastination. *Research in Higher Education, 39*, 199-215.

Ferrari, J. R., & Olivette, M. J. (1993). Perceptions of parental control and the development of indecision among late adolescent females. *Adolescence, 28*, 963-990.

Ferrari, J. R., Parker, J. T., & Ware, C. B. (1992). Academic procrastination: Personality correlates with Myers-Briggs types, self-efficacy, and academic locus of control. *Journal of Social Behavior and Personality, 7*, 495-498.

Ferrari, J. R., & Pychyl, T. A. (2000a). *Procrastination: Current issues and new directions.* Corta Madre, CA: Select Press.

Ferrari, J. R., & Pychyl, T. A. (2000b). The scientific study of procrastination: Where have we been and where are we going? *Journal of Social Behavior and Personality, 15*, vii-viii.

Ferrari, J. R., & Pychyl, T. A. (2004). *Regulation failure by decisional procrastinators: Awareness of self-control deception.* Manuscript submitted for publication.

Ferrari, J. R., & Scher, S. J. (2000). Toward an understanding of academic and non-academic tasks procrastinated by students: The use of daily logs. *Psychology in the Schools, 37*, 359-366.

Ferrari, J. R., Wolfe, R. N., & Wesley, J. C., Schoff, L. A., & Beck, B. L. (1995). Ego-identity and academic procrastination among university students. *Journal of College Student Development, 36*, 361-367.

Fichman, L., Koestner, R., & Zuroff, D. C. (1994). Depressive styles in adolescence:

Assessment, relation to social functioning, and developmental trends. *Journal of Youth and Adolescence, 23*, 315–329.

Fischer, E. H., & Turner, J. I. (1970). Orientations to seeking professional help: Development and research utility of an attitude scale. *Journal of Consulting and Clinical Psychology, 35*, 79–90.

Flanagan, C. M. (1993). Treating neurotic problems that do not respond to psychodynamic therapies. *Hospital and Community Psychiatry, 44*, 824–826.

Flett, G. L., Blankstein, K. R., Hewitt, P. L., & Koledin, S. (1992). Components of perfectionism and procrastination in college students. *Social Behavior and Personality, 20*, 85–94.

Flett, G. L., Blankstein, K. R., & Martin, T. R. (1995a). Dimensions of perfectionism and procrastination. In J. R. Ferrari, J. L. Johnson, & W. B. McCown (Eds.), *Procrastination and task avoidance: Theory, research, and treatment* (pp. 113–136). New York: Plenum.

Flett, G. L., Blankstein, K. R., & Martin, T. R. (1995b). Procrastination, negative self-judgments, and stress in depression and anxiety: A review and preliminary model. In J. R. Ferrari, J. L. Johnson, & W. G. McCown (Eds.), *Procrastination and task avoidance: Theory, research, and treatment* (pp. 137–167). New York: Plenum.

Flett, G. L., Hewitt, P. L., Blankstein, K. R., & Gray, L. (1998). Psychological distress and the frequency of perfectionistic thinking. *Journal of Personality and Social Psychology, 75*, 1363–1381.

Flett, G. L., Hewitt, P. L., Blankstein, K. R., Solnick, M., & Van Brunschot, M. (1996). Perfectionism, social problem–solving ability, and psychological distress. *Journal of Rational–Emotive and Cognitive–Behavior Therapy, 14*, 245–275.

Flett, G. L., Hewitt, P. L., & Martin, T. R. (1995). Dimensions of perfectionism and procrastination. In J. R. Ferrari, J. L. Johnson, & W. G. McCown (Eds.), *Procrastination and task avoidance: Theory, research, and treatment* (pp. 113–136). New York: Plenum.

Flett, G. L., Russo, F. A., & Hewitt, P. L. (1994). Dimensions of perfectionism and constructive thinking as a coping response. *Journal of Rational–Emotive and Cognitive–Behavior Therapy, 12*, 163–179.

Frank, J. D. (1961). *Persuasion and healing: A comparative study of psychotherapy.*

Baltimore: Johns Hopkins University Press.

Frank, J. D. (1976). Psychotherapy and the sense of mastery. In R. L. Spitzer & D. F. Klein (Eds.), *Evaluation of psychological therapies* (pp. 47-56). Baltimore: Johns Hopkins University Press.

Frank, J. D., Hoehn-Saric, R., Imber, S. D., Liberman, B. L., & Stone, A. R. (1978). *Effective ingredients of successful psychotherapy.* New York: Brunner/Mazel.

Freeston, M. H., Rheaume, J., & Ladouceur, R. (1996). Correcting faulty appraisals of obsessional thoughts. *Behaviour Research and Therapy, 34,* 433-446.

Frost, R. O., Marten, P. A., Lahart, C. M., & Rosenblate, R. (1990). The dimensions of perfectionism. *Cognitive Therapy and Research, 14,* 449-468.

Gallagher, R. P. (1992). Student needs surveys have multiple benefits. *Journal of College Student Development, 33,* 281-282.

Garcia, T., & Pintrich, P. R. (1994). Regulating motivation and cognition in the classroom: The role of self-schemas and self-regulatory strategies. In D. Schunk & B. J. Zimmerman (Eds.), *Self-regulation of learning and personality* (pp. 127-253). Hillsdale, NJ: Erlbaum.

Garland, A. F., & Zigler, E. F. (1994). Psychological correlates of help-seeking attitudes among children and adolescents. *American Journal of Orthopsychiatry, 64,* 586-593.

Gendlin, E. T. (1996). *Focusing-oriented psychotherapy.* New York: Guilford Press.

Glanz, B. (1988). *The ages of onset of academic underachievement in differentially diagnosed high school students.* Unpublished masters thesis, York University, Toronto, Ontario, Canada.

Glass, C. R., Arnkhoff, D. B., Wood, H., Meyerhoff, J. L., Smith, H. R., Oleshansky, M. A., et al. (1995). Cognition, anxiety and performance on a career-related oral examination. *Journal of Counseling Psychology, 42,* 47-54.

Gollwitzer, P. M., & Bargh, J. A. (Eds.). (1996). *The psychology of action: Linking cognition and motivation to behavior.* New York: Guilford Press.

Gollwitzer, P. M., & Brandstatter, V. (1997). Implementation intentions and effective goal pursuit. *Journal of Personality and Social Psychology, 73,* 186-199.

Gove, P. B. (Ed.). (1976). *Webster's third new international dictionary of the English language, unabridged.* Springfield, MA: Merriam.

Graham, S. (1997). Using attribution theory to understand social and academic motivation in African American youth. *Educational Psychologist, 32*(1), 21–34.

Graham, S., MacArthur, C., & Schwartz, S. (1995). Effects of goal setting and procedural facilitation on the revising behavior and writing performance of students with reading and learning problems. *Journal of Educational Psychology, 87*, 230–240.

Gresham, F. M., Quinn, M. M., & Restori, A. (1999). Methodological issues in functional analysis: Generalizability to other disability groups. *Behavioral Disorders, 24*, 180–182.

Griffin, B., & Hesketh, B. (2001, April). *Some questions about the relationship between conscientiousness and performance.* Poster session presented at the Society of Industrial and Organizational Psychology, San Diego, CA.

Gustafson, J. P. (1992). *Self-delight in a harsh world: The main stories of individual, marital and family psychotherapy.* New York: Norton.

Hamachek, D. E. (1978). Psychodynamics of normal and neurotic perfectionism. *Psychology, 15*, 27–33.

Hattie, J., Biggs, J., & Purdie, N. (1996). Effects of learning skills interventions on student learning: A meta-analysis. *Review of Educational Research, 66*, 99–136.

Haycock, L. A., McCarthy, P., & Skay, C. L. (1998). Procrastination in college students: The role of self-efficacy and anxiety. *Journal of Counseling and Development, 76*, 317–324.

Hershberger, W. A. (1988). Psychology as a conative science. *American Psychologist, 43*, 823–824.

Hess, B., Sherman, M. F., & Goodman, M. (2000). Eveningness predicts academic procrastination: The mediating role of neuroticism. *Journal of Social Behavior and Personality, 15*, 61–74.

Hewitt, P. L., & Flett, G. L. (1991). Perfectionism in the self and social contexts: Conceptualization, assessment, and association with psychopathology. *Journal of Personality and Social Psychology, 60*, 456–470.

Hewitt, P. L., & Flett, G. L. (2002). Perfectionism and stress in psychopathology. In G. L. Flett & P. L. Hewitt (Eds.), *Perfectionism: Theory, research, and treatment* (pp. 255–284). Washington, DC: American Psychological Association.

Hewitt, P. L., & Flett, G. L., & Ediger, E. (1996). Perfectionism and depression:

Longitudinal assessment of a specific vulnerability hypothesis. *Journal of Abnormal Psychology, 105,* 276–280.

Hewitt, P. L., & Flett, G. L., Sherry, S. B., Habke, M., Parkin, M., Lam, R. W., et al. (2003). The interpersonal expression of perfection: Perfectionistic self-presentation and psychological distress. *Journal of Personality and Social Psychology, 84,* 1303–1325.

Higgins, E. T. (1987). Self-discrepancy: A theory relating self and affect. *Psychological Review, 94,* 319–340.

Hill, M. B., Hill, D. A., Chabot, A. E., & Barrall, J. F. (1978). A survey of college faculty and student procrastination. *College Student Personnel Journal, 12,* 256–262.

Hirsch, C. R., & Hayward, P. (1998). The perfect patient: Cognitive-behavioural therapy for perfectionism. *Behavioural and Cognitive Psychotherapy, 26,* 359–364.

Hollender, M. H. (1965). Perfectionism. *Comprehensive Psychiatry, 6,* 94–103.

Hollon, S. D., & Kendall, P. C. (1980). Cognitive self-statements in depression: Development of an Automatic Thoughts Questionnaire. *Cognitive Therapy and Research, 4,* 383–395.

Jackson, T., Weiss, K. E., & Lundquist, J. J. (2000). Does procrastination mediate the relationship between optimism and subsequent stress? *Journal of Social Behavior and Personality, 15,* 203–212.

Jiao, Q. G., & Onwuegbuzie, A. J. (1998). Perfectionism and library anxiety among graduate students. *Journal of Academic Librarianship, 24,* 365–371.

John, O. (1990). The "Big Five" factor taxonomy: Dimensions of personality in the natural language and in questionnaires. In L. A. Pervin (Ed.), *Handbook of personality* (pp. 66–100). New York: Guilford Press.

Johnson, B. T., Mullen, B., & Salas, E. (1995). Comparison of three major meta-analytic approaches. *Journal of Applied Psychology, 80,* 94–106.

Johnson, J. L., & Bloom, A. M. (1995). An analysis of the contribution of the five factors of personality to variance in academic procrastination. *Personality and Individual Differences, 18,* 127–133.

Kabat-Zinn, J. (1994). *Mindfulness meditation for everyday life.* London: Piatkus.

Kanfer, F. H. (1975). Self-management methods. In F. H. Kanfer & A. P. Goldstein (Eds.), *Helping people change* (pp. 309–355). New York: Pergamon Press.

Kavale, K. A., Forness, S. R., & Walker, H. M. (1999). Interventions for oppositional defiant disorder and conduct disorder in the schools. In H. C. Quay & A. E. Hogan (Eds.), *Handbook of disruptive behavior disorders* (pp. 441-454). New York: Kluwer Academic/Plenum.

King, L. A., McKee-Walker, L., Broyles, S. J. (1996). Creativity and the five-factor model. *Journal of Research in Personality, 30*, 189-203.

Kleijn, W. C., van der Ploeg, H. M., & Topman, R. M. (1994). Cognition, study habits, test anxiety and academic performance. *Psychological Reports, 75*, 1219-1226.

Klinger, E. (1977). *Meaning and void: Inner experience and the incentives in people's lives*. Minneapolis: University of Minnesota Press.

Klinger, E. (1987). Current concerns and disengagement from incentives. In F. Halisch & J. Kuhl (Eds.), *Motivation, intention, and volition* (pp. 337-347). New York: Springer-Verlag.

Knaus, W. J. (1998). *Do it now!* New York: Wiley.

Kohut, H. (1971). *The analysis of the self*. New York: International Universities Press.

Kuehlwein, K. T., & Rosen, H. (Eds.). (1993). *Cognitive therapies in action: Evolving innovative practice*. San Francisco: Jossey-Bass.

Kuhl, J. (2000). A functional-design approach to motivational and self-regulation: The dynamics of personality systems interactions. In M. Boekaerts, P. R. Pintrich, & M. Zeidner (Eds.), *Handbook of self-regulation* (pp. 111-169). San Diego, CA: Academic.

Kuhl, J., & Goschke, T. (1994). State orientation and the activation and retrieval of intentions in memory. In J. Kuhl & J. Beckmann (Eds.), *Volition and personality: Action versus state orientation* (pp. 127-153). Toronto, Ontario, Canada: Hogrefe & Huber.

Lay, C. H. (1986). At last, my research article on procrastination. *Journal of Research in Personality, 20*, 474-495.

Lay, C. H. (1987). A modal profile analysis of procrastinators: A search for types. *Personality and Individual Differences, 8*, 705-714.

Lay, C. H. (1988). The relation of procrastination and optimism to judgements of time to complete an essay and anticipation of setbacks. *Journal of Social Behavior and Personality, 3*, 201-214.

Lay, C. H. (1990). Working to schedule on personal projects: An assessment of person-project characteristics and trait procrastination. *Journal of Social Behavior and Personality*, *5*, 91-103.

Lay, C. H. (1992). Trait procrastination and the perception of person-task characteristics. *Journal of Social Behavior and Personality*, *7*, 483-494.

Lay, C. H. (1994). Trait procrastination and affective experiences: Describing past study behavior and its relation to agitation and dejection. *Motivation and Emotion*, *18*, 269-284.

Lay, C. H. (1995). Trait procrastination, agitation, dejection, and self-discrepancy. In J. R. Ferrari, J. L. Johnson, & W. G. McCown (Eds.), *Procrastination and task avoidance* (pp. 97-112). New York: Plenum.

Lay, C. H. (1997). Explaining lower-order traits through higher-order factors: The case of trait procrastination, conscientiousness and the specificity dilemma. *European Journal of Personality*, *11*, 267-278.

Lay, C. H., & Brokenshire, R. (1997). Conscientiousness, procrastination, and person-task characteristics in job searching by unemployed adults. *Current Psychology*, *16*(1), 83-96.

Lay, C. H., & Burns, P. (1991). Intentions and behavior in studying for an examination: The role of trait procrastination and its interaction with optimism. *Journal of Social Behavior and Personality*, *6*, 605-617.

Lay, C. H., Edwards, J. M., Parker, J. D. A., & Endler, N. S. (1989). An assessment of appraisal, anxiety, coping, and procrastination during an examination period. *European Journal of Personality*, *3*, 195-208.

Lay, C. H., Knish, S., & Zanatta, R. (1992). Self-handicappers and procrastinators: A comparison of their practice behavior prior to an evaluation. *Journal of Research in Personality*, *26*, 242-257.

Lay, C. H., Kovacs, A., & Danto, D. (1998). The relation of trait procrastination to the big-five factor conscientiousness: An assessment with primary-junior school children based on self-reports. *Personality and Individual Differences*, *25*, 187-193.

Lay, C. H., & Schouwenburg, H. C. (1993). Trait procrastination, time management, and academic behavior. *Journal of Social Behavior and Personality*, *8*, 647-662.

Lay, C. H., & Silverman, S. (1996). Trait procrastination, anxiety, and dilatory behavior.

Personality and Individual Differences, 21, 61-67.

Lazarus, A. A. (1971). *Behavior therapy and beyond.* New York: McGraw-Hill.

Lazarus, A. A. (1989). *The practice of multimodal therapy; systematic, comprehensive and effective psychotherapy.* Baltimore: John Hopkins University Press.

Leahy, R. L. (2001). *Overcoming resistance in cognitive therapy.* New York: Guilford Press.

Lens, W., & Depreeuw, E. (1998). *Studiemotivative en faalangst nader bekeken: Tussen kunnen en moeten staat willen* [Study motivation and test anxiety explored: Between can and must comes will]. Leuven, Belgium: Universitaire Pers.

Little, B. R. (1983). Personal projects: A rationale and method for investigation. *Environment and Behaviour, 15,* 273-309.

Little, B. R. (1987). Personal projects analysis: A new methodology for counselling psychology. *Natcom, 13,* 591-614.

Little, B. R. (1989). Personal projects analysis: Trivial pursuits, magnificent obsessions, and the search for coherence. In D. Buss & N. Cantor (Eds.), *Personality psychology: Recent trends and emerging directions* (pp. 15-31). New York: Springer-Verlag.

Little, B. R. (1999). Personality and motivation: Personal action and the conative evolution. In L. A. Pervin & O. P. John (Eds.), *Handbook of personality: Theory and research* (2nd ed.). New York: Guilford Press.

Locke, E. A., & Latham, G. P. (1990). *A theory of goal setting and task performance.* Englewood Cliffs, NJ: Prentice-Hall.

Locke, E. A., Shaw, G. P., Saari, L. M., & Latham, G. P. (1981). Goal setting and task performance: 1969-1980. *Psychological Bulletin, 90,* 125-152.

Logue, W. (1988). Research on self-control: An intergrating framework. *Behavioral and Brain Sciences, 11,* 665-679.

Macran, S., Stiles, W. B., & Smith, J. A. (1999). How does personal therapy affect therapists' practice? *Journal of Counseling Psychology, 46,* 419-431.

Mahy, A. (1995). *Validation of the AMP using semi-structured diagnostic interviews to diagnose types of high school underachievers.* Unpublished master's thesis, York University, Toronto, Ontario, Canada.

Mandel, H. P. (1997). *Conduct disorder and underachievement: Risk factors, assessment, treatment, and prevention.* New York: Wiley.

Mandel, H. P., Friedland, J., & Marcus, S. I. (1996). *The Achievement Motivation Profile (AMP) manual: Administration, scoring, and interpretation.* Los Angeles, CA: Western Psychological Services.

Mandel, H. P., Friedland, J., & Marcus, S. I. (1996). *The Achievement Motivation Profile (AMP) computerized interpretive report.* Los Angeles, CA: Western Psychological Services.

Mandel, H. P., & Marcus, S. I. (1988). *The psychology of underachievement: Differential diagnosis and differential treatment.* New York: Wiley.

Mandel, H. P., & Marcus, S. I., with Dean, L. (1995). *Could do better: Why children underachieve and what to do about it.* New York: Wiley.

Mandel, H. P., & Roth, R. M., & Berenbaum, H. L. (1968). Relationship between personality change and achievement change as a function of psychodiagnosis. *Journal of Counseling Psychology, 15,* 500–505.

Mandel, H. P., & Uebner, J. (1971). "If you never chance for fear of losing···" *Personnel and Guidance Journal, 50,* 192–197.

Markus, H., & Nurius, P. (1986). Possible selves. *American Psychologist, 41,* 954–969.

Martin, T. R., Flett, G. L., Hewitt, P. L., Krames, L., & Szanto, G. (1996). Personality correlates of depression and health symptoms: A test of a self-regulation model. *Journal of Research in Personality, 31,* 264–277.

Mathur, S. R., Quinn, M. M., & Rutherford, R. B., Jr. (1996). *Teacher-mediated behavior management strategies for children with emotional/behavioral disorders.* Reston, VA: Council for Exceptional Children.

McAdam, D. P. (1993). *The stories we live by: Personal myths and the making of the self.* New York: Guilford Press.

McCall, R. B., Evahn, C., & Kratzer, L. (1992). *High school underachievers: What do they achieve as adults?* Newbury Park, CA: Sage.

McClelland, D. C. (1965). Toward a theory of motive acquisition. *American Psychologist, 21,* 321–333.

McClelland, D. C. (1979). *Increasing achievement motivation.* Boston: McBer and Company.

McCown, W. (1986). Behavior of chronic college student procrastinators: An experimental study. *Social Science and Behavioral Documents, 17,* 133.

McCown, W., Johnson, J., & Petzel, T. (1989). Procrastination, a principal components analysis. *Personality and Individual Differences, 10*, 197-202.

McCown, W., Johnson, J., & Shure, M. B. (Eds.). (1993). *The impulsive client: Theory, research, and treatment.* Washington, DC: American Psychological Association.

McCown, W., Petzel, t., & Rupert, P. (1987). An experimental study of some hypothesized behaviors and personality variables of college student procrastinators. *Personality and Individual Differences, 8*, 781-786.

McCown, W., & Roberts, R. (1994). Personal and chronic procrastination by university students during an academic examination period. *Personality and Individual Differences, 12*, 413-415.

McCrae, R. R., & Costa, P. T. (1999). A five-factor theory of personality. In L. A. Pervin & O. P. John (Eds.), *Handbook of personality: Theory and research* (2nd ed., pp. 139-153). New York: Guilford Press.

McGregor, I. (2003). Defensive zeal: Compensatory conviction about attitudes, values, goals, groups, and self-definition in the face of personal uncertainty. In S. J. Spencer, S. Fein, M. P. Zanna, & J. M. Olson (Eds.), *Motivated social perception: The Ontario symposium* (pp. 73-92). Mahwah, NJ: Erlbaum.

McGregor, I., & Little, B. R. (1998). Personal projects, happiness, and meaning: On doing well and being yourself. *Journal of Personality and Social Psychology, 74*, 492-512.

McKay, J. (1985). *The relationships among sex, age, ability, and achievement patterns in differentially diagnosed high school students.* Unpublished master's thesis, York University, Toronto, Ontario, Canada.

McKean, K. J. (1994). Using multiple risk factors to assess the behavioral, cognitive, and affective effects of learned helplessness. *Journal of Personality, 128*, 177-183.

McLeod, J. (1997). *Narrative and psychotherapy.* London: Sage.

McMillan, J. H., Simonetta, L. G., & Singh, J. (1994). Student opinion survey—Development of measures of student motivation. *Educational and Psychological Measurement, 54*, 496-505.

McMullin, R. E. (2000). *The new handbook of cognitive therapy techniques.* New York: Norton.

McMurran, M. (1994). *The psychology of addiction.* London: Taylor & Francis.

Meichenbaum, D. (1977). *Cognitive-behavior modification: An integrative approach*. New York: Plenum.

Milgram, N. A. (1991). Procrastination. In R. Dulbecco (Ed.), *Encyclopedia of human biology* (Vol. 6, pp. 149–155). New York: Academic Press.

Milgram, N. A., Batori, G., & Mowrer, D. (1993). Correlates of academic procrastination. *Journal of School Psychology, 31*, 487–500.

Milgram, N. A., Gehrman, T., & Keinan, G. (1992). Procrastination and emotional upset: A typological model. *Personality and Individual Differences, 13*, 1307–1313.

Milgram, N. A., Marshevsky, S., & Sadeh, C. (1995). Correlates of academic procrastination: Discomfort, task aversiveness, and task capability. *Journal of Psychology, 129*, 145–155.

Milgram, N. A., Mey-Tal, G., & Levison, Y. (1998). Procrastination, generalized or specific, in college students and their parents. *Personality and Individual Differences, 25*, 297–316.

Milgram, N. A., & Naaman, N. (1996). Typology in procrastination. *Personality and Individual Differences, 20*, 679–683.

Milgram, N. A., Sroloff, B., & Rosenbaum, M. (1988). The procrastination of everyday life. *Journal of Research in Personality, 22*, 197–212.

Milgram, N. A., & Tenne, R. (2000). Personality correlates of decisional and task avoidant procrastination. *European Journal of Personality, 14*, 141–156.

Milgram, N. A., & Toubiana, Y. (1999). Academic anxiety, academic procrastination, and parental involvement in students and their parents. *British Journal of Educational Psychology, 69*, 345–361.

Milgram, N. A., Weizman, D., & Raviv, A. (1991). Situational and personal determinants of academic procrastination. *Journal of General Psychology, 119*, 123–133.

Miller, W. R. (1983). Motivational interviewing with problem drinkers. *Behavioral Psychotherapy, 1*, 147–172.

Miller, W. R., & Rollnick, S. (2002). *Motivational interviewing: Preparing people to change addictive behavior* (2nd ed.). New York: Guilford Press.

Millon, T. (1994). Personality disorders: Conceptual distinctions and classification issues. In P. T. Costa & T. A. Widiger (Eds.), *Personality disorders and the five-factor model of personality* (pp. 279–301). Washington, DC: American Psychological

Association.

Mirande, M. (1999). Naar een educatief intranet [Toward an educational network]. *Onderzoek van Onderwijs, 28*, 41–42.

Mischel, W. (1981). Metacognition and the rules of delay. In J. H. Flavell & L. Ross (Eds.), *Social cognitive development: Frontiers and possible futures* (pp. 240–271). Cambridge, England: Cambridge University Press.

Mischel, W., Cantor, N., & Feldman, S. (1996). Principles of self-regulation: The nature of willpower and self-control. In E. T. Higgins & A. W. Kruglanski (Eds.), *Social psychology: Handbook of basic principles* (pp. 329–359). New York: Guilford Press.

Mischel, W., & Shoda, Y. (1998). Reconciling processing dynamics and personality dispositions. *Annual Review of Psychology, 49*, 229–258.

Missildine, H. (1963). *Your inner child of the past.* New York: Simon & Schuster.

Mitchell, R. (2003). *A cross-sectional examination of self-perceptions related to academic achievement and underachievement across adolescence.* Unpublished doctoral dissertation, York University, Toronto, Ontario, Canada.

Mullen, B. (1989). *Advanced BASIC meta-analysis.* Hillsdale, NJ: Erlbaum.

Muraven, M., Tice, D. M., & Baumeister, R. F. (1998). Self-control as limited resource: Regulatory depletion patterns. *Journal of Personality and Social Psychology, 74*, 774–789.

Musznyski, S. Y., & Akamatsu, T. J. (1991). Delay in completion of doctoral dissertations in clinical psychology. *Professional Psychology: Research and Practice, 22*, 119–123.

Myers, I. B., & McCaulley, M. (1985). *Manual: A guide to the development and use of the Myers-Briggs Type Indicator.* Palo Alto, CA: Consulting Psychologist Press.

Nielsen, A. D., Hewitt, P. L., Han, H., Habke, A. M., Cockell, S. J., Stager, G., et al. (1997, June). *Perfectionistic self-presentation and attitudes toward seeking professional help.* Paper presented at the annual meeting of the Canadian Psychological Association, Toronto, Ontario, Canada.

Noy, S. (1969). Comparison of three psychotherapies in promoting growth in behavior disorders. *Dissertation Abstracts International, 29*, 3919B.

Omodei, M. M., & Wearing, A. J. (1990). Need satisfaction and involvement in personal projects: Toward an integrative model of subjective well-being. *Journal of Personality and Social Psychology, 59*, 762-769.

Onwuegbuzie, A. J. (2000). Academic procrastination and perfectionistic tendencies among graduate students. *Journal of Social Behavior and Personality, 15*, 103-110.

Onwuegbuzie, A. J., & Collins, K. M. T. (2001). Writing apprehension and academic procrastination among graduate students. *Psychological Reports, 92*, 560-562.

Onwuegbuzie, A. J., & Jiao, Q. C. (2000). I'll go to the library later: The relationship between academic procrastination and library anxiety. *College and Research Libraries, 4*, 45-52.

Oosterhuis, J. A. (1995). *Probes: Procedure ter bevordering van effectief en efficient studeergedrag* [Procedure for encouraging effective and efficient study behavior]. Unpublished dissertation, University of Amsterdam, the Netherlands.

Ottens, A. J. (1982). A guaranteed scheduling technique to manage students' procrastination. *College Student Journal, 16*, 371-376.

Owens, A. M., & Newbegin, I. (1997). Procrastination in high school achievement. *Journal of Social Behavior and Personality, 12*, 869-887.

Pacht, A. R. (1984). Reflections on perfection. *American Psychologist, 39*, 386-390.

Parry, A., & Doan, R. E. (1994). *Story re-visions: Narrative therapy in the postmodern world*. New York: Guilford Press.

Paunonen, S. V., & Ashton, M. C. (2001). Big Five predictors of academic achievement. *Journal of Research in Personality, 35*, 78-90.

Perry, R. P. (1991). Perceived control in college students: Implications for instruction in higher education. In J. Smart (Ed.), *Higher education: Handbook of theory and research* (Vol. 7, pp. 1-56). New York: Agathon.

Pervin, L. A. (1989). *Goal concepts in personality and social psychology*. Hillsdale, NJ: Erlbaum.

Pervin, L. A., & John, O. P. (Eds.). (1999). *Handbook of personality: Theory and research* (2nd ed.). New York: Guilford Press.

Polkinghorne, D. E. (1988). *Narrative knowing and the human sciences*. Albany: State University of New York Press.

Prochaska, J. O., & DiClemente, C. C. (1984). *The transtheoretical approach: Crossing traditional boundaries of therapy.* Homewood, IL: Dow Jones/Irwin.

Prochaska, J. O., DiClemente, C. C., & Norcross, J. C. (1992). In search of how people change: Applications to addictive behaviors. *American Psychologist, 47,* 1102–1114.

Procter, P. (Ed.). (1995). *Cambridge international dictionary of English.* Cambridge, England: Cambridge University Press.

Prohaska, W., Morrill, P., Atiles, I., & Perez, A. (2000). Academic procrastination by nontraditional students. *Journal of Social Behavior and Personality, 15,* 125–134.

Provost, J. A. (1988). *Procrastination: Using psychological type concepts to help students.* Gainesville, FL: Center for Application of Psychological Type.

Pychyl, T. A. (1995). *Personal projects, subjective well-being and the lives of doctoral students.* Unpublished doctoral dissertation, Carleton University, Ottawa, Ontario, Canada.

Pychyl, T. A., Coplan, R. J., & Reid, P. A. M. (2002). Parenting and procrastination: Gender differences in the relations between procrastination, parenting style and self-worth in early adolescence. *Personality and Individual Differences, 33,* 271–285.

Pychyl, T. A., Lee, J. M., Thibodeau, R., & Blunt, A. (2000). Five days of emotion: An experience sampling study of undergraduate student procrastination. *Journal of Social Behavior and Personality, 15,* 239–254.

Pychyl, T. A., & Little, B. R. (1998). Dimensional specificity in the prediction of subjective well-being: Personal projects in pursuit of the PhD. *Social Indicators Research, 45,* 423–473.

Pychyl, T. A., Morin, R. W., & Salmon, B. R. (2000). Procrastination and planning fallacy: An examination of the study habits of university students. *Journal of Social Behavior and Personality, 15,* 135–150.

Quattrone, G. A. (1985). On the congruity between internal states and action. *Psychological Bulletin, 98,* 3–40.

Robinson, T. E., & Berridge, K. C. (2003). Addiction. *Annual Review of Psychology, 54,* 25–53.

Rosenthal, R. (1991). *Meta-analytic procedures for social research.* Newbury Park, CA: Sage.

Roth, R. M. (1970). *Underachieving students and guidance.* Boston: Houghton Mifflin.

Roth, R. M., Mauksch, H. O., & Peiser, K. (1967). The non-achievement syndrome, group therapy, and achievement change. *Personnel and Guidance Journal, 46,* 393–398.

Rothblum, E. D. (1990). Fear of failure: The psychodynamic, need achievement, fear of success, and procrastination models. In H. Leitenberg (Ed.), *Handbook of social and evaluation anxiety* (pp. 497–537). New York: Plenum.

Rothblum, E. D., Solomon, L. J., & Murakami, J. (1986). Affective, cognitive, and behavioral differences between high and low procrastinators. *Journal of Counseling Psychology, 33,* 387–394.

Saddler, C. D., & Sacks, L. A. (1993). Multidimensional perfectionism and academic procrastination: Relationships with depression in university students. *Psychological Reports, 73,* 863–871.

Salkovskis, P. (Ed.). (1996). *Frontiers of cognitive therapy.* New York: Guilford Press.

Sanderson, C., & Clarkin, J. F. (1994). Use of the NEO-PI personality dimensions in differential treatment planning. In P. T. Costa & T. A. Widiger (Eds.), *Personality disorders and the five-factor model of personality* (pp. 219–235). Washington, DC: American Psychological Association.

Sapadin, L. (1997). *It's about time! The six styles of procrastination and how to overcome them.* New York: Penguin.

Sarm y Schuller, I. (1999). Procrastination, need for cognition, and sensation seeking. *Studia Psychologica, 41,* 73–85.

Schafer, R. (1992). *Retelling a life: Narration and dialogue in psychoanalysis.* New York: Basic Books.

Scher, S. J., & Ferrari, J. R. (2000). The recall of completed and non-completed tasks through daily logs to measure procrastination. *Journal of Social Behavior and Personality, 15,* 255–265.

Schouwenburg, H. C. (1992). Procrastinators and fear of failure: An exploration of reasons for procrastination. *European Journal of Personality, 6,* 225–236.

Schouwenburg, H. C. (1993). Procrastination and failure-fearing students in terms of personality-describing adjectives. *Nederlands Tijdschrift voor de Psychologie en Haar Grensgebieden, 48,* 43–44.

Schouwenburg, H. C. (1994). *Uitstelgedrag bij studenten* [Academic procrastination].

Unpublished dissertation, University of Groningen, the Netherlands.

Schouwenburg, H. C. (1995). Academic procrastination: Theoretical notions, measurement, and research. In J. R. Ferrari, J. L. Johnson, & W. G. McCown (Eds.), *Procrastination and task avoidance: Theory, research, and treatment* (pp. 71–96). New York: Plenum.

Schouwenburg, H. C. (1996). *Personality and academic competence.* Unpublished report, University of Groningen, the Netherlands.

Schouwenburg, H. C. (1997). *Results of questionnaire among participants of skills courses taught by the Academic Assistance Center of the University of Groningen from January 1995 to August 1996.* Unpublished report, University of Groningen, the Netherlands.

Schouwenburg, H. C. (2002, July). *Procrastination, persistence, work discipline, and impulsivity: A nomological network of self-control.* Poster session presented at the 11th European Conference on Personality, Jena, Germany.

Schouwenburg, H. C., & Groenewoud, J. T. (1997). *Studieplanning: Een werkboek voor studenten* [Study planning: A workbook for students]. Groningen, the Netherlands: Wolters-Noordhoff.

Schouwenburg, H. C., & Lay, C. H. (1995). Trait procrastination and the big-five factors of personality. *Personality and Individual Differences, 18,* 481–490.

Schwartz, R. M., & Garamoni, G. L. (1986). A structural model of positive and negative states of mind: Asymmetry in the internal dialogue. In P. C. Kendall (Ed.), *Advances in cognitive-behavioral research and therapy* (Vol. 4, pp. 1–62). New York: Academic Press.

Senécal, C., Koestner, R., & Vallerand, R. J. (1995). Self-regulation and academic procrastination. *Journal of Social Psychology, 135,* 607–619.

Senécal, C., Lavoie, K., & Koestner, R. (1997). Trait and situational factors in procrastination. *Journal of Social Behavior and Personality, 12,* 889–903.

Sherry, S. B., Hewitt, P. L., Flett, G. L., & Harvey, M. (2003). Perfectionism dimensions, perfectionistic attitudes, dependent attitudes, and depression in psychiatric patients and university students. *Journal of Counseling Psychology, 50,* 373–386.

Silver, M., & Sabini, J. (1981). Procrastinating. *Journal of the Theory of Social Behaviour, 11,* 207–221.

Sinclair, J., et al. (Ed.). (1987). *Collins Cobuild English language dictionary*. London: Collins.

Smith, J. A. (1996). Beyond the divide between cognition and discourse: Using interpretative phenomenological analysis in health psychology. *Psychology and Health, 11*, 261-271.

Smith, T. W. (1989). Assessment in R.E.T. In M. E. Bernard & R. DiGiuseppe (Eds.), *Inside rational-emotive therapy: A critical appraisal of the theory and therapy of Albert Ellis* (pp. 135-153). San Diego, CA: Academic Press.

Solomon, L. J., & Rothblum, E. D. (1984). Academic procrastination: Frequency and cognitive-behavioral correlates. *Journal of Counseling Psychology, 31*, 503-509.

Specter, M. H., & Ferrari, J. R. (2000). Time orientations of procrastinators: Focusing on the past, present, or future? *Journal of Social Behavior and Personality, 15*, 197-202.

Spence, D. P. (1982). *Narrative truth and historical truth: Meaning and interpretation in psychoanalysis*. New York: Norton.

Stainton, M., Lay, C. H., & Flett, G. L. (2000). Trait procrastinators and behavior/trait specific cognitions. *Journal of Social Behavior and Personality, 15*, 297-312.

Stark, J. W., Shaw, K. M., & Lowther, M. A. (1989). *Student goals for college and courses: A missing link in assessing and improving academic achievement* (ASHE-ERIC Higher Education Report No. 6). Washington, DC: George Washington University.

Steel, P. (2003). *The nature of procrastination*. Unpublished manuscript, University of Calgary, Alberta, Canada.

Steel, P., Brothen, T., & Wambach, C. (2001). Procrastination and personality, performance, and mood. *Personality and Individual Differences, 30*, 95-106.

Stein, N. L., & Policastro, M. (1984). The concept of a story: A comparison between children's and teachers' viewpoints. In H. Mandl, N. L. Stein, & T. Trabasso (Eds.), *Learning and comprehension of text* (pp. 113-155). Hillsdale, NJ: Erlbaum.

Stöber, J. (1998). The Frost Multidimensional Perfectionism Scale revisited: More Perfect with four (instead of six) dimensions. *Personality and Individual Differences, 24*, 481-491.

Stöber, J., & Joormann, J. (2001). Worry, procrastination, and perfectionism: Differentiating amount of worry, pathological worry, anxiety, and depression. *Cognitive Therapy and Research, 25,* 49–60.

Thoresen, C. E., & Mahoney, M. J. (1974). *Behavioral self-control.* New York: Holt, Rinehart & Winston.

Tice, D. M., & Baumeister, R. F. (1997). Longitudinal study of procrastination, performance, stress, and health: The costs and benefits of dawdling. *Psychological Science, 8,* 454–458.

Topman, R. M., & Jansen, T. (1984). "I really can't do it, anyway": The treatment of test anxiety. In H. M. van der Ploeg, R. Schwarzer, & C. D. Spielberger (Eds.0, *Advances in test anxiety research* (Vol. 3, pp. 243–251). Lisse, the Netherlands: Swets & Zeitlinger.

Topman, R. M., & Kleijn, W. C. (1996). Vrees voor spreken in groepen: Ervaringen met de Vragenlijst Spreken in Groepen [Fear of speaking in groups: Experiences with the Speaking in Groups Questionnaire]. *Gedragstherapie, 29,* 79–91.

Topman, R. M., Kleijn, W. C., & van der Ploeg, H. M. (1990). "Eigenlijk weet je dat wel, maar ja···": Zelfselectie: De diagnostische en de gedragskant ["In fact you know, but···": Self-selection: Diagnostic and behavioral aspects]. *Onderzoek van Onderwijs, 19,* 23–24.

Topman, R. M., Kleijn, W. C., & van der Ploeg, H. M. (1997). Cognitive balans van negatieve en positieve gedachten en examenvrees [Cognitive balance of negative and positive thought and test anxiety]. *Gedragstherapie, 30,* 85–102.

Topman, R. M., Kleijn, W. C., van der Ploeg, H. M., & Masset, E. A. E. A. (1992). Test anxiety, cognitions, study habits and academic performance: A prospective study. In K. A. Hagvet & T. Backer Johnsen (Eds.), *Advances in test anxiety research* (Vol. 7, pp. 221–240). Lisse, the Netherlands: Swets & Zeitlinger.

Topman, R. M., & Stoutjesdijk, E. T. (1995). "Nu je dit weet, wat doe je er mee": Ontwikkeling van een korte studievragenlijst en de effecten van feedback op de aanpak van studieproblemen ["Now that you know, what are you going to do": Development of a short questionnaire and the effects of feedback on solving study problems]. In H. C. Schouwenburg & J. T. Groenewoud (Eds.), *Studievaardigheid en leerstijlen* (pp. 133–149). Groningen, the Netherlands: Wolters-Noordhof.

Topman, R. M., & Stoutjesdijk, E. T. (1998). *Persoonlijke verwachtingen en de aanpak van studieproblemen door eerstejaars studenten* [Personal expectations of first-year students and their approach to study problems]. Unpublished report, University of Leiden, the Netherlands.

Tuckman, B. W. (1991). The development and concurrent validity of the Procrastination Scale. *Educational and Psychological Measurement, 51*, 473-480.

Tuckman, B. W. (1996). The relative effectiveness of incentive motivation and prescribed learning strategy in improving college students' course performance. *Journal of Experimenetal Education, 64*(3), 197-210.

Tuckman, B. W. (1998). Using tests as an incentive to motivate procrastinators to study. *Journal of Experimental Education, 66*, 141-147.

Tuckman, B. W. (2002a). *Academic procrastinators: Their rationalizations and Web-based performance.* Paper presented at the national conference of the American Psychological Association, Chicago.

Tuckman, B. W. (2002b). Evaluating ADAPT: A hybrid instructional model combining Web-based and classroom components. *Computers & Education, 39*, 216-269.

Tuckman, B. W. (2003). The effect of learning and motivation strategies training on college students' achievement. *Journal of College Student Development, 44*, 430-437.

Tuckman, B. W., Abry, D. A., & Smith, D. R. (2002). *Learning and motivation strategies: Your guide to success.* Upper Saddle River, NJ: Prentice Hall.

Tuckman, B. W., & Sexton, J. L. (1990). The relation between self-beliefs and self-regulated performance. *Journal of Social Behavior and Personality, 5*, 465-472.

Tuckman, B. W., & Sexton, T. L. (1992). Self-believers are self-motivated; self-doubters are not. *Personality and Individual Differences, 13*, 425-428.

Vallacher, R. R., & Wegner, D. M. (1987). What do people think they're doing? Action identification and human behavior. *Psychological Review, 94*, 3-15.

Vanden Auweele, Y., Depreeuw, E., Rzewnicki, R., & Ballon, F. (1999). Optimal functioning versus dysfunctioning of athletes: A comprehensive model for the practice of sport psychology. *European Yearbook of Sport Psychology, 3*, 1-37.

Walker, C. E. (1975). *Learn to relax: Thirteen ways to reduce tension.* Englewood Cliffs, NJ: Prentice Hall.

Walker, L. J. S. (1988). Procrastination: Fantasies and fears. *Manitoba Journal of Counseling, 25*(11), 23-25.

Walker, L. J. S., & Stewart, D. (2000). Overcoming the powerlessness of procrastination. *Guidance and Counselling, 16*(1), 39-42.

Warshaw, P. R., & Davis, F. D. (1985). Disentangling behavioral intention and behavioral expectation. *Journal of Experimental Social Psychology, 21*, 213-228.

Watson, D. C. (2001). Procrastination and the five-factor model: A facet level analysis. *Personality and Individual Differences, 30*, 149-158.

Weiner, B. (1986). *An attributional theory of motivation and emotion.* New York: Springer-Verlag.

Weiner, B. (1995). *Judgments of responsibility: A foundation for a theory of social conduct.* New York: Guilford Press.

Welsley, J. C. (1994). Effects of ability, high school achievement, and procrastinatory behavior on college performance. *Educational and Psychological Measurement, 54*, 404-408.

West, R. (1991). Psychological theories of addiction. In I. B. Glass (Ed.), *The international handbook of addiction behaviour* (pp. 20-24). London: Tavistock/Routledge.

White, M. (1995). *Re-authoring lives: Interviews and essays.* Adelaide, South Australia: Dulwich Centre Publications.

White, M., & Epston, D. (1990). *Narrative means to therapeutic ends.* New York: Norton.

Wolfradt, U., & Pretz, J. E. (2001). Individual differences in creativity: Personality, story writing, and hobbies. *European Journal of Personality, 15*, 297-310.

Zimmerman, B. J. (1998). Academic studying and the development of personal skill: A self-regulatory perspective. *Educational Psychologist, 33*(2/3), 73-86.

Zimmerman, B. J., & Bandura, A. (1994). Impact of self-regulatory influences on writing course attainment. *American Educational Research Journal, 31*, 845-862.

Zimmerman, B. J., Bandura, A., & Martinez-Pons, M. (1992). Self-motivation for academic attainment: The role of self-efficacy beliefs and personal goal setting. *American Educational Research Journal, 29*, 663-676.

‖ 찾아보기 ‖

인 명

내용

저자 소개

Sabina Beijne, MSc, 네덜란드 레이던(Leiden) 대학교 심리상담 서비스센터

Kelly Binder, MA, 캐나다 칼턴(Carleton) 대학교 심리학과

Richard A. Davis, PhD, 캐나다 요크(York) 대학교 심리학과

Eric Depreeuw, PhD, 벨기에 브뤼셀(Brussels) 대학교 학업학생 상담센터

Wendelien Van Eerde, PhD, 네덜란드 에인트호번(Eindhoven) 기술 대학교 기술경영학과

Tanja van Essen, MSc, 네덜란드 그로닝겐(Groningen) 대학교 학습지원 및 상담센터

Joseph R. Ferrari, PhD, 미국 드폴(DePaul) 대학교 심리학과

Gordon L. Flett, PhD, 캐나다 요크(York) 대학교 심리학과

Sary van den Heuvel, MA, 네덜란드 위트레흐트(Utrecht) 대학교 IVLOS 교육기관

Paul Hewitt, PhD, 캐나다 브리티시 컬럼비아 (British Columbia) 대학교 심리학과

Walter van Horebeek, MSc, 벨기에 루뱅(Louvain) 대학교 학생심리치료센터

Dieta Kruise, MSc, 네덜란드 레이던(Leiden) 대학교 심리상담 서비스센터

Clarry H. Lay, PhD, 캐나다 요크(York) 대학교 심리학과

Harvey P. Mandel, PhD, 캐나다 요크(York) 대학교 심리학과, 성취 · 동기센터

Sofie Michielsen, MSc, 벨기에 루뱅(Louvain) 대학교 학생심리치료센터

Anne Neyskens, MSc, 벨기에 루뱅(Louvain) 대학교 학생심리치료센터

Jean O' Callaghan, MSc, 영국 서리 로햄프턴(Surrey Roehampton) 대학교

Marjan Ossebaard, MSc, 네덜란드 위트레흐트(Utrecht) 대학교

Timothy A. Pychyl, PhD, 캐나다 칼턴(Carleton) 대학교 심리학과

Henri C. Schouwenburg, PhD, 네덜란드 그로닝겐(Groningen) 대학교 학습지원 및 상담
센터

Simon B. Sherry, MA, 캐나다 서스캐처원(Saskatchewan) 대학교 심리학과

Robert M. Topman, MSc, 네덜란드 레이던(Leiden) 대학교 심리상담 서비스센터

Bruce W. Tuckman, PhD, 미국 오하이오 주립(Ohio state) 대학교 심리교육 프로그램 및
학습연구소

Lilly J. Schubert Walker, PhD, 캐나다 뉴펀들랜드 메모리얼(Newfoundland Memorial) 대
학교 학생처

역자 소개

김동일(Dongil Kim, PhD)

서울대학교 교육학과를 졸업, 교육부 국비유학생으로 선발되어 미국 미네소타 대학교 교육심리학과에서 학습장애를 주전공으로 석사, 박사학위를 취득하였다. Developmental Studies Center Research Associate, 한국청소년상담원 상담교수와 법인이사, 경인교육대학교 교육학과 교수, 한국학습장애학회 회장을 역임하였다. 2002년부터 국가 수준의 인터넷 중독 척도와 개입 연구를 진행해 왔으며, 정보화 역기능 예방 사업에 대한 공로로 행정안전부 장관 표창(2008)을 수상하였다.

현재 서울대학교 사범대학 교육학과 교육상담전공 교수 및 대학원 특수교육전공 주임교수로 재직하고 있으며, 한국아동청소년상담학회 회장, 한국교육심리학회 부회장, BK21 미래교육디자인 연구사업단 단장, 한국인터넷중독학회 부회장, 서울대학교 다중지능창의성 연구센터(SNU MIMC Center) 소장, 여성가족부 청소년보호위원회 위원 등으로 봉직하고 있다.

(공)저서로 『학습장애아동의 이해와 교육』(2판, 2009), 『학습상담』(2011), 『청소년 상담학 개론』(2014)을 비롯하여 30여 권이 있으며, 200여 편의 국내외 저명학술지 논문과 BASA(기초학습기능 수행평가체제: 읽기, 수학, 쓰기, 초기 읽기, 초기 수학)를 비롯한 20개 표준화 심리검사 개발, 20편의 상담 사례 논문을 발표하였다.

학업 미루기 행동 상담
-이해와 개입-
Counseling the Procrastinator in Academic Settings

2015년 3월 10일 1판 1쇄 인쇄
2015년 3월 20일 1판 1쇄 발행

지은이 • Henri C. Schouwenburg · Clarry H. Lay · Timothy A Pychyl · Joseph R. Ferrari
옮긴이 • 김동일
펴낸이 • 김진환
펴낸곳 • (주)**학지사**
　　　　　121-838 서울특별시 마포구 양화로 15길 20 마인드월드빌딩
대표전화 • 02)330-5114　　　팩스 • 02)324-2345
등록번호 • 제313-2006-000265호

홈페이지 • http://www.hakjisa.co.kr
커뮤니티 • http://cafe.naver.com/hakjisa

ISBN 978-89-997-0545-8 93370

Korean Translation Copyright ⓒ 2015 by Hakjisa Publishers, Inc.

정가 17,000원

인터넷 학술논문 원문 서비스 **뉴논문** www.newnonmun.com

이 도서의 국립중앙도서관 출판시도서목록(CIP)은 서지정보유통지
원시스템 홈페이지(http://seoji.nl.go.kr)와 국가자료공동목록시스템
(http://www.nl.go.kr/kolisnet)에서 이용하실 수 있습니다.
(CIP제어번호: CIP2014034884)